# Kommentar zum Römerbrief

# Kommentar zum Römerbrief

DAVID PAWSON

ANCHOR RECORDINGS

Copyright © 2020 David Pawson

Kommentar zum Römerbrief
Englischer Orginaltitel: A Commentary on Romans

David Pawson ist gemäß dem Copyright, Designs and Patents Act 1988 der Urheber dieses Werkes.

Herausgeber der deutschen Ausgabe 2020 in Großbritannien:
Anchor Recordings Ltd, DPTT, Synegis House, 21 Crockhamwell Road, Woodley, Reading RG5 3LE UK

Dieses Werk ist urheberrechtlich geschützt. Ohne vorherige schriftliche Genehmigung des Verlages darf kein Teil dieses Buches in irgendeiner Form vervielfältigt oder weitergegeben werden. Das betrifft auch die elektronische oder mechanische Vervielfältigung und Weitergabe, einschließlich Fotokopien, Aufzeichnungen und Systemen zur Informations- und Datenspeicherung und deren Wiedergewinnung.

Übersetzung aus dem Englischen:
Anita Janzarik und Tilman Janzarik, Traunstein

Weitere Titel von David Pawson, einschließlich DVDs und CDs:
**www.davidpawson.com**

KOSTENLOSE DOWNLOADS:
**www.davidpawson.org**

Weitere Informationen:
info@davidpawsonministry.com

**ISBN 978 1 913472 12 2**

## INHALT

| | |
|---|---:|
| Vorwort | 7 |
| Überblick über den Brief an die Römer | 11 |
| **1.** Einleitung *Kapitel 1,1–17* | 27 |
| **2.** Sünde und Zorn *Kapitel 1,18 – 3,20* | 47 |
| **3.** Rechtfertigung *Kapitel 3,21 – 5,21* | 85 |
| **4.** Heiligung *Kapitel 6 – 8* | 125 |
| **5.** Israel *Kapitel 9 – 11* | 157 |
| **6.** Beziehungen *Kapitel 12,1 – 13,14* | 191 |
| **7.** Noch mehr Beziehungen *Kapitel 14,1 – 16,27* | 223 |
| Ein kurzes Resümee des Römerbriefs | 255 |

**Vorwort**

Dieses Buch setzt sich aus einer Serie von Vorträgen zusammen. Da es die gesprochene Sprache zur Grundlage hat, unterscheidet es sich in mancher Hinsicht von meinen anderen Büchern. Diese Tatsache wird hoffentlich niemanden davon abhalten, die biblischen Inhalte, die darin enthalten sind auf sich wirken zu lassen. So wie sonst auch, empfehle ich dem Leser, alles, was hier geschrieben steht, mit dem Wort Gottes zu vergleichen, und falls sich irgendwelche Konfliktpunkte ergeben sollten, auf das klare Wort der Schrift zu vertrauen.

*David Pawson*

# GERECHTE UND RICHTIGE BEZIEHUNGEN

A. VERTIKAL: MIT GOTT (1-8) Innere Errettungsarbeit
  1. SÜNDE UND ZORN (1-3a)
    a. Heiden – „sie" (1)
    b. Juden – „ihr" (2)
    c. Heiden und Juden – „wir" (3a)
  2. RECHTFERTIGUNG (3b-5)
    a. Glaube der Juden und Heiden – Jesus (3b)
    b. Vater der Juden und Heiden – Abraham (4)
    c. Fall der Juden und Heiden – Adam (5)
  3. HEILIGUNG (6-8)
    a. Zügellosigkeit – Heiden (6)
    b. Gesetzlichkeit – Juden (7)
    c. Freiheit – Der Geist (8)

B. HORIZONTAL: MIT ANDEREN MENSCHEN (9-16)
Äußere Errettungsarbeit
  1. ISRAEL UND GEMEINDE (9-11)
    a. Erwählt in der Vergangenheit (9)
    b. Verstockt in der Gegenwart (10)
    c. Errettet in der Zukunft (11)
  2. GEMEINDE UND STAAT (12-13)
    a. Gemeinde (12)
      i. Harmonie innen
      ii. Feindseligkeit von außen
    b. Staat (13)
      i. Staatliche Autorität akzeptieren
      ii. Staatliche Moral ablehnen
  3. JUDEN UND HEIDEN (14-16)
    a. Jüdische Skrupel und Heiden (14-15a)
    b. Jüdische Apostel und Heiden (15b)
    c. Jüdische Gläubige und Heiden (16)

## Überblick über den Brief an die Römer

Im Sommer des Jahres 386 n.Chr. saß ein Mann aus Nordafrika, mittlerweile Professor für Rhetorik in Mailand, im Garten seines Freundes und weinte. Obwohl er ein hervorragender Wissenschaftler war, so lebte er doch ein unmoralisches Leben. Sein Freund hatte ihn inständig gebeten, mit allem aufzuhören und ein neues Lebenskapitel aufzuschlagen. Während er dasaß und weinte, weil er zu schwach war, sein Leben zu ändern, hörte er ein Kind im Nachbargarten singen: „Nimm und lies! Nimm und lies!"

Neben ihm lag eine Schriftrolle, aus der sein Freund gelesen hatte. Er nahm sie und las. Es war der Brief des Paulus an die Römer, und er las folgendes: „Lasst uns anständig wandeln wie am Tag; nicht in Schwelgereien und Trinkgelagen, nicht in Unzucht und Ausschweifungen, nicht in Streit und Eifersucht; sondern zieht den Herrn Jesus Christus an und treibt nicht Vorsorge für das Fleisch, dass Begierden wach werden!" (Röm13,13.14). „Weiter musste ich gar nicht lesen. Als ich den Satz zu Ende gelesen hatte, durchflutete plötzlich ein klares Licht mein Herz und alle dunklen Zweifel waren wie weggespült." Der Name dieses Mannes war Augustinus, einer der bedeutendsten Christen, die jemals gelebt haben. Was mit der Lektüre des Römerbriefs begann, führte dahin, dass er Bischof von Hippo (Nordafrika) wurde. Die meisten Menschen kennen ihn als den großen Sankt Augustin.

Da war noch ein anderer Mann: Martin Luther, ein Augustinermönch und Professor in Wittenberg in Deutschland, der Vorlesungen über den Römerbrief hielt.

Diese Vorlesungen über den Römerbrief trugen zu Luthers Bekehrung bei und waren entscheidend für den Beginn der protestantischen Reformation.

Bengel, einer der bedeutendsten Kommentatoren des Neuen Testaments, nannte den Römerbrief „mein Urlaubs-Buch", denn wann immer er in Urlaub fuhr, nahm er es mit. John Wesley bekehrte sich, als jemand laut Luthers Vorwort zum Römerbrief vorlas. William Tyndale, dem wir die erste englische Bibelübersetzung verdanken, die die Grundlage zur King James Übersetzung ist, sagte vom Römerbrief: Das ist der bedeutsamste Teil des Neuen Testaments. Und so könnte ich noch viele Personen der Kirchengeschichte zitieren, die alle diesem sehr langen Brief viel zu verdanken haben. Es ist nicht nur der längste Brief, den Paulus geschrieben hat, sondern auch der längste Brief im Neuen Testament und der längste und bekannteste Brief, den wir aus der Antike kennen. Deshalb benötigen wir einige Zeit, um ihn zu lesen und noch mehr Zeit, um ihn zu lehren.

Der Römerbrief beeinflusste die Kirche über die Jahrhunderte mehr als jeder andere Teil des Neuen Testaments. Der Kirchenvater Chrysostomus, der in Bethlehem lebte, soll gesagt haben: „Dieses Buch solltest du zweimal wöchentlich laut lesen, dann wird es aus dir einen guten Christen machen!"

Wir wollen einige grundsätzliche Fragen klären: Wer – wohin – warum? Der Missionar Paulus, vormals Saulus von Tarsus, schrieb diesen Brief. Eigentlich stimmt das nicht ganz, er diktierte ihn wie seine meisten Briefe einem Sekretär, einem Amanuensis, so wie man sie damals nannte. In diesem Fall war es Tertius, den Paulus am Ende des Briefes erwähnt. Eine Frau brachte diesen Brief dann nach Rom, ihr Name war Phöbe. Sie wird im letzten Kapitel an erster Stelle besonders hervorgehoben, ein Kapitel, das ansonsten nur Grüße enthält. Die Gemeinde in Rom sollte sie willkommen heißen. Sie konnte nicht ahnen, was sie da von Korinth nach Rom mitbrachte! Wohin war der Brief gesandt? An die Gemeinde in Rom. Woher kam er? Aus Kenchreä, dem übelsten Bezirk von Korinth, dem Rotlichtbezirk. Daher kam Phöbe. Wir wissen nicht, was sie im alten Leben war, aber nun war sie eine Diakonissin.

Die nächste und sehr wichtige Frage ist: Warum wurde der Brief geschrieben? Das ist die entscheidende Schlüsselfrage für jedes Buch der Bibel. Versuche nicht ein biblisches Buch zu verstehen, ohne dass du eine Antwort auf diese Frage hast. Es ist der Schlüssel, der einem den Durchblick verschafft. Ich habe ein Buch geschrieben mit dem Titel „Schlüssel zum Alten bzw. Neuen Testament", in welchem ich auf jedes einzelne Buch der Bibel eingehe und dir auch erläutere, WARUM es geschrieben wurde. Beim Römerbrief haben wir da ein Problem. Der Brief sagt uns nichts über den Grund, warum er geschrieben wurde. Deshalb müssen wir zwischen den Zeilen lesen und so unsere Schlüsse ziehen. Das ist auch der Grund dafür, warum jeder Kommentator seine eigenen Erklärungen bietet, warum Paulus so einen langen Brief geschrieben hat. Ich glaube, dass die Erklärungen allesamt falsch liegen, aber wir wollen zwei oder drei davon betrachten. Manche sagen, Paulus benötigte weiteren Raum. Manche sagen, Paulus habe geplant seine Missionstätigkeit auf den westlichen Mittelmeerraum auszudehnen, nachdem er den östlichen evangelisiert hatte, und dazu benötige er Rom als Ausgangsbasis, weil Antiochien zu weit entfernt war. Andere hätten ihm wohl Rom als Ausgangsbasis für den Westen empfohlen. Deshalb habe er die Gläubigen in Rom ermutigt, für ihn diese Ausgangsbasis zu sein. Wiederum andere sagen, dass Paulus schon immer Ambitionen gehabt habe, das Evangelium in der Metropole, dem Zentrum des römischen Reiches zu predigen. Weil er sich nun auf dem Weg nach Jerusalem befand, war ihm das nicht möglich, weswegen er einen Brief sandte, der das Evangelium enthielt, um sie einerseits zu ermutigen, andererseits aber auch um ihre Zustimmung zu erhalten. All das waren meiner Meinung nach nicht seine Motive. Der wahre Grund ist: Rom brauchte Paulus. Das Briefeschreiben war in der Antike keine einfache Angelegenheit, denn es gab keinen Postservice. Man brauchte schon einen gewichtigen Grund, um zu schreiben, und den findest du bei den Römern selbst.

Ich lege dir also meine eigene Erklärung für die Gründe des Briefes vor und lasse dich entscheiden. In der Römischen Gemeinde trat eine verheerende Situation auf, die verschiedene Entwicklungsphasen durchlief. Die Gemeinde startete als jüdische Gemeinde. Kein Apostel war nach Rom gekommen, um sie zu gründen. Es waren aber Leute aus Rom am Pfingsttag zum großen Fest nach Jerusalem gekommen. Diese gingen zurück nach Rom, und ich glaube, dass die Gemeinde ein Resultat ihrer Anwesenheit am Pfingstereignis war. Es begann mit einer vollkommen jüdischen Gemeinde. Rom war aber die Hauptstadt eines aus vielen Völkern und Volksgruppen bestehenden Reiches. Nach einiger Zeit interessierten sich die Völker für den neuen Glauben und die Gemeinde wurde eine Mischung aus jüdischen und heidnischen Mitgliedern.

Dann kam der Kaiser Claudius. Während seiner Regentschaft gab es viele zivile Unruhen, die auch mit den damals ca. 40.000 Juden in Rom zusammenhingen. Die Geschichtsforschung fand heraus, dass der Anlass für diese Unruhen ein gewisser „Chrestos" war (wahrscheinlich der römische Name für Christus), über den sich die Juden in Rom wie auch in anderen Teilen des Reiches aufregten. Wo auch immer Paulus hinkam, da empörten sich die Juden, während sich andere bekehrten. Und hier in Rom passierte dasselbe. Claudius, der ein unerfahrener Kaiser war, sagte: „Alle Juden müssen Rom verlassen!", und er verbannte sie somit aus Rom. Das kann man in Apostelgeschichte Kapitel 18 nachlesen. Dieser Befehl zum Verlassen Roms betraf natürlich auch gläubige Juden. Diejenigen, die an Jeschua Ha Maschiach glaubten, wurden mit allen anderen Juden hinausgeworfen. Dadurch wurde die römische Gemeinde komplett heidnisch.

Stufe eins: Eine komplett jüdische Gemeinde. Stufe zwei: Eine gemischte Gemeinde aus Juden und Nichtjuden. Stufe drei: Eine komplett heidnische Gemeinde. Zur vierten Stufe kam es, als Nero die Juden aus wirtschaftlichen Gründen wieder zur Rückkehr nach Rom aufforderte. Die jüdischen Wirtschaftszweige waren kollabiert. In seinen ersten Jahren war Nero durchaus ein fähiger Kaiser, genauso wie Hitler, der in seinen ersten Jahren viel für Deutschland getan hatte: Beenden der Inflation, Volkswagen, Autobahn... Und mit Nero war es dasselbe. Aber auch diesem stieg die Macht zu Kopfe, was mit einem großen Feuer in Rom endete, das dem Nero angelastet wurde. Man wusste, dass er herrliche architektonische Pläne für das Stadtzentrum Roms hatte. Und so fragte man sich, wer wohl Interesse für das Niederbrennen Roms gehabt haben könnte, und kam auf Nero, der es ja neu aufbauen wollte. Nero wiederum suchte einen Sündenbock, sah die Christen und beschuldigte diese. Das war der Beginn der ersten schrecklichen Christenverfolgung. Nur zwei Beispiele: Man nahm wilde Tiere, tötete sie, zog ihnen das Fell ab, steckte die Christen hinein, ließ andere wilde Tiere auf sie los und hatte einen Riesenspaß dabei. Ich selbst stand schon im hinteren Garten von Neros Palast und stellte mir vor, wie es wohl war, als man Christen mit Pech bestrich, anzündete und als menschliche Gartenfackeln an Balken befestigte und sie zur Erleuchtung der Gartenpartys dienten. Solche Dinge machte der allseits verhasste Nero.

Der Brief an die Römer wurde geschrieben, als Nero noch keines dieser Dinge getan hatte, bevor die

Christenverfolgung ausbrach. Was war also schiefgelaufen? Das ist für mich die Erklärung für den ganzen Brief: Als die jüdischen Gläubigen zur römischen Gemeinde mit Erlaubnis Neros zurückkehrten, nahmen die heidnischen Gläubigen sie nicht mehr an. Sie waren nicht mehr willkommen, weil sich eine Lehre breitgemacht hatte, die wir heute „Ersetzungstheologie" nennen. In den Gemeinden meines Landes ist sie allgegenwärtig. Sie besagt: Als die Juden unter Claudius aus Rom verbannt wurden, steckte die Hand Gottes dahinter. Er bestrafte sie dadurch für die Abweisung Jesu. Die Juden sind nicht mehr länger das auserwählte Volk Gottes und sind durch die Gemeinde ersetzt worden. Diese Idee war in der Gemeinde von Rom fest verwurzelt. Viele jüdische Rückkehrer unter Nero waren Freunde und sogar Verwandte von Paulus. Unter ihnen waren zwei Zeltmacher, mit denen er in Korinth zusammengearbeitet hatte. Aquila und Priszilla kehrten nach Rom zurück und mussten sogleich erkennen, dass sie als Juden in der Gemeinde nicht willkommen geheißen wurden, die doch ursprünglich eine rein jüdische Gemeinde war. Man lehrte, dass Gott selbst die Juden verworfen und durch Nichtjuden ersetzt habe.

Das ist der Grund warum Paulus genau in der Mitte des Briefes den Höhepunkt des ganzen Briefes in Kapitel 11 setzt. Schritt für Schritt baut Paulus das ganze daraufhin auf. Kapitel 11 beginnt mit der Frage: „Hat Gott die Juden verworfen?" Unsere sanften Bibelübersetzungen antworten mit: „Sicherlich nicht". Aber hier haben wir es mit dem stärksten negativen Ausdruck, den das Griechische überhaupt kennt, zu tun und man sollte es viel mehr so übersetzten: „NIEMALS!" Sollten die Juden so tief gefallen sein, dass sie nicht mehr gerettet werden können? NIEMALS! Dieser starke Ausdruck wird von Paulus sehr gerne verwendet und er taucht im gesamten Brief nicht nur an diesen beiden Stellen auf, aber genau hier haben wir das Zentrum, das Herz des ganzen Briefes.

Paulus kämpft für eine Gemeinde im Herzen des Reiches, die Juden und Nichtjuden einschließt. EIN neuer Mensch in Christus Jesus, das ist das Herz des Paulus. Es führen nicht nur alle Wege nach Rom. Es führen auch alle Wege aus Rom. Nachrichten verbreiteten sich auf diesen Wegen. Und wenn es ihm nicht gelänge, Juden und Nichtjuden in eine Gemeinschaft unter unserem Heiland Jesus Christus zu bringen, dann würde ein gewaltiger Riss in der frühen christlichen Kirche quer durch das ganze römische Reich entstehen.

Paulus steckte in einem Dilemma. Er war gerade auf dem Weg nach Jerusalem, um eine Kollekte von heidnischen Bekehrten zu den Juden Jerusalems zu bringen. Es gab keine Möglichkeit, nach Rom zu kommen, und er war sehr frustriert. Was konnte er tun? Schreiben, das war das Beste, was er tun konnte. Und das erklärt auch diesen langen Brief, denn es war eine Gemeinde, die er nicht gegründet hatte und die er nie gesehen hatte, eine Gemeinde, die ihn wohl nicht besonders beachten würde. Sie mochten wohl von ihm gehört haben, auch von seinen Schwierigkeiten, die ihm überall begegneten. Es war also eine große Herausforderung. Ihr grundlegendes Problem müsste er irgendwie anpacken, aber nicht so wie bei den Galatern. Bei denen konnte er gleich nach ein paar Versen der Einleitung voller Eifer loslegen. Denn Galatien war eines seiner Babys. Es war seine Gemeinde, die er gegründet hatte. Nicht so Rom, er musste also innehalten und überlegen: Wie kann ich dieses grundlegende Problem angehen, ohne sie gleich vor den Kopf zu stoßen, die falschen Worte zu früh zu wählen. So baute er den Brief 10 Kapitel lang auf, bis er zum Wesentlichen kam, zu dem, was er ihnen eigentlich sagen wollte.

Woran liegt es, dass die meisten Kommentatoren diesen Grund für die Abfassung des Briefes übersehen? Ganz einfach: Sie konzentrieren sich auf Kapitel 1 – 8 und 12 –

16. Wenn irgendwo aus dem Römerbrief gepredigt wird, dann daraus, aus dem Beginn und dem Ende, und irgendwie nimmt man Kapitel 9 – 11 nicht ernst, so wie eine Art von Steckenpferd von Paulus, das er sich einfach mal von der Seele schreiben möchte. Und so kommt es, dass die Kapitel im „Herzen" dieses Briefes, die den Höhepunkt des ganzen darstellen, klammheimlich zur Seite gelegt werden.

Meistens konzentriert man sich auf Kapitel 1 - 8. Während meines Theologiestudiums in Cambridge hatte ich zwei Tutoren: C. H. Dodd und den Bischof von Woolwich, John A. T. Robinson, ein bemerkenswerter Mann, der das Buch „Honest to God" schrieb. John Robinson war mein Tutor im Fach „Römerbrief". Behutsam führte er uns durch die Kapitel 1 – 8 und endete dort. Der Rest des Briefes war kein Prüfungsstoff und deshalb konzentrierte man sich auf die ersten acht Kapitel, so wie man es seit der Reformation gewohnt war. Auch Luther konzentrierte sich auf Kapitel 1 – 8 und verstand deshalb nie den eigentlichen Grund für die Abfassung des Briefes. Ohne Kapitel 9 – 11 (besonders 11) ergibt das ganze Buch keinen Sinn.

Dieser Brief ist nicht das „Evangelium des Paulus". Würde man ihn als Evangelium betrachten, so würden einige wichtige Wahrheiten fehlen, die Paulus nie ausließ, wenn er predigte. Zum Beispiel: Buße. Im ganzen Römerbrief finden wir nichts über Buße. Wenn du „dein" Evangelium auf den Römerbrief gründest, dann wirst du nicht über Buße predigen. Auch gibt der Römerbrief nichts über die zukünftigen Dinge her, über das zweite Kommen Christi, was sonst immer zum Evangelium des Paulus dazugehört. Im Römerbrief geht es nur um die Teile des Evangeliums, die nötig sind, um das jüdisch-heidnische Verhältnis klarzustellen. Diese Tatsache kann nicht genug betont werden. Paulus wählt also gewisse Wahrheiten des Evangeliums gezielt aus, wie Rechtfertigung durch Glauben, weil sie dazu dienen, das Verhältnis von

Juden und Heiden zu behandeln. Diese Worte „Juden und Heiden" ziehen sich durch das ganze Buch.

Übrigens, sicherlich wusstest du, dass es nie Gottes Absicht war, sein geschriebenes Wort in Kapitel und Verse aufzuteilen. Die Aufteilung in Kapitel war die Idee eines englischen Erzbischofs von Canterbury, der sich im 13. Jahrhundert entschloss, Gottes Wort in fortlaufend nummerierte Kapitel aufzuteilen. Ein französischer Drucker, der in einer Kutsche gelangweilt von Paris nach Lyon fuhr, hatte nichts Besseres zu tun, als die Kapitel in Verse zu unterteilen und zu nummerieren. Heute sind wir so daran gewöhnt, Kapitel und Versnummern zu zitieren, dass wir die Bedeutung des Wortes „Text" verändert haben, denn eigentlich meint das Wort „Text" den Inhalt des ganzen Buches. Der „Text" eines Buches ist dessen gesamter Inhalt. Heute aber meinen wir mit Text meist nur einen einzelnen Satz in einem Buch, wir meinen „Textzitierer" zu sein, sind in Wahrheit aber zu „Textsezierern" geworden, die den Text aus dem Kontext herausreißen. Viele Christen können Johannes 3,16 zitieren, weit weniger wissen, was nur einen Vers weiter steht. Da frage ich mich wirklich, ob sie überhaupt die Bedeutung von einem Wort aus Johannes 3,16 kennen: „SO". Weißt du, was „so" bedeutet? Es meint nicht, dass Gott die Welt soooo (sehr, so tief) geliebt hat, dass… Nein, nichts von alledem. Das Wort „so" heißt: „Also", „auf diese Weise" (im Hinblick auf das, was vorher oder nachher gesagt wird). Und wenn man die vorangehenden Verse in Johannes 3,14.15 liest, wird dort dasselbe Wort „so" verwendet: „Denn so wie Mose die Schlange in der Wüste erhöhte, genauso muss der Sohn des Menschen erhöht werden". Genau das sagt es aus: „Auf dieselbe Art und Weise". Die Bedeutung von Johannes 3,16 erhältst du nur aus Johannes 3,14.15. Johannes 3,16 sagt: „Auf dieselbe Art und Weise hat Gott die Welt geliebt, als er seinen eingeborenen Sohn gab."

„Auf welche Art und Weise?" Nun, Vers 14 und 15 sagen es dir doch. Es war Gott, der Hunderte von Hebräern tötete, seine eigenen Leute, weil sie wegen der Nahrung, die er ihnen gab, gemurrt hatten. Er sandte eine Plage von giftigen Schlangen. Hunderte starben und sie erkannten, dass Gott diese Schlangen gesandt hatte. Da sagten sie: Mose, geh und sage Gott, dass es uns reut, dass wir wegen des Essens gemurrt haben. Mose sprach: Gott, nimm die Schlangen weg, sie bereuen ihr Murren wegen des Manna. Gottes Antwort: Nein, ich nehme die Schlangen nicht weg, aber ich gebe dir ein Heilmittel für die Schlangenbisse. Mach eine metallene Schlange, stecke sie auf einen Stab, und jeder, der von einer giftigen Schlange gebissen wird, soll hinaus vor das Lager zu dem Hügel gehen und auf die Stange mit der Metallschlange hinaufblicken, dann wird das Gift ihn verlassen. Mit anderen Worten, von den Schlangen wird weiterhin Tod ausgehen, bis sie nicht hingehen und auf die bronzene Schlange auf der Stange schauen. „Ebenso" sagt Johannes „hat Gott die Welt geliebt…" Er nimmt also nicht den Tod aus der Welt hinweg, sondern sagt zu dir: Geh und schaue auf das Kreuz! Geh und schaue den erhöhten Jesus an, und das Gift wird dich verlassen und du wirst ewiges Leben haben. Das macht doch Sinn, oder? Merkst du jetzt, was man alles einbüßt, wenn man den Text aus dem Kontext reißt?

Das war jetzt ein kleiner Exkurs, aber ich bin wirklich ein Kontext-Bibellehrer. Ich zitiere nicht viele einzelne Versnummern. Ich wünsche mir von meinen Zuhörern und Lesern, dass sie selbst die Schriften erforschen und nicht, dass sie einzelne Verse nachlesen. Wenn du einen Prediger hörst, der dir jede Versstelle mitgibt, die er in seinen Notizen hat, dann wirst du sie zu Hause einzeln aufschlagen und nachlesen. Ich empfehle dir aber, die Schrift so zu durchforschen, wie es die Beröer getan haben, und nachzulesen, ob es sich so verhält, wie ich dir gepredigt hatte. Glaube mir nicht einfach alles, bis du es nicht selbst in deiner Bibel gefunden hast! Ich bin nicht unfehlbar. Prüfe mich, ganz besonders hier beim Römerbrief.

Hier ist nun eine kurze Zusammenfassung des ganzen Briefes, die dir zeigt, wie die jüdisch-heidnische Beziehung der Schlüssel für alles ist, was Paulus in diesem Brief geschrieben hat.

Wenn du gerne den Römerbrief mit einem Titel versehen möchtest, hier mein Vorschlag:

„Richtige Beziehungen"

Aber das Wort „richtig" taucht in der Bibel meistens als „gerecht" auf. Deshalb geht es in diesem Brief um die gerechte Beziehung zwischen Juden und Heiden. Wie schaut das nun aus? Die meisten Briefe des Paulus legen zuerst eine Glaubensgrundlage und gehen dann in der Mitte des Briefes zum Thema „rechtes Verhalten" über. Erst die Lehre, dann die Pflichten eines Christen. Das ist übrigens immer die richtige christliche Reihenfolge. Manche beginnen damit, wie man sich als Christ richtig verhält, und schaffen somit einen christlichen Verhaltenskodex, ohne dass sich der Betreffende jemals richtig bekehrt hat. Sie werden zu „Gutmenschen". Sie beginnen am falschen Ende des ganzen Prozesses. Man muss immer mit Lehre beginnen. Du beginnst mit dem, was du glaubst, und daraus kann dann das wahre christliche Verhalten erwachsen. Ebenso ist es auch im Epheserbrief: Kapitel 1 – 3 handeln von dem, was man glaubt, und Kapitel 4 – 6, wie man sich verhält. Und genauso auch beim Römerbrief. Kapitel 1 – 8 betreffen deine vertikale Beziehung zu Gott. Die muss zuerst in Ordnung gebracht werden. Die zweite Hälfte behandelt deine horizontale Beziehung zwischen den einzelnen Gemeindemitgliedern. Ich nenne den ersten Teil „Innere Errettungsarbeit", die Gott wirkt, und der zweite Teil ist die „Äußere Errettungsarbeit". Dabei unterstützt mich das, was im Philipperbrief geschrieben ist: „Bewirkt euer Heil, denn Gott wirkt in euch". Zuerst muss Gott IN dir wirken, dann musst du es selbst nach außen ausarbeiten. Das ist die richtige Reihenfolge im Leben eines Christen.

Paulus redet über die vertikale Beziehung zu Gott unter drei Aspekten. In Kapitel 1 bis zum Anfang des 3. Kapitels spricht er über die Sünden der Menschen und den Zorn Gottes, der auf ihnen lastet. Wir werden das im Detail betrachten, aber er beginnt mit der Sünde der Heiden, die ja ganz offensichtlich zu Tage tritt. Er beschreibt uns, wie Heiden sündigen, dabei ist er aber sehr taktvoll. Er sagt nicht „ihr" Heiden. Er weiß ja, dass sie alles hinter sich gelassen haben, als sie Christen wurden. Er spricht also von „sie" und „ihnen" in der dritten Person und spricht damit die moralisch verkommene heidnische Welt an. Im Kapitel 2 ändert er die Anrede auf das „du". Er spricht nun zu Juden und ihren versteckten Sünden. Heiden sündigen offen, Juden versteckt. Sie gleichen weißgetünchten Gräbern. Dann aber wirft er sie beide zusammen und sagt: „Wir alle, Juden und Heiden, sind Sünder." Er überführt also die Heiden der Sünde, dann die Juden und dann alle zusammen, alle haben gesündigt. Das macht Sinn. Heiden und Juden stehen auf einer Ebene, was die Sünden betrifft.

Dann beschäftigt er sich in der zweiten Hälfte des 3. Kapitels bis zum 5. Kapitel mit der Rechtfertigung. Er spricht vom Glauben an Jesus, den sowohl Juden als auch Heiden benötigen, um gerechtfertigt zu werden. In Kapitel 4 spricht er noch über einen anderen Mann, Abraham, und legt dar, wie Abraham zum Vater der Juden und der Heiden wird, also nicht nur der Beschnittenen, sondern auch der Unbeschnittenen. Dann spricht er über den Fall der Juden und der Heiden in Adam. Mit anderen Worten: Juden und Christen sind vereint in Christus, sie sind vereint in Abraham und sie sind vereint in Adam. Sie sind vereint in Sünde und in Rechtfertigung.

Nun wendet sich Paulus in Kapitel 6 bis 8 der Heiligung zu. Er erzählt ihnen von der Gefahr des Rückfalls, vom Versagen beim Erreichen des Ziels der Heiligung. Jetzt macht er deutlich, dass unser Rückfall unterschiedlich ausfällt. Heiden fallen zurück, indem sie die Sünde zulassen (Kapitel 6), Juden fallen in Gesetzlichkeit zurück (Kapitel 7), beide brauchen die lebensspendende Freiheit des Geistes. Dies werden wir noch genauer betrachten. Das nun war ein Überblick über die vertikale Beziehung zu Gott, dem gerechten Gott, die richtige Beziehung, die gerechte Beziehung.

Nun kommt Paulus zur Horizontalen, die Beziehung untereinander, zur äußeren Errettungsarbeit. In Kapitel 9 – 11 lernen wir über die Beziehung zwischen Kirche und Israel. Es ist eine lebendige Beziehung, und wir werden das im Detail durchgehen, denn wie ich schon sagte, lassen viele Gemeinden und Prediger diese Kapitel aus, während „christliche Zionisten" uns eher eine Überdosis davon verpassen wollen. Alles in allem lieben die Calvinisten Kapitel 9, Evangelikale lieben Kapitel 10 und Zionisten lieben Kapitel 11. Ich wünschte mir, jeder von ihnen würde alle Kapitel lieben. Es gibt eine lebendige horizontale Beziehung zwischen Juden und Heiden, zwischen Israel und der Kirche. Unsere Zukunft ist untrennbar miteinander verwoben, sagt Paulus. Die Zukunft der Kirche ist die Zukunft Israels und anders herum.

Dann schreibt Paulus über die Beziehung der Gemeinde zum Staat, denn schließlich schreibt er ja der Gemeinde in Rom, wo die Regierung des Kaiserreiches sitzt, das Zentrum der Regierungsgewalt. Ab Kapitel 12 redet er also über die Beziehung innerhalb der Gemeinde und dann weiter über die Beziehung zu denjenigen, die die Gemeinde verfolgen. Man darf Harmonie innerhalb der Gemeinde erwarten, aber von außen muss man mit Feindschaft rechnen. Paulus schreibt, wie man mit beidem umgehen soll. Kapitel 13 handelt von der Beziehung zwischen Christ und Staat. Das ist eine absolut wichtige Einsicht. Wohlgemerkt, bei diesem Staat handelt es sich nicht um eine Demokratie, und dennoch werden wir ermahnt, unsere Steuern zu zahlen, für den Staat zu beten usw. Gerade für Christen ist es wichtig, diese Worte zu beherzigen: Respekt vor dem Staat. Wenn du dich an Diskussionen beteiligst, wo Politiker durch den Dreck gezogen werden, dann richtest du dich direkt gegen den Römerbrief des Paulus. Wenn du über sie herziehst, dann machst du nämlich folgendes: Du bist demgegenüber, was der Römerbrief von uns fordert, ungehorsam. Was nun den Staat betrifft, so sollen wir seine politischen Pflichten respektieren, aber seine moralischen Verfehlungen zurückweisen. Hier bedarf es oft eines feinen Fingerspitzengefühls, um die richtige Balance zu halten.

Schließlich beschäftigt sich der Brief mit einzelnen Aspekten in der Beziehung zwischen Juden und Griechen. Die Lehre über die Beziehung zwischen starken und schwachen Christen in Kapitel 14 – 15 bezieht sich auf gläubige Juden und gläubige Heiden. Sie zeigt uns, wie das Verhältnis sein soll. Schließlich geht Paulus auf die Frage ein, welche Auswirkungen jüdische Apostel auf die heidnische Welt haben. Er bezeichnet Jesus als einen Apostel für die Juden, und doch war er es genauso für die Heiden. Sich selbst nennt er einen Juden der Juden und berichtet von seiner Last, die er für alle Heiden verspürt.

In Kapitel 16 finden wir eine lange Liste von Grüßen vor. Aber in der Mitte, nachdem er die Juden in Rom gegrüßt hat, befiehlt er den Heiden, die Juden zu küssen. Was für ein Schock! Kannst du dir vorstellen, was es bedeutet, einen Heiden aufzufordern, einen Juden zu küssen? Aber genau das sagt er ihnen. „Grüßt einander mit dem heiligen Kuss!" Kennst du den Unterschied zwischen einem heiligen und einem unheiligen Kuss? Gedulde dich ein wenig! Es gibt noch weitere Schwierigkeiten, die wir aufarbeiten müssen.

Dies war nun ein einfacher Überblick über den ganzen Brief, welcher zeigt, dass alldem die Spannung zwischen Juden und Heiden zugrunde liegt. Kapitel 11 ist der Höhepunkt des Briefes, wo Paulus die heidnischen Gläubigen wegen ihrer Arroganz zu seinem eigenen jüdischen Volk zurechtweist.

# 1. EINLEITUNG
## KAPITEL 1,1 - 17

A. 1-7 MISSON DES PAULUS (er, wir, ihr)
  1. 1-4 BERUFEN VON GOTT
    a. 1 APOSTEL – gehorsam im Glauben
    b. 2-4 EVANGELIUM – verheißen in den Schriften (AT)
      i. Sohn Davids – menschlicher Nachkomme – Fleischwerdung
      ii. Sohn Gottes – göttliche Einsetzung – Auferstehung
  2. 5-7 BERUFEN FÜR DIE HEIDEN
    a. ALLE HEIDEN in der Welt
    b. AUCH IHR in Rom
      i. Von Gott geliebt als Söhne
      ii. Zu Gott gehörig als Heilige

B. 8-17 MOTIVATION DES PAULUS (12 x „Ich")
  1. 8-10 Seine FÜRBITTE (Ich gedenke euer)
    a. Danksagung: Hören – berühmter Glaube
    b. Bitte: Sehen – er will sie sehen
  2. 11-13 Sein BESTREBEN (ich will euch sehen)
    a. Gläubige – Mitteilung geistlicher Gabe. Ermutigung
    b. Ungläubige – eine Ernte haben. Evangelisation
  3. 14-15 Seine VERPFLICHTUNG (ich bin gebunden)
    a. Gebildete Griechen weise
    b. Ungebildete Nicht-Griechen töricht Rom hat beides
  4. 16-17 Seine GENUGTUUNG (Ich schäme mich nicht)
    a. 16 Kraft Gottes
      i. Rettung für alle Gläubigen
      ii. Juden zuerst, dann Heiden
    b. 17 Gerechtigkeit von Gott
      i. Glaube, von Anfang bis Ende
      ii. Schrift (Habakuk 2,4)

## BITTE LIES RÖMER 1,1 – 17

Und so stellt sich Paulus selbst den Gläubigen in Rom vor. Weil er nie dort war, haben sie ihn nicht als Apostel kennengelernt. Er muss sich ihnen also vorstellen, was er sehr geschickt anstellt. Wie wird er sich wohl den Gläubigen in Rom vorstellen? Er tat das auf zweierlei Art und Weise. Einmal berichtet er ihnen von seiner eigenen Mission und zum anderen lädt er sie ein, an seiner Motivation teilzuhaben. Wenn ich Entwürfe mache, dann gliedere ich den Inhalt in Überschriften und Unterpunkte in mehreren Ebenen. Wir müssen die Sache ebenso herunterbrechen, um wirklich zu begreifen, was Paulus sagt. Einmal sagte eine alte Dame zu mir: „Was ich an dir wirklich schätze, David, ist, dass du das Thema in so kleinen Häppchen servierst, dass auch ich es gut verdauen kann." Ich dankte ihr für das Kompliment, ich meine aber, dass wir immer so vorgehen sollten, nämlich die ganze Sache in kleine Abschnitte aufzugliedern, so dass wir es Stück für Stück zu uns nehmen können, bis wir schließlich in der Lage sein werden, das Ganze verdauen zu können.

Zuerst also zur Mission des Paulus. Es ist bemerkenswert, wie er sich selbst beschreibt. In den Versen 1 – 7 redet er von sich nie in der ersten Person. Er sagt „er" und „wir" und „ihr", benutzt aber nie das Wort „ich", wenn er von seiner Mission redet. Wenn er aber zu seiner Motivation kommt, dann erscheint nur noch das Wort „ich". Das Wort „ich" wird geradezu zu einem Schlüsselwort im zweiten Teil von Kapitel 1 Vers 1 bis 17. Während der erste Teil allgemein gehalten ist und man manchmal meinen möchte, er spricht von jemand anderem, den er da beschreibt, wird er im zweiten Teil sehr persönlich, das „ich" und seine innersten Gefühle rücken in den Vordergrund.

Zuerst bezeichnet er sich als Diener Christi Jesu, allerdings verwendet er nicht den Begriff „Diener". Er verwendet ein viel stärkeres Wort *doulos*, was „Sklave Christi Jesu" bedeutet. Wir leben mittlerweile in einer Welt ohne Sklaverei, obwohl sie doch um uns herum existiert. Als ich Kaplan in der Royal Airforce war, musste ich erleben, dass im Nahen Osten durchaus noch Sklaverei existiert, während sie bei uns schon längst abgeschafft wurde. Sklave und Sklaverei sind Worte, die in diesem Brief häufig als ein Bild auf uns verwendet werden. In Kapitel 6 macht Paulus deutlich, dass es so etwas wie „Freiheit" eigentlich gar nicht gibt. Du bist dein ganzes Leben lang Sklave. Du bist in Sklaverei hineingeboren – Sklave der Sünde – und das Ende davon ist der Tod. Ein Christ ist jemand, der die Herren gewechselt hat und der von einem Sklavendienst zum anderen gewechselt hat. Christen sind Sklaven. Es bedeutet, dass dir deine Zeit, dein Geld, dein Eigentum, dein Besitz nicht mehr dir selbst gehören. Sie gehören nun deinem Meister, außerdem sagt Jesus, wer die Sünde tut, ist der Sünde Sklave. Wenn du dich bekehrst, wechselst du die Herrschaft. Vom Sklavendienst der Sünde zum Sklavendienst der Gerechtigkeit, vom Sklavendienst des Teufels zu einem Sklavendienst des Herrn, vom Sklavendienst des Todes zum Sklavendienst des Lebens. Welchen Sklavendienst möchtest du? Du kannst nur einen davon haben.

Heutzutage ist es schwierig, in solch einer Sprache zu reden. Es ist nicht politisch korrekt zu sagen: „Ich bin ein Sklave." Aber Paulus tat dies, ohne zu zögern. Er wurde durch einen Preis erkauft. Er lebte jetzt nicht mehr für sich selbst, sondern Christus lebte in ihm. Sein ganzes Leben gehörte jetzt jemand anderem, das müssen wir im Auge behalten. Manche Menschen meinen, dass wenn sie ihren

Zehnten der Kirche gegeben haben, sie mit den restlichen 90 Prozent machen können, was sie wollen. Das Neue Testament lehrt den Zehnten nicht, es lehrt, dass 100 Prozent deines Geldes dem Herrn gehören. Alles, was dir gehört, gehört jetzt dem Herrn. Du hast keine eigenen Rechte mehr. Was sind das für Worte! Wird man so ein beliebter Prediger, wenn man mit Römer Kapitel 6 über Sklaverei predigt? Wir werden darauf zurückkommen.

Paulus sagt: „Ich bin ein Sklave Jesu", kein Diener. Dabei wünschten wir uns doch eine sanftere Sprache. Diener und Dienst wäre doch in Ordnung, und wir benutzen diese Worte gerne, „dem Herrn dienen", dabei ist Sklave Christi viel treffender. Paulus betont das sogar: „Ich bin ein Sklave für Jesus, er hat mich erkauft, ich gehöre ihm, jeder Teil meines Lebens gehört ihm." Was für eine Aussage! Es geht hauptsächlich um seine Berufung, die eine doppelte ist. Seine oberste Berufung ist, Apostel zu sein. Ein Apostel ist ein Gesandter im eigentlichen Sinn. Ich bin ausgesandt. Als man die Bibel vom Griechischen ins Lateinische übersetzte, wurde das Wort *apostello*, was bedeutet „ich sende" in *mitto, mittere* übersetzt. Daraus entwickelte sich unser Wort „Missionar". Heutzutage ist das Wort „Missionar" auch nicht mehr politisch korrekt. Sollten wir vielleicht lieber „Missile" sagen? Eigentlich dasselbe Wort. Ein Missionar ist eine „Cruise missile" ein Marschflugkörper. Solche Wortspiele machen mir Freude. Ja, in der Tat, sie wurden ausgesandt, sie wurden ein Marschflugkörper für ein anderes Land, um das Evangelium zu verbreiten. Sei es nun Apostel, Missionar oder missile, es ist dasselbe Wort „ausgesandt". Jesus ist der oberste Apostel, denn der Vater hat ihn gesandt. Und Jesus sagte: „So wie der Vater mich gesandt hat, so sende ich euch." Ein Sklave Jesu wird irgendwohin gesandt, einen Auftrag zu erfüllen. Eine Aufgabe von Sklaven ist es, gesandt zu werden. Paulus fährt nun fort und sagt, dass er ausgesandt ist, das Evangelium zu verbreiten. Das war sein Sendungsbefehl und seine Botschaft war ganz klar. Er sagte: Es ist im Alten Testament vorhergesagt und es konzentriert sich auf EINE Person, die vollkommen menschlich und vollkommen göttlich ist. Das Menschsein kommt aus seiner Geburt und Fleischwerdung und seine Göttlichkeit kommt aus seiner Auferstehung.

Weißt du eigentlich, dass die Auferstehung das Herz des Evangeliums ist? Leider haben die westlichen Kirchen den Tod Christi zum Zentrum gemacht. Geh nach Osten zur orthodoxen Kirche, dort wirst du keinen toten Christus sehen. Du siehst kein Kruzifix. Was du sehen wirst, sind Bilder des auferstandenen Christus, der in den Himmel auffährt und auf dich herabschaut; sie nennen diese Bilder Ikonen. Der große Unterschied zwischen den westlichen Kirchen, also Katholiken und Protestanten- und den östlichen Kirchen ist der, dass wir im Westen das Kreuz in den Mittelpunkt stellen. Paulus sagte nie, wir predigen den gekreuzigten Christus. Aber genau das ist im Westen unsere Hauptbotschaft. Exakt betrachtet, sagte er: „Wir predigen Christus, der gekreuzigt worden ist". Es ist der auferstandene und zum Himmel aufgefahrene Christus, der die Kreuzigung hinter sich hat und nicht der Christus, der jetzt am Kreuz hängt. Wir sehen das Lamm stehend, wie geschlachtet. Wie kann jemand, der geschlachtet wurde, stehen? Christus, der geschlachtet wurde, steht nun im Himmel. Ich denke, jetzt haben wir die Sache zurechtgerückt.

Gott war es, der die Auferstehung bewirkte. Jesus stand nicht von selbst aus dem Grabe auf, sondern er wurde von Gott auferweckt. Die Auferweckung kehrte die Todesstrafe wieder um. Gottes letztes Wort zur Kreuzigung seines Sohnes war: „Das war falsch!" Ich werde meinen Sohn wieder lebendig machen und erklären: Das ist mein Sohn! Es war die Auferstehung, die bewies, dass Jesus das war, was er von sich behauptete. Und deshalb ist ein Auferstehungszentriertes Evangelium besser als ein Kreuz-zentriertes Evangelium. Wir fassen zusammen. Sohn Davids durch menschliche Abstammung, durch Fleischwerdung zu einem Menschen durch und durch geworden; Sohn Gottes durch göttliche Deklaration in der Auferstehung: Dies ist mein Sohn, und ihr habt ihn durch den größten Justizskandal der Weltgeschichte hingerichtet. Mit der Auferweckung hat Gott eingegriffen und das Urteil, das an seinem Sohn vollstreckt wurde, rückgängig gemacht. Aber warum hat Gott nicht vor der Kreuzigung schon eingegriffen? Weil er ihn genau deshalb in die Welt gesandt hatte, damit er gekreuzigt würde, und es gab keine andere Möglichkeit. Doch dazu kommen wir noch in Kapitel 3 des Briefes.

Hier haben wir also die Berufung Gottes, die Paulus zu dem Apostel machte, der das Evangelium in die ganze Welt trug; aber wem sollte er es bringen? Wir kommen nun zu einer erstaunlichen Wahrheit – der jüdischste aller Juden, den Gott nur auserwählen konnte, wurde zu den Heiden gesandt. Es ist so typisch für den Herrn, die denkbar schlimmste Person zu senden, etwas für ihn zu tun, die denkbar ungeeignetste Person. Ihm, dem hebräischsten aller Hebräer, Abkömmling des Stammes Benjamin, einem exklusiven kleinen Stamm, sagte Gott bei seiner Bekehrung: „Der Herr sendet dich, ein Apostel der Heiden zu sein." Heiden waren Leute, die Saulus von Tarsus nicht einmal angeschaut hätte. Als Pharisäer hasste er die Heiden, unreine Menschen. Aber Gott sagte: „Das ist dein Aposteldienst." Gott sagte: „Du wirst zu deinen Heiden gehen" und er musste zu all den Heiden in der Welt gehen. Welch großer Ruf. Es war im Grunde genommen ein Auftrag für die damals bekannte Welt. Er sagte: „Ich bin ein Apostel für alle Völker, und ihr gehört auch dazu." Daraus erkennen wir, dass der ganze Brief eigentlich an die heidnischen Gläubigen in Rom gerichtet war und er mit ihnen über die Juden reden musste, die sie eigentlich mit einem heiligen Kuss willkommen heißen sollten, anstatt zu ihnen zu sagen: „Im Plan Gottes seid ihr nicht mehr enthalten." Besonders in England höre ich das oft: „Im Plan Gottes sind die Juden nicht mehr enthalten." Es brauchte also jemanden, der ihnen sagt: „Auf geht's, küsse den nächsten Juden! Es soll ein heiliger Kuss sein, jawohl, aber küsse sie!"

Hinter diesem Brief spielten sich dramatische Szenen ab, ganz erstaunliche Veränderungen finden statt. Paulus findet für die Christen in Rom zwei neue Bezeichnungen. Er nennt sie: „Ihr seid geliebte Söhne Gottes geworden" und „als Heilige gehört ihr nun zu Gott." Hier sind also Heiden, in einer bösen, heidnischen, verkehrten Welt aufgewachsen, und doch sagt Paulus: „Ihr seid Söhne Gottes, ihr seid Heilige."

Ein Fehler, den die katholische Kirche gemacht hat, ist der, dass sie nur einige spezielle Personen, die „kanonisiert" wurden - damit meine ich jetzt nicht mit Kanonen erschossen, sondern in den Himmel hochgeschossen (kleines Wortspiel im Englischen) - zu Heiligen erklärt hat. Aber in Gottes Augen bist du, sobald du ein Gläubiger geworden bist, auch ein Heiliger. Ob du dann dementsprechend lebst, ist eine andere Frage. Versuche doch mal, jeden Morgen, wenn du in den Spiegel schaust, zu sagen: „Hier steht der heilige … (setze deinen Namen ein)." Leider haben unsere englischen Bibelübersetzer den Kern nicht getroffen. Sie haben einige kleine Wörtchen eingefügt, die eigentlich nicht dastehen sollten. Es steht: „berufen, <u>um</u> Heilige <u>zu sein</u>." Aber das „um…zu sein" steht nicht im Griechischen und so sollte es im Englischen auch nicht stehen, „berufene Heilige", so ist es richtig übersetzt. Gott beruft dich als Heiligen ab dem Moment, wo du ihm gehörst.

Das erinnert mich an eine Mutter, die ihr Kind in einer Methodistenkirche in London taufen ließ. Der Pfarrer sagte: „Welchen Namen willst du dem Kind geben?" Sie antwortete: „Genius." (dt. „Genie) „Wie bitte, was?" Sie wiederholte ihren Wunsch: „Taufe ihn auf den Namen Genius." Der Pfarrer sagte: „Das wird ihn aber sein ganzes Leben lang sehr belasten, warum soll ich ihn Genius nennen?" „Ich will, dass er etwas hat, auf das er in seinem Leben hinstreben kann", bekräftigte sie.

Ich finde das nur logisch. Wir sind berufene Heilige, weil Gott uns damit etwas auf den Lebensweg gibt, dem wir entgegenstreben können. Die Hauptbedeutung des Wortes „Heilige" ist nicht so sehr eine sich heilig verhaltende Person, sondern eher eine für Gott abgesonderte Person. Ein Heiliger ist von anderen Menschen abgesondert, von den Karrieren, die andere Menschen einschlagen, er ist abgesondert von den vielen anderen Dingen dieser Welt, um für Gott da zu sein. Die andere Bedeutung des Wortes „Heilige" ist die, dass du für Gott unbrauchbar bist, wenn du diesem Titel nicht gerecht wirst. Du hast aber diesen Titel, es ist dein Status, so wie Gott dich sieht. Du gehörst zu den Heiligen, und so ist jeder Gläubige in Rom angesprochen: Die Heiligen zu Rom. Denke daran, Gott ruft uns zwar, kann uns aber nicht richtig gebrauchen, solange unser Leben diesem Titel nicht gerecht wird. Jeder Christ ist ein Heiliger und sollte auch so leben.

Wir haben also die Beschreibung der Mission des Paulus untersucht. Nun kommen wir zu seiner Motivation. Das persönliche Fürwort wechselt von „du", „sie" und „wir" zu „ich". Seine folgenden Feststellungen beginnen mit „ich". „Ich erinnere Euch", „ich sehne mich, euch zu sehen", „ich bin gebunden", „ich schäme mich nicht". Mit jeder dieser Feststellungen können wir ein bisschen in das Herz des Paulus hineinblicken. Sein Herz schlägt für die Heiden, denen er schreibt. Vier Dinge werden uns geoffenbart: Seine *Fürbitte*, sein *Bestreben*, seine *Verpflichtung* und seine

*Genugtuung.* Zuerst zur *Fürbitte.* Er sagt: „Ich gedenke euer in meinen Gebeten." Das sagt uns etwas Erstaunliches über Paulus: Erstens, er betet für Gemeinden, die ihm nicht gehören, die er nicht gegründet hat und die er noch nie besucht hat. Er gedenkt ihrer und betet für sie. Wir können so von unserer eigenen Gemeinde, die wir aufgebaut haben, in Beschlag genommen sein, dass wir andere Gemeinden gänzlich vergessen.

Ein geradezu dramatisches Beispiel der Gemeinde, in der ich Pastor war, spielte sich an einem unserer monatlichen Gemeindebesprechungstermine ab. Wir fragten den Herrn, was wir als nächstes tun sollten. Da stand eine kleine alte Dame auf und sagte: „Der Herr hat gesagt: Finanziert andere Kirchen in der Stadt!" Eine Schockwelle durchfuhr die Versammlung. Wir hatten ein großes Budget. Ein Drittel gaben wir für die Armen über unsere Missionare. Wir unterstützten viele gute Werke, aber noch nie hatten wir Geld für andere Gemeinden in der Stadt ausgegeben. Habt ihr so etwas schon einmal gehört? Aber diese kleine alte Dame hatte diese Prophetie.

Wir dachten: „Wie sollen wir das anstellen?" Ich ging zu unserem Bankier, sein Name war Julius Cäsar. Ja, du hast dich nicht verhört! Julius Cäsar sagte: „Was kann ich für dich tun?" Ich sagte: „Wir wollen ein neues Konto eröffnen." Er sagte: „Für welchen Zweck?" „Für andere Gemeinden in der Stadt". Er starrte mich an und sagte: „Dave, ist das dein Ernst?" „Ja, der Herr hat uns das gesagt und deswegen machen wir das auch." Wir eröffneten ein neues Konto. Das Konto wuchs, bis ein stattlicher Betrag darauf war. Wir wussten nicht genau, was wir damit tun sollten. Wie sollte man zu einer anderen Gemeinde gehen und sagen: „Wir finanzieren Euch!" Das schaut doch nach Patronatsverhältnis aus. „Ihr wollt wohl euren Reichtum zur Schau stellen." Man kann sich vorstellen, wie so etwas ausgehen kann.

Bald darauf fegte über unsere Stadt ein Tornado hinweg und deckte das Dach der neu gebauten römisch-katholischen Kirche ab. Wir sagten: „Herr, du meinst doch nicht etwa, dass baptistisches Geld für die Renovierung eines katholischen Kirchendachs verwendet werden soll?" Aber ich ging schließlich zu dem ziemlich dicken irischen Priester, gab ihm einen ziemlich dicken Scheck und sagte: „Das ist für die Renovierung eures Kirchendachs." Nun, hätte er ein schwaches Herz gehabt, wäre es um ihn geschehen. Er stolperte zurück und sagte: „Noch nie habe ich davon gehört, dass eine Baptistengemeinde eine katholische Kirchengemeinde unterstützt." Ich sagte: „Nun denn, einmal ist immer das erste Mal. Der Herr hat es uns aufgetragen." Er sagte: „Ihr seid doch diese Bibelgemeinde?" Als er das sagte, fühlte ich mich geschmeichelt und verstand sofort, was er sagte, denn vor ein oder zwei Wochen hatten wir als Gemeinde die ganze Bibel in einem Rutsch durchgelesen, von Sonntag früh bis Donnerstagmorgen. Wenn ihr das mal versuchen wollt, es dauert ca. 84 Stunden. Jeder musste 15 Minuten vorlesen und die Bibel dann dem nächsten überreichen. Wir lasen rund um die Uhr, von morgens bis abends und in der Nacht. Als wir das anfingen, wussten wir gar nicht, welche Auswirkungen das haben sollte. Es kamen insgesamt 2.000 Menschen, Menschenleben wurden verändert, und zwar eines nach dem anderen. Uns fehlt hier die Zeit, davon zu berichten, aber als wir es noch planten, ahnten wir das alles noch nicht.

Dies war nun zwei oder drei Wochen vorher geschehen, nun sagte dieser katholische Priester: „Ihr seid doch diese Bibelgemeinde?" Ich antwortete: „Ja, das wären wir gerne." Er erwiderte: „Unsere Leute lesen die Bibel überhaupt nicht. Und um ehrlich zu sein, ich auch nicht. Sonntags gebe ich ihnen eine kurze Unterweisung, aber sonst geben wir uns mit der Bibel nicht ab." Dann sah er mich an und sagte: „Würden vielleicht ein paar Leute von euch zu uns kommen und uns in der Bibel unterweisen?" Wir stellten ein sehr umsichtiges und taktvolles Team auf, gingen hin und lehrten in dieser Kirche die Bibel.

Alles hatte mit einer kleinen alten Dame in unserer Gemeindeversammlung begonnen, die einfach sagte: „Wir sollten andere Gemeinden in der Stadt finanziell unterstützen." Wenn du nur auf den Herrn hörst, seine Aufträge nach seinem Plan ausführst, dann wirst du einige Überraschungen erleben, die allesamt gut sein werden.

Paulus betete für andere Gemeinden, die er nicht gegründet hatte, die er noch nicht einmal besucht hatte. Sein Gebet bestand aus zwei Teilen: Danksagung und Fürbitte. Einfach ausgedrückt: „Danke" und „Bitte". Das sind schon einmal zwei von sechs ganz lebendigen Bestandteilen von Gebet. Er sagte: „Ich danke Gott für die Berichte, die überall im Kaiserreich über euren Glauben bekannt werden. Ihr seid berühmt für euren Glauben, und ich danke Gott dafür." Das ist wirklich ein hohes Lob, das hier eine Gemeinde erhält. Wird über eure Gemeinde und über euren Glauben auch überall erzählt? Dank sei Gott, wenn es so ist. Dann sagt Paulus: „Ich bitte Gott, lass mich doch hingehen und das, wovon ich gehört habe, mit eigenen Augen sehen." Das war seine Bitte. Immer wenn er Gott für sie dankte, bat er, lass sie mich doch sehen. Das ist nachvollziehbar. Nicht als ob er zweifeln würde, sondern er wollte gerne ermutigt werden, hingehen und es sehen. Das steckt hinter dem Satz: „Ich gedenke euer in meinen Gebeten."

Der nächste Satz offenbart sein *Bestreben*. Er sagt: „Mein Bestreben ist, zu euch zu kommen und zwei Dinge zu tun: Euch etwas geistliche Gnadengabe mitzuteilen, die euch (die Gläubigen) ermutigen soll und außerdem will ich eine Ernte unter euch haben." Paulus war ganz und gar Evangelist und er wollte einige Seelen zu dieser Gemeinde führen. Wir erkennen also ein zweifaches Bestreben: Mitteilung von geistlicher Gabe für die Gläubigen und eine Ernte unter den Ungläubigen. Das sind doch gute Bestrebungen!

Jetzt kommt er zu den *Verpflichtungen* und sagt: „Ich bin gebunden." Starke Worte! Warum fühlte er sich gebunden? Wieder benutzt er die „Sklavensprache". Viele Sklaven waren buchstäblich gebunden oder angekettet. Was meint er also mit „gebunden"? Es ist die Verpflichtung, das Evangelium Griechen und Nicht-Griechen, Weisen und Toren zu predigen. Diese Kategorien von Menschen mögen für dich merkwürdig sein. Bedenke aber, dass das römische Reich und seine Kultur von den Griechen stammen. Die Organisation war römisch, die Kraft war römisch, aber die Kultur war griechisch. Ihre Erziehung war griechisch. Das Wort „griechisch" bedeutet eigentlich „gut erzogen, kultiviert" und „nicht-griechisch" bedeutet „nicht gut erzogen, nicht kultiviert". In Rom hatte man beides nebeneinander. Das Evangelium des Paulus war für beide. Nicht nur für die gut Gebildeten, es war auch für die weniger Gebildeten. Nicht nur für die eingebildete Oberschicht, sondern für jedermann. Das bedeutet es, wenn er sagt: „Ich bin gebunden", für die Griechen und Nicht-Griechen, und so verstehen wir, warum er so viel Wert darauflegte, zu kommen. Er hat einfach das Herz eines Evangelisten. Die Römer hatten die Griechen erobert, aber kulturell gesehen, hatten die Griechen die Römer erobert.

Nun kommen wir zu seiner letzten Aussage, die wirklich spannend ist: „Ich schäme mich des Evangeliums nicht!" Diese Aussage kommt mit so viel Nachdruck herüber, dass ich annehme, dass Paulus selbst mit dieser Scham zu kämpfen hatte. Er hat bestimmt nicht im Entferntesten daran gedacht, einst selbst an einen römischen Soldaten angekettet nach Rom zu kommen. Es ist sehr demütigend in Ketten in die Hauptstadt des Kaiserreichs zu kommen. Aber so sind Gottes Wege! Überrascht uns das?

Warum schämt sich Paulus nicht? Weil absolute Kraft im Evangelium steckt. Einer meiner Freunde kam einmal in eine Grenzkontrolle eines kommunistischen Landes. Der Zöllner fragte: „Was ist in diesem Koffer?" „Dynamit" antwortete mein Freund. Ich befürchtete, dass es den Grenzübertritt gehörig verzögern würde, aber als sie den Koffer öffneten und eine Menge evangelistischer Traktate fanden, sagten sie: „Warum bezeichnest du das als Dynamit?" Er sagte: „Weil es Dynamit ist."

Im Griechischen heißt es *dünamis*. „Ich schäme mich des Evangeliums nicht, weil es Kraft ist" – Und er wusste, dass das römische Reich „Kraft" und „Stärke" geradezu anbetete. Es war auf eigene „Kraft" gegründet, Paulus aber sagte: „Ich habe hier eine größere Kraft als die Kraft des römischen Reiches."

Und auch hier müssen wir bedenken, dass Paulus nicht wissen konnte, dass sich schon dreihundert Jahre später der römische Kaiser zum Christentum bekennen würde. Er konnte nicht ahnen, dass sie die Welt auf den Kopf stellen würden. Eigentlich sehen wir jetzt aus der richtigen Perspektive, aber wenn du vollkommen verkehrt liegst, dann meinst du, dass alles auf dem Kopf stünde. Kannst du mir folgen? Wir sind diejenigen, die die Welt wieder ins Lot bringen, das muss man ganz deutlich sagen. Es ist die Kraft Gottes, aber für was? Die Kraft Gottes zu Errettung! Errettung – dieses Wort benutzen wir normalerweise selten.

Ich entführe dich jetzt in die Zeit des zweiten Weltkriegs. Da gab es ein Wort, das immer auf unseren Lippen war: „Verwertung". Wir verwerteten alles zu Kriegszwecken. Wir verwerteten Papier, Metall, Bratpfannen, und aus den verwerteten Stoffen bauten wir unsere Kampfflugzeuge. Heutzutage sagt man Recycling dazu. Kein schlechtes Wort für Verwertung. Gott hat die Kraft, Männer und Frauen zu recyceln. Ein gutes Wort, denn die Hölle ist Gottes

Mülleimer. Dort landen die nutzlosen Menschen. Gott *schickt* keine Menschen in die Hölle, er *wirft* sie hinein. Das ist das richtige Wort, das er immer verwendet. Du platzierst keinen Müll in der Tonne, sondern du wirfst ihn hinein. Müll wird weggeworfen. Die Hölle ist Gottes Mülleimer, wo er die verdorbenen Menschen wegwirft, so wie man eine kaputte Gummiwärmflasche wegwirft. Sie schaut zwar aus wie eine Wärmflasche, ist aber zu nichts mehr zu gebrauchen. Nicht errettet zu sein ist deshalb so schlimm, weil man für Gott nicht zu gebrauchen ist und er einen deshalb ins Feuer wirft. Das ist die Hölle. Das Evangelium ist die Botschaft, die Männer und Frauen aus diesem Zustand birgt und verwertet, damit sie dort nicht enden.

Ich hatte einmal die Ehre, beim jährlichen Gottesdienst der Rechtsanwälte in einer altehrwürdigen anglikanischen Kirche in London zu predigen. Der Name der Kirche war Temple Church. Es versammelten sich alle Richter, Rechtsanwälte und Notare in dieser Kirche, und bei der Gelegenheit laden sie gewöhnlich jemanden ein, um sie aus dem Wort Gottes zu lehren. Zuerst wusste ich nicht, was ich predigen sollte, doch dann kam mir eine Passage aus dem Römerbrief in den Sinn. Ich las den Text vor. Es war eine Furcht einflößende Situation. Das Predigerpult fühlte sich an wie eine Anklagebank, und mir wurde nun der Prozess gemacht. Alle obersten Richter saßen in einer Reihe. Sie hatten zwar nicht ihre Perücken auf, schauten aber dennoch furchterregend aus. Ich stellte mich also dem Prozess, stieg zum Rednerpult und sagte: „Mein Predigttext lautet: Was das Gesetz nicht vollbracht hat, tat Gott." Ich sagte ihnen, dass das Gesetz einen Menschen bestrafen kann, weil er böse war, auch vermag das Gesetz durch Furcht andere davon abhalten, dieselben Verbrechen zu tun, aber kein Gesetz schafft es, aus einem bösen Menschen einen guten zu machen. Das funktioniert nicht, du kannst ihn höchstens dazu überreden, es auszuprobieren.

Dann fuhr ich fort: „Ich kenne einen Mann, der zur berüchtigtsten Gang in Ost-London gehörte." (Er war Mitglied der Kraybrüder-Gang, und zwar einer, der die Leichen für sie entsorgte.) Ein Grieche, sein Name ist Chris Lambianou. Chris saß schon 15 Jahre im Gefängnis in Einzelhaft und war selbstmordgefährdet. Sie hatten sein eisernes Bett im Zellenboden festzementiert. Eines Tages gab ihm jemand eine Kiste Bücher zum Lesen. Es war auch eine Bibel dabei. Er dachte: „Davon habe ich schon gehört – irgendwie wird sie mir schon nützen. Ich werde darauf schlafen." Und so legte er sie einfach unter das Kopfkissen. Das erste Mal seit langer Zeit, schlief er richtig gut. Er dachte: „Ein gutes Buch, ich sollte es unter meiner Kleidung tragen." Von da an trug er sie ganz nah an seinem Herzen und es ging ihm immer besser. Schließlich entschloss er sich, darin zu lesen. Nachdem die Bibel ihm so gutgetan hatte, begann er, sie zu lesen. Eines Nachts, um Mitternacht, schreckte er in seiner Einzelzelle auf. Da standen drei bärtige Männer vor seiner Pritsche. Er sagte: „Ich weiß, wer ihr seid. Du bist der Vater, du bist der Sohn und du bist der Heilige Geist." Der mittlere sagte: „Folge mir nach!" Von diesem Moment an war Chris ein neuer Mensch. Er wurde sanft und freundlich, und dieser Mann, der früher Leichen entsorgt hatte, wurde zu jemandem, der junge Kriminelle im Dienst der Justiz wieder auf den rechten Weg brachte. Der Jugendrichter des hiesigen Gerichts verurteilte seine Delinquenten, ein Jahr lang mit Chris zu verbringen. „Ich verurteile dich, ein Jahr mit diesem Menschen zu verbringen!" So verbrachte er dieses Jahr damit, aus bösen Jugendlichen gute Jugendliche zu machen. Das ist die Kraft Gottes, sie verwandelt Menschen, Sie gehen durch einen Recyclingprozess, der sie aus dem Müll, aus dem Verderben, aus der Nutzlosigkeit rettet. Das ist etwas, was mich wirklich begeistert!

Paulus sagt: „Zuerst für die Juden, sodann für die Heiden." So schaut die christliche Missionsstrategie aus: Erst für die Juden, dann für die Heiden. Wenn in deiner Nähe irgendwelche Juden wohnen, dann sagt Gott zu dir: „Geh dort zuerst hin." Das machte Paulus immer in jeder Stadt. Zuerst ging er zu den Juden. Erst als diese ihn ablehnten, ging er zu den Heiden. Die Kirche hat sich von dieser Vorgehensweise schon lange verabschiedet. Genau genommen war dies Gottes Strategie für die ganze Welt. Schon im Alten Testament startete Gott mit den Juden und sagte: „Jetzt sollt ihr ein Licht für die Heiden sein." Übernimm doch die Strategie Gottes: Erst die Juden, dann die Heiden. Darauf lag der Segen für Gottes Kraftwirkungen. Das bedeutet nicht, dass Gott Juden bevorzugt. Er hat keine Lieblinge, aber es ist die richtige Reihenfolge. Das war schon immer so, und so wird es auch bleiben. Die heidnische Kirche scheint das total vergessen zu haben.

Wir kommen schließlich zur Gerechtigkeit von Gott. Die Kraft Gottes zur Errettung, zur Wiederverwertung, zum Recycling, und jetzt die Gerechtigkeit von Gott. Die ganze Bedeutung liegt in diesem kleinen Wort „von". Martin Luther hatte Angst vor der Gerechtigkeit Gottes (ohne „von"). Es war eine Bedrohung für ihn. Es bedeutete Verurteilung. Ein gerechter Gott muss verurteilen. Ein gerechter Gott muss Menschen in die Hölle schicken. Eine Gerechtigkeit Gottes ist keine gute Nachricht, aber eine Gerechtigkeit *von* Gott ist es durchaus. Gott sagt dadurch: „Ich weiß, dass ihr nicht gerecht seid. Ich weiß, was ihr getan habt." Zu mir sagte er sogar: „Ich weiß das allerschlimmste über dich." Das Evangelium, die gute Nachricht sagt nun: Du kannst Gerechtigkeit von Gott erhalten. Er kann seine Gerechtigkeit mit dir teilen, denn sie kommt durch Glauben. Von Anfang bis Ende dreht sich alles um Glauben, es ist aus Glauben zu Glauben. So etwas wie Glauben in der Vergangenheit gibt es nicht, Glaube ist immer Gegenwart. Diejenigen, die bis zum Schluss glauben sind es, die gerettet werden. Zu diesem Gedanken kommen wir später noch.

Schließlich zitiert Paulus als guter Jude noch die Schrift. Die Schrift hat das letzte Wort. Sie ist die letztendliche Autorität für jeden Juden. So zitiert er Habakuk, einer meiner Lieblingspropheten im Alten Testament. Habakuk diskutierte mit Gott und zog den Kürzeren. Aber Gott liebt es, wenn man mit ihm diskutiert. Habakuk diskutierte also und sagte zunächst: „Gott, was machst du nur mit Jerusalem? Das ist doch grässlich, und du sitzt bequem im Himmel und machst nichts! Mach doch endlich was!" Gott sagte: „Ich mach doch was, Habakuk." „Ja, was denn?" „Ich lasse die Babylonier kommen." Habakuk war schockiert und sagte: „Das kannst du nicht machen, Gott, die haben doch eine Politik der verbrannten Erde. Die töten nicht nur alle Menschen, sondern auch die Tiere, die Bäume, sie hauen einfach alles um. Da wird kein Baum stehen bleiben, wenn die Babylonier kommen. Die werden die guten Menschen, die übriggeblieben sind, zusammen mit den bösen Menschen töten. Du hast doch zu reine Augen, um solches Unrecht anzusehen." Aber das hatte Gott nicht gesagt, das war die Beweisführung des Habakuk. „So etwas kannst du nicht tun!" Gott sagte: „Ich kann es tun und ich werde es auch tun." Habakuk rang sich schließlich in einem wahren Glaubensakt durch und begann ein wunderschönes Lied zu singen - das ich übrigens vertont habe – und so sagt er in Kapitel 3 des Buches Habakuk: „Obwohl die Bäume gefällt sind, nichts knospt mehr, keine Frucht ist mehr am Feigenbaum, so will ich doch in dem Herrn, meinem Retter frohlocken." Denn Gott hatte zuvor zu Habakuk gesagt: „Meinst du wirklich, ich will den Babyloniern erlauben, den Gerechten zusammen mit dem Bösen zu vernichten? Nein! Der Rechtschaffene und Gerechte wird durch den Glauben überleben." Das ist die wahre Bedeutung dieses Verses. Ich befürchte, dass Luther die Aussage dieses Verses nicht richtig verstanden hat. Die wahre Bedeutung ist: *Habe keine Angst, wenn mein Gericht kommt. Der Gerechte wird durch den Glauben an mich überleben*. Und das gilt für uns alle. Wenn das letzte Gericht Gottes kommt, wird der Gerechte durch den Glauben leben. Wir werden überleben, wenn wir am Glauben zu Gott festhalten.

## 2. SÜNDE UND ZORN
### Kapitel 1,18 – 3,20

A. HEIDEN – „Sie" (1,18-32)
   1. Götzendienst – Menschen geben Gott auf (18-23)
      a. Unterdrückung der Wahrheit (18-20)
      b. Ersetzung durch Lügen (21-23)
   2. Unmoral – Gott gibt Menschen auf (24-32)
      a. Verunreinigte Körper (24-27)
      b. Verkommene Gesinnung (28-32)

B. JUDEN – „ihr" (2,1-29)
   1. Heimlichkeit (1-5)
      a. Verdammen der anderen
      b. Verachtung von Gott
   2. Scham (6-16)
      a. Verhalten
      b. Gewissen
   3. Überlegenheit (17-29)
      a. Gebote
      b. Beschneidung

C. JUDEN UND HEIDEN – „wir" (3,1-20)
   1. Jüdische Verteidigung (1-8)
      a. Vorteil – göttliches Wort
      b. Argumente – menschliches Wort
   2. Menschliche Verkommenheit (9-20)
      a. Aussagen der Schrift
      b. Verstummen vor dem Gesetz

## BITTE LIES RÖMER 1,18 – 3,20

Das wichtigste in unserer Betrachtung ist: *Das Evangelium ist zuerst eine schlechte Nachricht, bevor es eine gute Nachricht sein kann.* Mit anderen Worten, man muss zuerst über die Sünde und über den Zorn Gottes sprechen, bevor man das Evangelium verstehen kann. Ich erinnere mich noch, als ich einen Verlobungsring für meine Frau kaufte. Wir gingen zu einem Juwelier und ließen uns einige Ringe zeigen. Bevor er sie uns zeigte, breitete er zuerst ein schwarzes Samttuch aus, erst danach holte er die Ringe hervor, um sie uns zu zeigen. Nur durch das schwarze Tuch kam die Schönheit der Ringe richtig zur Geltung. Du kannst das Evangelium nur als gute Nachricht verstehen, wenn du die schlechte Nachricht verstanden hast. Die schlechte Nachricht ist ganz einfach das, woraus die Menschen durch die gute Nachricht errettet werden müssen. Es hat keinen Sinn von Errettung zu reden, wenn die Menschen gar nicht wissen, woraus sie errettet werden sollen.

Wenn ich mit jemandem Seelsorge mache, der sich für den Glauben interessiert, dann arbeite ich mich immer zu einer bestimmten Frage vor. Ich frage: „Willst du Christ werden?" „Ja." „Von welchen Sünden soll er dich retten?" Das ist die entscheidende Frage. Buße beginnt genau hier. Meistens sagen sie dann: „Von allen Sünden", ich antworte dann immer: „Du hast nicht alle Sünden begangen. Von welchen Sünden soll er dich erretten?" Dann erst fangen sie an, konkret zu werden und ihre Sünden zu benennen. Christus kam nicht, um uns aus der Hölle zu retten. Das gibt es gratis dazu. Sein Name bedeutet, dass er gekommen ist, seine Leute von ihren Sünden zu erretten – all ihren Sünden. Wenn du noch nicht von all deinen Sünden gerettet bist, dann bist du noch nicht gerettet. Ich muss es dir geradeheraus sagen: Ich bin noch nicht gerettet, sondern ich bin auf dem Weg der Errettung. Ich schaue nach vorne, um gerettet zu werden, wie geht es dir? Paulus sagt in Römer, Kapitel 13: „Wir sind unserer Errettung näher, als da wir zum Glauben kamen." Ich habe nie eine Predigt gehört, die von einer zukünftigen Errettung spricht, man hört immer nur von Errettung in der Vergangenheit. Wir schauen aber nach vorne, um errettet zu werden. Ich sehne mich nach dem Tag, wo keine Spur von Sünde mehr in mir ist, wenn ich vollkommen in das Ebenbild Gottes verwandelt sein werde. Erst dann bin ich errettet und erst dann kann ich wirklich ausrufen: „Einmal errettet, immer errettet!", denn erst dann ist es wahr geworden.

All das kommt daher, dass man das Wort „Sünde" fast gänzlich aus dem Sprachschatz gestrichen hat. Es zu gebrauchen, gehört nicht mehr zum guten Ton, aber wir müssen der Finsternis der Sünde ins Auge schauen, allgemein und ganz speziell. Erst dann werden wir das Evangelium verstehen und erst dann werden wir es zu schätzen wissen. Bevor du den Zorn Gottes nicht verstehst, wirst du die Liebe Gottes auch nicht zu schätzen wissen. Es ist ganz einfach. Paulus sagte: „Ich schäme mich des Evangeliums nicht", und das Evangelium fängt so an: Der Zorn Gottes wird vom Himmel her geoffenbart werden. Das ist der erste Teil seiner Offenbarung – der Zorn und der Grimm Gottes. Viele Leute haben versucht, das wegzuerklären, indem sie es als heilige Entrüstung bezeichnet haben, aber es ist mehr. Gott hasst Sünde! Sie hat seine Schöpfung ruiniert, nicht nur für ihn, sondern auch für uns. Gott hasst die Sünde, und solange wir das nicht begreifen, dass Gott die Sünde hasst, können wir es auch nicht wirklich schätzen, dass Gott die Sünder liebt.

Es ist also ungemein wichtig, zuerst mit dem Zorn zu

beginnen, bevor man zur Liebe kommt. Der Gott der Bibel zeigt uns hier zwei Seiten seines Charakters. Einerseits liebt er die Menschen, andererseits hasst er die Menschen. Einerseits bestraft er Menschen, andererseits vergibt er Menschen. Einerseits zeigt er seine Gerechtigkeit, andererseits seine Gnade. Wenn wir eine Seite verschweigen, predigen wir ein verzerrtes Evangelium. Wir werden also zunächst den Zorn Gottes, der geoffenbart werden wird, betrachten, der Zorn zuerst gegen die Heiden, dann gegen die Juden und dann gegen jedermann, denn man kann es so zusammenfassen: Wir alle haben gesündigt. Jesus sagte: „Wenn der Heilige Geist zu euch kommen wird, dann wird er die Welt von drei Dingen überführen: Sünde, Gerechtigkeit und Gericht." Wenn jemand im christlichen Leben irgendwie vorankommen will, muss er alle drei Begriffe verstehen – die Tatsache der Sünde, die Tatsache der Gerechtigkeit und die Tatsache des Gerichts, wenn sie aufeinandertreffen. Die Gerechtigkeit Gottes ist eine Drohung. Sie kann aber auch ein Angebot sein. Diese beiden Aussagen müssen wir nun zusammen erarbeiten.

Paulus fängt mit den Heiden an und redet von ihnen in der 3. Person „sie" und meint damit die Heiden, die in Rom aufgewachsen sind. Er ist äußerst taktvoll und setzt voraus, dass sie all das hinter sich gelassen haben. Wie steht es um diese gottlose Welt? Zunächst steht fest, die Menschen haben sich von Gott abgewandt. Wenn sie dies getan haben, dann antwortet Gott ganz folgerichtig damit, dass er sich von ihnen auch abwendet. Das ist nur fair und gerecht. Wir wenden uns ab und er wendet sich ab. Schauen wir uns beides an. Die Menschen wenden sich von Gott ab, dabei muss klar sein, dass es nicht irgendein Gott ist, von dem sie sich abwenden, sondern der Gott der Bibel. Es geht nicht um andere Religionen, sondern um den Gott Israels, der der einzige wirklich existierende Gott ist. Außer ihm gibt es keinen.

Andere Götter sind Gedankenkonstrukte und Einbildung. Das ist ein fester Bestandteil der christlichen Wahrheit und sorgt natürlich in einer Welt, die alle Religionen unter einen Hut bringen möchte, für Ärger.

Unser früherer Premierminister Tony Blair baut derzeit eine gewaltige Stiftung auf, die zum Ziel hat, alle Religionen auf der ganzen Welt zu vereinen. Natürlich war das auch der Beweggrund, weshalb Schimon Peres von Israel zum Papst pilgerte und ihm dasselbe vorschlug. Diese Idee, alle Religionen dieser Welt zu vereinen, ist sehr populär geworden. Die Bibel sagt voraus, dass es einst eine einzige Weltreligion geben wird, aber dass Gott nicht hinter dieser Religion stehen wird. Es wird die Religion des Antichristen sein und nicht die des Christus, aber genau da stehen wir heute. Paulus wirft nun den gottlosen Menschen zweierlei Dinge vor: Sie unterdrücken die Wahrheit über Gott und ersetzen sie durch Lügen. Das eine ist eine positive, das andere eine negative Anschuldigung. Sie unterdrücken die Wahrheit. Nun, das offenbart wirklich, wie es um die menschliche Natur bestellt ist. Paulus arbeitet es klar heraus, es gibt keine Entschuldigung für Atheisten. Es gibt keine Entschuldigung dafür, dass man nicht an Gott glaubt, denn jeder Mensch hat zwei Zugänge zur Wahrheit: Einer ist die Schöpfung, die uns umgibt, und der zweite ist das Gewissen in uns.

Die uns umgebende Schöpfung sollte eigentlich jedem zeigen, wie kraftvoll Gott ist, dass die Person, die alles ins Sein gebracht hat, ein kraftvoller Gott ist. Seine Kraft und Göttlichkeit nenne ich seine Gottheit. Wir sollten nicht annehmen, Gott sei ein riesiges menschliches Wesen, Gott ist Gott. Es gibt nur einen Gott und keiner ist ihm gleich. Seine Gottheit kann in dem Geschaffenen ersehen werden. Gehe nur einmal hinaus und untersuche die Bäume, die du vorfindest. Du wirst erkennen wie erstaunlich Gott ist.

Gott ist kreativ. Keine zwei Grashalme sind völlig gleich, keine zwei Schneeflocken sind völlig gleich und keine zwei Wolken. Welch erstaunlicher und großartiger Künstler ist Gott. Es gibt keine zwei Menschen, die sich völlig gleichen. Selbst eineiige Zwillinge weisen Unterschiede auf. Was für ein Gott! In der ganzen Schöpfung ist das sichtbar, so haben wir keine Entschuldigung.

Wenn die Bibel von Atheismus spricht, dann meint sie nicht jemanden, der nicht an Gott glaubt, sondern jemanden, der ihn ignoriert. Jemand, für den Gott keine Rolle spielt, jemand der durchs Leben geht, ohne jemals einen Gedanken an Gott zu verschwenden. Das ist eine offensichtliche Unterdrückung der Wahrheit. Sie hätten es erkennen können, aber sie haben diese Erkenntnis unterdrückt. Wie oft habe ich das erleben müssen, wenn ich eine unbekehrte Person erreichen wollte! Ich bemerkte, dass sie ganz offensichtlich etwas unterdrücken. Wenn du eine ihrer Fragen gut beantwortet hast, dann kommen sie mit der nächsten. Du beantwortest auch diese Frage, dann stellen sie die nächste, bis dir schließlich klar wird, sie wollen die Wahrheit gar nicht wissen. Sie unterdrücken sie. Warum? Weil es Konsequenzen für sie hätte.

Nehmen wir einmal die Auferstehung. Die Beweisführung für die Auferstehung würde jedes Gericht davon überzeugen, dass Jesus von den Toten auferstanden ist. Das ist auch der Grund, warum viele Spitzenjuristen Christen geworden sind. Im Bereich der Rechtspflege gibt es mehr Christen als in jedem anderen Bereich. Wenn man fähig ist, eine Beweisführung zu prüfen, muss man einfach daran glauben, dass Jesus von den Toten auferstanden ist. Ich kann euch eine Liste von Top-Anwälten in Großbritannien geben, die ihr Denken und dann auch ihr Leben geändert haben, nachdem sie die Beweise für die Auferstehung überprüft hatten. Das ist der wahre Grund, warum Menschen die Beweismittel gar nicht hören wollen, denn wenn Jesus wirklich aus den Toten auferstanden ist, dann ist alles, was er gesagt hat, wahr. Und das wiederum bedeutet Veränderung: von einem selbstzentrierten Leben in ein Gott-zentriertes, was vielen nicht schmeckt. So unterdrücken sie lieber die Wahrheit und auch die Beweismittel.

Auch außerhalb der Bibel gibt es eine Fülle von Beweisen für die Existenz Jesu und für seine Wunder – historische Beweise, die nicht in unserer Bibel stehen, die besagen, dass er ein Wundertäter war. Die Menschen wollen aber von diesen Beweisen gar nichts wissen, selbst wenn du sie ihnen klar vorlegst. Die Gottlosigkeit sagt einfach: „Ich will das gar nicht wissen. Ich habe noch nie an Gott geglaubt und dabei bleibt es!" Das ist Unterdrückung von Wahrheit. Jeder Mensch hat Zugang zu der uns umgebenden Schöpfung und zum Gewissen in sich und ist in der Lage zu erkennen, dass es Gott gibt und dass Gut und Böse etwas mit ihm zu tun haben. Wir sind nach seinem Ebenbild geschaffen und haben deshalb einen Sinn dafür, Gutes und Böses zu unterscheiden. Selbst die primitivsten Eingeborenen auf Erden haben ein Gewissen und können dir sagen, was Gut und Böse ist. Denk daran, normalerweise erkennen wir das Falsche, das ein anderer Mensch tut, leichter als unser falsches Handeln, aber trotzdem erkennen wir es und sagen: „Das ist falsch! Er oder sie sollte so etwas nicht tun." Es ist Gott, der uns denselben Sinn für Gut und Böse gegeben hat, den auch er hat.

Gottlose Menschen unterdrücken nicht nur die Wahrheit, sie ersetzen auch die Wahrheit durch Lüge. In jedem Menschen gibt es einen Bereich, der für Gott reserviert ist und der nach Gott und dessen Anbetung verlangt. Ich brauche dir nichts davon zu erzählen, wie unsere jungen Leute heutzutage Popstars verehren. Man sieht sie mit erhobenen Händen, klatschend und kreischend jemanden anbeten, der auch nur ein Mensch ist. Sie haben den Schöpfer mit einem

Geschaffenen ersetzt. Wenn du erwachsene Männer im Fußballstadion beobachtest, dann stellst du fest, dass Fußball DIE Religion für viele Männer in England ist. Bei einem Fußballspiel werden sie sehr religiös, sie toben, schreien und jubeln. Stell dir vor, sie würden das auch in der Kirche machen, aber dort machen sie das nicht. Aber hier beten sie eine Meute von Männern und einen Lederfetzen auf einer Grasfläche an. Über ihre Mannschaft reden sie, als ob sie von einem Gott, mit dem sie sich identifizieren, reden würden und den sie jeden Samstagnachmittag anbeten. Und so sehen wir, dass wir nicht gottlos sein können, ohne einen Ersatz für den „Gottesbereich" in unserer Seele zu schaffen.

Und so gibt es keinerlei Entschuldigung. Die Menschen ersetzen Licht durch Finsternis, sie ersetzen Unsterbliches mit Sterblichem und schaffen somit eine Ersatzreligion. Aber auch die Religion selbst, nämlich religiös zu sein, kann ein Ersatz für Gott werden. Wahrscheinlich wollen die meisten Menschen in irgendeiner Weise religiös sein und deswegen machen sie sich ihren eigenen Gott. Hierzulande höre ich Menschen oft sagen: „Nun denn, ich stelle mir Gott so oder so vor", dabei entspricht es durchaus nicht dem, was die Bibel über ihn sagt, sondern entspricht ihren eigenen Vorstellungen. Sie haben in ihrem Inneren eine Bild von Gott angefertigt, was zwar reine Einbildung ist, aber es ist eben der Gott, wie sie ihn gerne hätten und den sie dann sogar anbeten.

Zu meinem Freund kam einmal ein Student und sagte: „Ich bin schon lange auf der Suche nach Gott, aber ich kann ihn nicht finden." Mein Freund antwortete: „Das ist aber merkwürdig, er sucht schon viel länger nach dir, als du nach ihm. Kann es sein, dass ihr euch verpasst habt?" Das war eine gute Antwort, denn der Student war auf der Suche nach einem Gott, der seinen eigenen Vorstellungen entsprechen würde, diesen Gott wollte er finden. Der Gott, an den er glauben wollte, war nicht der Gott, der sich selbst als der Gott Israels zu erkennen gab. Für die Welt ist es ein großes Ärgernis, dass der einzige Gott, den es gibt, der Gott Israels ist. Philosophen nennen das den „Skandal der Auserwählung". Erlaube mir, dir das zu erklären. Es ist ein Skandal, dass Gott nur zu einer Nation auf Erden gesprochen haben soll. Warum hat Gott nicht zu den Amerikanern, Russen, Australiern oder Briten gesprochen? Warum hat sich Gott den Juden geoffenbart und ihnen aufgetragen, allen anderen davon zu erzählen? Die Philosophen können diesen Skandal der Auserwählung nicht akzeptieren, aber das ist genau der Weg, auf dem Gott sich offenbaren wollte.

Wir hatten drei Kinder, eines davon ist schon im Himmel, aber die anderen sind noch bei uns hier auf Erden. Als unsere drei Kinder noch klein waren, brachte ich ihnen jeden Sonntag Süßigkeiten mit. Ich hatte die Wahl. Entweder würde ich einem von ihnen den Beutel mit Süßigkeiten geben und sagen: „Teile es mit deinen Geschwistern", oder ich könnte sagen: „Hier sind drei Tafeln Schokolade, eine für dich und eine für dich und eine für dich." Hätte ich die zweite Möglichkeit gewählt, hätte ich Ruhe gehabt, aber ich wählte die erste Möglichkeit und hatte keine Ruhe. „Du hast mehr bekommen als ich". Es gab Streit und Uneinigkeit, weil ich es einem Kind gab, um es mit den anderen zu teilen. Und genau das ist Gottes Methode. Er sagte: „Dir Abraham gebe ich alles, was ich habe, und deinen Nachkommen, und du sollst alle Menschengeschlechter auf Erden segnen."

Das ist ein Skandal! Es bedeutet, dass die ganze Welt zu den Juden gehen muss, um Gott zu finden. Und genauer, zu dem Juden Jesus, um Gott zu finden, und das ist ein Ärgernis. „Warum soll ich ausgerechnet zu den Juden gehen?" Ein britischer Dichter schrieb folgendes kurzes Gedicht: „Seltsam, dass Gott die Juden erwählte." Ein anderer Dichter fügte einen weiteren Vers hinzu: „Noch seltsamer aber sind die, die den Gott der Juden erwählen, die Juden aber quälen." Damit haben diese beiden Poeten den Nagel auf den Kopf getroffen. Wir alle sind Schuldner der Juden. Die Bibel, die ich lehre, ist durch und durch ein jüdisches Buch. Dieser Jesus, der dich rettet, ist ein Jude. Alle Apostel waren Juden. Die Gemeinde war ursprünglich fast ausschließlich jüdisch und dieser Zustand wird am Ende der Zeiten wiederhergestellt werden.

Einmal sagte ich zu einem Juden in einem Geschäft: „Mein bester Freund ist Jude." Darüber freute er sich sehr. Ich sagte: „Er hat tatsächlich mein Leben gerettet." Da freute er sich doppelt, er platzte geradezu vor Stolz und sagte: „Wer war das?" Daraufhin kollabierte natürlich alles. Trotzdem ist es wahr. Ich gehe nun einen Schritt weiter und sage, wir sind dazu da, um Juden eifersüchtig zu machen, nicht neidisch. Die meisten Menschen kennen den Unterschied zwischen eifersüchtig und neidisch nicht. Auch die „New International Version" (eine englische Bibelübersetzung) trifft es nicht richtig und übersetzt in Kapitel 11 des Römerbriefs, wir sind dazu da, die Juden neidisch zu machen. Nein, wir sollen sie eifersüchtig machen. Wie soll das gehen? Nicht indem wir ihnen sagen, was wir gefunden haben, sondern indem wir sagen, was wir bei *ihnen* gefunden haben. Wir haben *ihren* Messias gefunden, wir lesen *ihre* Bibel, wir haben *ihren* Jesus gefunden, wir beten *ihren* Gott an. Und wir sind froh darüber, weil wir glauben, dass sie die Wahrheit haben und dass ihr Gott der einzig wahre ist. Darüber werden wir mehr in Kapitel 11 lesen - ich bin nur etwas voreilig.

Wir waren hier stehen geblieben: Da ist nun die schlimme Anschuldigung, dass die Heiden die Wahrheit unterdrückt haben, sie durch Lüge ersetzt haben und zu Narren geworden sind, obwohl sie sich für Weise hielten. Sie haben sich selbst getäuscht. Das ist eine sehr gefährliche Form der Irreführung. Götzendienst bedeutet, Gott aufzugeben und etwas zu produzieren, was man an seine Stelle setzt. Wozu führt das? Gott gibt auch sie auf und jetzt können wir die Anzeichen des Zornes Gottes schon in unserer Gesellschaft sehen. Sie werden nun im Römerbrief aufgeführt, und es liest sich wie eine Schreibtischunterlage auf dem Polizeirevier oder wie ein billiges Sonntagsblatt. Es ist eine sagenhafte Beschreibung dessen, was passiert, wenn man Gott aufgibt. Er antwortet nicht mit Unnahbarkeit und Interesselosigkeit, nein, er handelt – er zeigt seinen Zorn.

Im Griechischen gibt es zwei Worte für den Zorn Gottes, und es ist interessant, wie sie im Neuen Testament verwendet werden. Eines ist für den siedenden Zorn und eines für den überkochenden Zorn. Ich möchte das so illustrieren: Wenn du einen Topf Milch auf den Herd stellst, um die Milch aufzuwärmen, dann ist es töricht von dir, wenn du nicht gut aufpasst. Denn erst wird die Milch sieden und kleine Blasen steigen an die Oberfläche. Wenn du das unbeachtet lässt, dann kommt der Punkt, wo die Milch plötzlich überkocht, dann hast du die Bescherung, alles brennt an und du musst den Herd putzen. Genauso ist es mit dem Zorn Gottes. Momentan siedet er noch, und wenn du genau hinschaust, erkennst du die Blasen an der Oberfläche. Aber irgendwann wird er überkochen und das wird in Römer Kapitel 2, als der Tag des Zorns bezeichnet. Gottes Zorn offenbart sich in zwei Phasen. In Phase 1 siedet er, und das ziemlich unauffällig und nur für die erkennbar, die genau darauf achten. Aber am Tag des Zorns wird Gottes Grimm überkochen. An diesem Tag wird er an all denen handeln, die seine Erde verdorben haben.

Paulus schreibt von der erstaunlichen Geduld und Toleranz Gottes, die darin besteht, noch zu warten, bevor es zum Überkochen kommt. Zuerst sehen wir nur, wie der Ärger Gottes seine Blasen an der Oberfläche bildet. Dies kann ich ganz klar in England, der westlichen Welt und anderen Ländern, die vom Westen beeinflusst sind, beobachten. Gottes Ärger ist am Sieden. Diese kleinen Blasen werden hier beschrieben. Sie machen sich in unserem „Körper" und unserer „Gesinnung" bemerkbar. Wenn Gott die Menschen aufgibt, passiert etwas mit ihren Körpern und ihrer Gesinnung. All das stellt den siedenden Zorn Gottes unter der Oberfläche dar. Aber es wird heißer.

Wir wollen nun verunreinigte Körper und verkommene Gesinnungen betrachten, denn darüber spricht die Bibel. Wenn Gott Menschen aufgibt, überlässt er sie dem Bösen, das in ihnen wohnt. Es ist ja so, dass in uns allen Homosexualität schlummert. Es tritt oftmals in unseren Jugendjahren relativ harmlos zu Tage, wenn wir z.B. einen Lehrer oder eine erwachsene Person des gleichen Geschlechts anhimmeln. Wir alle sind für Homosexualität anfällig, weil sie in uns ist. Wenn Gott dich aufgibt, dann löst er die Handbremsen in dir, dann lässt du deinen sogenannten schändlichen Begierden freien Lauf. Wenn Gott dich nicht mehr davon abhält, tritt das zu Tage, was du eigentlich tun willst, und das ist nicht sehr schön. Hier wird nun ganz klar von widernatürlicher Sexualität gesprochen. Das passiert mit deinem Körper. Was aber deine Gesinnung betrifft: Sie wird unsozial.

Wenn du die Aufzählung in Römer Kapitel 1 durchliest, dann liest du das, was rund um uns herum passiert. Gott schuf den Menschen männlich und weiblich. Er schuf uns füreinander und für die Ehe zwischen einem Mann und einer Frau. Das ist Gottes Plan für die Sexualität – Sexualität innerhalb der Ehe und Hingabe zueinander und kein außerehelicher Sex. So hat es Gott vorgesehen, aber wenn Gott Menschen aufgibt, dann wird ihre Sexualität widernatürlich. Was als erstes passiert, ist, dass Männer mit Männern und Frauen mit Frauen Sex haben, was Gott nie vorgesehen und nie beabsichtigt hat. Aber es ist in uns allen und deshalb darf niemand einen anderen verdammen und sagen „du Schwuler!" Sage dir lieber selbst „Ich könnte auch so sein, wenn Gottes Hand mich nicht davon abhalten würde." Das kommt der Wahrheit wohl am nächsten. So beginnst du zu verstehen, was um dich herum passiert.

In England haben wir Gesetze für die gleichgeschlechtliche Ehe verabschiedet, und jetzt ist es gesetzlich möglich, dass Männer Männer und Frauen Frauen heiraten. Das ist eine sexuelle Rebellion gegen Gott. Es verdreht sein Gebot für Familie und für Glück. Davon sind wir nun abgefallen, und es breitet sich über die ganze Welt aus, auch wenn du es nicht wahrhaben willst. Es wird kommen, merke dir meine Worte, denn gottlose Menschen wollen die göttlichen Weisungen nicht einhalten. Das steckt in jedem von uns. Wir besitzen eine gefallene Natur mit falschen Begierden. Aber das betrifft nicht nur das Gebiet der Sexualität, es betrifft auch das Gebiet der Ernährung. Du kannst essen, um zu leben, oder leben, um zu essen. Auch das ist eine schändliche Begierde. Gott hat das Essen zu unserem Genuss und zum Sattmachen geschaffen, aber wir haben es zu einem Götzen gemacht. Unser Fernsehprogramm in England ist vollgepackt mit Kochsendungen, wie man noch ausgefalleneres Essen kochen kann, das deinen Gaumen kitzelt. Die Menschen ziehen sich das hinein, als ob sie nur noch fürs Essen leben, anstatt essen, um zu leben.

Das kann auch mit Geld passieren. Geld ist ein sehr guter Diener, aber ein schrecklicher Meister. Du kannst es für gute Zwecke verwenden, aber wenn du dich dem Geld wie einem Gott hingibst, dann betest du den Mammon an, und du wirst süchtig. Es gibt Geschäftsleute, die eigentlich genug für ihr ganzes Leben verdient haben, die aber immer wieder neuen Geschäften nachjagen, mehr Geld raffen, weil sie nie zufrieden sind. Es ist wie eine Droge, du brauchst immer mehr, um zufrieden zu sein. Du erkennst jetzt bestimmt, dass diese Dinge in unserer Welt vollkommen real sind. Wir reden von dem, was täglich um uns herum passiert. Genau das ist der Zorn Gottes, der sich offenbart, der vernünftiges Streben in Süchte verwandelt. Das betrifft nicht nur die junge Generation. Ich erkenne das in jeder Altersgruppe. Du siehst, wie Gott Menschen aufgibt, weil sie ihn aufgegeben haben. Dabei meinen sie noch, sie könnten damit davonkommen.

Einmal sprach ich in einer Fabrikkantine. Ein Mann stand auf und sagte: „Was meinst du dazu? Ich will wirklich nicht angeben, aber ich führe ein anständiges Leben. All meine Kollegen können dir bestätigen, wie hilfsbereit ich bin. Wenn in meiner Nachbarschaft jemand Hilfe braucht, bin ich sofort zur Stelle. Ich bin der, der hilft. Dabei bete ich nicht, ich gehe nicht in die Kirche und lese nicht in der Bibel. Kannst du das erklären?" Ich sah ihn an und sagte: „Du gehst also nicht in die Kirche, du betest nicht und liest nicht in der Bibel. Aber ich wette, dass dein Großvater das gemacht hat." Da blieb ihm die Luft weg. Er hatte nicht daran gedacht, dass du im Segen des Glaubens deiner Eltern und Großeltern bis hin in die dritte und vierte Generation stehen kannst. Aber wenn du die Wurzeln des christlichen Glaubens kappst, dann wirst du dessen Frucht einbüßen. Du siehst, all das passiert um uns herum. Zu meiner Zeit sagten die Leute: „Warum noch kirchlich heiraten?" Heutzutage sagen sie bereits: „Warum überhaupt heiraten?"

Das tritt innerhalb zweier oder dreier Generationen deutlich zu Tage. Du verlierst dein geistliches Kapital und das Ergebnis ist, dass deine Enkel oder Urenkel die Wurzel verlieren und keine Frucht mehr bringen. Nochmals, es ist ein Vorgang, der sich während eines längeren Zeitraums vollzieht. In all dem kannst du den Zorn Gottes erkennen, du kannst aber auch in gewisser Hinsicht Gottes Gnade darin erkennen, denn er zeigt uns, wohin das alles führt. Er sagt: Du bist auf dem falschen Weg, du kannst das erkennen, weil ich dir helfe, es zu sehen. Ich überlasse die Menschen sich selbst.

Es betrifft nicht nur Ernährung, den guten Ruf, die Selbstkontrolle, Geld oder Besitz; es betrifft jeden Bereich und hat auch vor der Gesinnung der Menschen nicht Halt gemacht. Es geht nicht nur um widernatürliche Sexualität des Körpers oder die Ausübung schändlicher Begierden. Sexualität an sich ist keine schändliche Begierde. Wenn sie so gelebt wird, wie Gott sie sich vorgestellt hat, kann man sich wirklich an ihr freuen. Wenn das aber nicht der Fall ist, kann sie zur Sucht und zu einer schändlichen Begierde ausarten.

Jetzt wollen wir einen Blick auf die Gesinnung werfen. Wenn wir die Aufzählung im Römerbrief Kapitel 1 lesen, dann lesen wir von einer Gesinnung, die unsozial, den Eltern gegenüber rebellisch und zum Lästern neigt. Es ist eine lange Liste von Dingen, mit denen unsere Gesinnung erfüllt ist und die unsoziales Verhalten fördert.

*Ungerechtigkeit.* Dies ist eine Haltung von Falschheit und Ungerechtigkeit, so wie es auch die Bibel nennt. Mit anderen Worten, man liebt das Schlechte. (Habt ihr schon bemerkt, dass kleine Kinder immer zuerst das Wort „nein" lernen, bevor sie „ja" sagen können?)

*Bosheit.* Es bedeutet das Verlangen zu schaden, andere Menschen zu verletzen, sie mit dir nach unten zu ziehen. In der Bibel wird der Teufel „der Böse" genannt. „Führe uns nicht in Versuchung, sondern erlöse uns von dem Bösen..." - so das Vaterunser.

*Habsucht.* Dieser Ausdruck bedeutet im Griechischen wortwörtlich „immer mehr wollen". Ist nicht auch in deinem Herzen eine Spur davon zu finden? Wolltest du nicht auch schon mehr als du hattest? Warst du jemals unzufrieden mit deinem Schicksal?

*Schlechtigkeit* bedeutet Boshaftigkeit, andere angreifen zu wollen.

*Neid* – eine verzerrte und verdrehte Herzensregung,

die den ersten Mord und den schlimmsten Mord in der Geschichte nach sich zog. Pilatus wusste, dass man Jesus aus Neid überliefert hatte, und Kain tötete Abel ebenso aus Neid. Aber Neid kann auch christliche Diener ergreifen. Der eine Prediger ist auf die Predigergabe des anderen neidisch. Sonntagsschullehrer beneiden andere Sonntagsschullehrer, weil sie es besser können. Christliche Lobpreisleiter sind neidisch auf andere, weil sie besser singen können. Gemeindemitglieder sind neidisch, weil ein anderer ein Diakonenamt bekommen hat, was sie selbst gerne hätten. Kannst du in deiner Gesinnung auch eine Spur davon vernehmen?

*Mord* – Nun wirst du sagen: „Ich werde bestimmt niemals jemanden ermorden." Moment mal! Jesus sagte, wenn du auf jemanden zornig bist oder jemanden verachtest und ihn einen Narren nennst, du ihn in Gedanken ermordet hast. Mord findet sich auch in deiner Gesinnung.

*Streit* bedeutet, mit jemandem streiten, weil man stolz oder ehrsüchtig ist. Jemand hat es mal schön beschrieben: „Nach unten treten, nach oben buckeln." „Streiten, um weiter nach oben zu kommen." Kannst du das in dir entdecken?

*List* ist schlaues Lavieren. Da können versteckte Motive und heimliche Methoden am Werk sein. Sind wir davon wirklich ganz frei?

*Tücke* heißt, von jemandem das schlechteste zu denken, die Dinge zum Schlechten hin zu deuten, schlimmer als die Realität überhaupt ist.

*Üble Nachrede*. Das Wort bedeutet eigentlich „Getuschel". Menschen tuscheln hinter dem Rücken anderer. Menschen, die außerhalb der Gemeinde über die inneren Angelegenheiten der Gemeinde herziehen, anstatt sie innerhalb anzusprechen.

*Verleumder* sind Menschen, die öffentlich über andere Menschen herziehen und ihren Ruf zerstören.

*Gotteshasser* sind solche, die Gott als solches nicht

wollen, weil er dir Schranken aufweist, weil er dir sagt: „Du sollst nicht..." und weil er dich in deinen Vorhaben behindert.

*Trotzig* bedeutet aufsässig zu sein gegenüber denen, die über dir stehen.

*Hochmütig* sein ist Stolz. Es ist der Gipfel aller Sünden.

*Prahler* – Das ist jemand, der vorgibt etwas zu sein, etwas zu haben oder zu tun, was er nicht ist, noch hat, noch tut.

*Erfinder böser Dinge* erfinden ständig neue Arten zu sündigen.

*Den Eltern ungehorsam* ist zum Beispiel ein Jugendlicher, der zu seinen Eltern sagt: „Ihr habt mir gar nichts zu sagen." Ein junger Mensch, der die Weisheit und Erfahrung der Eltern in den Wind schlägt.

*Toren* sind völlig unverständig, man kann sie nicht erreichen und vernünftig mit ihnen reden.

*Treulose* sind Menschen, die ihre Zusagen nicht halten. Er unterzeichnet einen Vertrag und hält sich nicht daran. So einer sagt zum Beispiel: „Ich komme vor dem Gottesdienst am Sonntag um Punkt sechs Uhr und lege die Gesangbücher auf." Dann kommt er zwanzig Minuten später. Genauso eine Situation hat man sich darunter vorzustellen.

*Herzlos* ist jemand, der keine natürlichen Regungen mehr hat, der unfähig ist, eine Freundschaft einzugehen.

*Unbarmherzige* sind grausam und ohne Mitleid für andere Menschen.

Gibt es einen einzigen Menschen, der von sich behaupten kann, dass nichts von dem Gesagten in seinem Inneren ist? Wenn du aber erkennst, dass von alledem auch etwas in deinem Sinn schlummert, dann sei dir im Klaren darüber, dass es deutlich zum Vorschein kommen kann, wenn Gott die Bremsen löst. Es ist dein Wesen, das da tätig wird, es ist deine Persönlichkeit. Getraut sich wirklich jemand zu sagen, dass uns das alles nichts zu sagen hat? Es ist die Gnade

Gottes, weshalb all diese bösen Dinge, die in meinem Sinn schlummern, nicht offen zu Tage treten. Aber sie würden es tun, wenn Gott die Bremsen lösen würde. Wenn Gott einen Menschen aufgibt, dann passiert genau das.

Unser Verhalten entspringt unserem Sinn – wie wir denken, wie wir reden. Aber Gott ist am Werk und zeigt uns klar, wohin alles führen kann. Es freut mich, dass es Christen gibt, die in einigen Bereichen darauf hinweisen, wo das alles hinführen wird. Ich sehe das auch und kann die Auswirkungen auf die nächste Generation sogar statistisch beweisen. Das ist gut, und wir sollten nicht aufhören zu warnen. Wir sollen das Böse bloßstellen, aber die Welt tut sich schwer, es zu erkennen. Sie folgt ihren Neigungen, und man kann ihr keinen Einhalt gebieten.

Wir haben es also mit verunreinigten Körpern und verkommenen Gesinnungen zu tun. Die Steigerung einer verkommenen Gesinnung ist, dass sie nicht nur fortwährend für sich selbst neue Wege der Sünde erfindet, sondern auch andere ermutigt, dasselbe zu tun. Wenn du in einer schlechten Gewohnheit feststeckst, dann ist es für dich ein Trost, sagen zu können: „Nun denn, die anderen machen es ja auch." Du wirst ein „Evangelist für das Böse". Das sagt der letzte Vers in Kapitel 1 aus: „Sie üben es nicht nur selbst aus, sondern haben Wohlgefallen an denen, die es tun." Es ist wie bei einer ansteckenden Krankheit. Schlechte Neigungen sind ansteckend. Sie greifen erschreckend schnell um sich, sozusagen Ebola in geistlicher Hinsicht. Alles in allem sind wir anlagebedingt Egoisten, und wenn Gott uns seinen Zorn zeigen will, muss er nichts anderes tun, als uns einfach gewähren zu lassen. Was passiert, wenn du ein Auto auf einem Hügel geparkt hast und keine Handbremse gezogen hast? Es rollt nach unten. Wenn du dich fragst, warum es mit der Gesellschaft bergab geht, ist das die Antwort: Gott hat die Handbremse gelöst. So zeigt sich momentan sein Zorn.

Er kocht noch nicht über. Wenn er überkocht, dann wird die Welt aufwachen und es klar erkennen, aber momentan siedet sein Zorn noch. Die Beter und geistlichen Wächter können es sehen. Sie sehen es und können die anderen davor warnen, weil sie wissen, wo alles hinführt.

Das ist also die Art und Weise wie die Heiden sündigen. Es ist offensichtlich, nicht versteckt, ungehindert, schamlos. Aber die Juden sündigen auf eine andere Art und Weise. Es ist auch Sünde, aber sehr versteckt. Paulus wendet sich jetzt den Sünden der Juden zu und wechselt dabei das persönliche Fürwort von „sie" auf „ihr bzw. du" und manchmal sogar „wir", denn Paulus selbst zählt sich zu den Juden. Als erstes sagt er: „Ihr seid Heuchler. Was ihr bei den anderen verdammt, tut ihr selbst." Psychologen können uns bestätigen, dass wir besonders leicht die Unarten anderer erkennen, die wir selbst auch haben, weil wir sozusagen darauf spezialisiert sind. Wenn du mit dem Zeigefinger auf jemanden zeigst, weisen drei Finger in deine Richtung. Das ist die Moral dieses Abschnitts. Wer andere für etwas verdammt, was er selbst verheimlicht, auf den fällt es schnell zurück. Das traf in Jesu Zeiten genau auf die Pharisäer zu. Deswegen nannte er sie getünchte Gräber. Während Heiden ganz unverhohlen sündigen und es bei anderen gutheißen, tendieren die Juden dazu, die Sünden der anderen zu missbilligen und dabei ihre eigenen zu verbergen.

Ein Jude sagte in Jerusalem einmal zu mir: „Wir Juden sind wie alle Menschen, nur ein bisschen mehr." So kann man es gut auf den Punkt bringen. Er sagte: „Wenn Menschen habsüchtig sind, dann können wir Juden noch viel habsüchtiger sein." „Wenn Menschen irgendwas gut können, dann können wir es besser." Er sagte mir geradeheraus, dass die Juden sowohl die Tugend und auch die Untugend besser beherrschen als der Rest der Menschen. Und so ist es wirklich. Die Juden haben viele gute Tugenden. Was das Familienleben betrifft, sind sie unschlagbar. Aber ihre Untugenden fallen auch stärker ins Gewicht als bei den anderen Menschen. Ein Teil ihrer Berufung durch Gott ist, dass sie ein Beispiel für die Welt sein sollen. Wenn sie es nun ablehnen, ein Beispiel für die Gnade Gottes zu sein, dann werden sie zwangsläufig ein Beispiel für die Gerechtigkeit Gottes. Das ist die Bedeutung des Gleichnisses vom Töpfer und vom Ton.

Ich hoffe, du verstehst, warum uns die Bibel als Ton in den Händen eines Töpfers sieht. Es bedeutet nämlich, dass Gott nicht für alles verantwortlich ist, was mit uns geschieht. Jeremia sollte ins Haus des Töpfers gehen (nachzulesen in Jeremia Kapitel 18), um dem Töpfer bei der Arbeit auf der Töpferscheibe zuzusehen. Er dreht die Scheibe mit seinen Füßen, die Scheibe dreht sich, und er wirft einen Klumpen Ton auf die Scheibe. Jeremia schaut ihm zu, wie er daraus eine wunderschöne Vase machen will, mit wunderschöner Form, aber der Ton missrät in seinen Händen. Also nahm er das missratene Gefäß, stampfte es wieder zu einem Klumpen zusammen, schmiss ihn wieder auf die Scheibe und machte ein gröberes Gefäß daraus, mit dem man in der Küche arbeiten konnte. Als Jeremia vom Herrn gefragt wurde, wer denn verantwortlich gewesen sei, dass dieser Klumpen keine schöne Vase, sondern ein grobes Küchengefäß wurde, musste er antworten: „Der Ton, nicht der Töpfer, sondern der Ton". Daraufhin sagte der Herr zu Jeremia: „Ich wollte aus Israel eine wunderschöne Nation machen, um der Welt meine Gerechtigkeit zu zeigen, aber sie fügten sich meiner Hand nicht und so mache ich sie zu einem hässlichen Topf meines Gerichts." Das zeigt, dass es Israels Wahl war.

Jeder von uns ist genau das Gefäß Gottes, wie er es sich ausgesucht hat. Entweder reagieren wir auf Gottes Wirken und lassen uns in seinen Händen in einen wunderschönen Menschen verwandeln, oder er macht uns zu einem hässlichen Beispiel seines Gerichts. Wir haben die Wahl, nicht er. Er ist der Töpfer, und er macht uns entweder zum einen oder zum anderen Gefäß, aber die Entscheidung liegt bei uns. Verstehst du nun das Bild des Töpfers und des Tons? Dieses Bild hat eine gewaltige Aussagekraft. Es gibt da ein Lied: „Du bist der Töpfer und ich der Ton." Mancher sagt sich vielleicht: „Ich bin ja doch nur Ton in deinen Händen." Aber die Wahrheit ist doch, dass ich die Wahl habe, mich von Gott schön oder hässlich machen zu lassen, es liegt an mir, nicht an ihm. Diese Einsicht ist erstaunlich und hilft uns, Kapitel 9 zu verstehen, in welchem das Bild vom Töpfer und vom Ton noch einmal vorkommt.

Wer also andere verdammt, verurteilt sie und muss selbst mit göttlicher Verurteilung rechnen, weil er dasselbe tut. Andere zu verdammen, bedeutet, Gott zu missachten (siehe Kap2,1ff).

Gottes Güte, Toleranz und Geduld erträgt die Menschen auf unbegreifliche Weise. Warum zerstört er sie nicht geradewegs? Ich muss immer lächeln, wenn jemand zu mir sagt: „Warum vernichtet Gott nicht einfach alle bösen Menschen in der Welt? Dann könnte doch der Rest der Menschen in Frieden und Harmonie leben." Hat das zu dir auch schon einmal jemand gesagt? Der große Denkfehler bei dieser Aussage ist, dass sie meinen, sie wären dann noch hier. Wenn Gott alle Menschen, die die Welt verderben würden, vernichten würde, würde ich jetzt nicht lehren und du nicht dasitzen und das hier lesen. Wenn Gott mit mir nach seiner Gerechtigkeit verfahren wäre, wäre ich nicht mehr da.

Preis Gott für seine Güte, Toleranz und seine Geduld. Aber wenn ich sie ausnutze, dann häufe ich mir Zorn auf für den Tag des Zorns. Keiner kann ihm entkommen. Gott zeichnet alles auf. Das kann auch ein Trost sein, wenn man von jungen Männern hört, die in ein Häuschen eines alten Rentners einbrechen, ihn berauben und dann nicht erwischt werden. 75 Prozent aller Verbrechen in England werden nicht aufgedeckt. Es zahlt sich heutzutage aus, ein Krimineller zu sein, denn man hat gute Chancen, nie erwischt zu werden. Aber niemand entkommt Gott. Du häufst dir Zorn für den Tag des Zornes auf, wenn er überkochen wird. Das wird ein schrecklicher Tag.

Darüber berichtet unter anderem das Buch der Offenbarung, wo die Menschen bis zum äußersten leiden werden und trotzdem sich hartnäckig weigern, Buße zu tun. „Ich werde mich nicht ändern, egal was Gott macht." Je näher wir an das Ende der Menschheitsgeschichte kommen, desto mehr enthüllt sich der Zorn Gottes. Das ist die Botschaft der Offenbarung, wobei das nicht diejenigen betrifft, die an ihn glauben, sondern die Welt. Ja, es werden noch viel schlimmere Tage kommen, die Gottes Zorn offenbaren und es immer klarer machen, dass Gott zornig ist, dass man seine Welt verdirbt. Die Menschen weigern sich hartnäckig weiter, Buße zu tun (also ihren Sinn zu ändern), so dass die göttliche Zügelung sich weiter lockert, und trotzdem ist Gott immer noch so tolerant. Es ist sehr schwierig für die Menschen, Buße zu tun.

Als nächstes wollen wir erkennen, dass die Verwerflichkeit der Sünde der Juden eine andere ist als derjenigen, die es nicht besser wussten. Dieser Vergleich ist bemerkenswert. Sie hatten ja das Gesetz und sie wussten genau, dass wir, obwohl wir durch Glauben gerechtfertigt werden, aufgrund unserer Werke gerichtet werden, und zwar wir alle. Das ist also eine zweifache Feststellung. Wir werden durch Glauben gerechtfertigt, aber wir werden aufgrund unserer Werke gerichtet werden, auf das kleine Wort „tun" kommt es an. Hier haben wir das Schlüsselwort für den nächsten Abschnitt: „Wer werden aufgrund unseres Tuns gerichtet werden." Und ich betone das ganz deutlich, dies gilt für Christen genauso wie für alle anderen Menschen. Im 2. Korintherbrief sagt

Paulus und meint damit die Gläubigen: „Wir alle müssen vor dem Richterstuhl Christi erscheinen, um das zu empfangen, was wir durch unseren Leib vollbracht haben." Das sind die Taten in unserem Leben. Verurteilung hat immer etwas mit Taten zu tun, mit dem was wir getan haben, und so traut Paulus sich zu sagen, dass jemand, der immer Gutes getan hat, von Gott angenommen werden wird, und dass jemand, der immer Böses getan hat, verdammt werden wird. Das Schlüsselwort ist „tun". In seinem Vergleich rügt er die Juden und sagt, dass es Heiden gibt, die das richtige tun, dabei haben sie das Gesetz nicht, haben die 10 Gebote nie gehört, und doch handeln sie richtig. Wie ist das möglich? Er sagt, dass das Gesetz Gottes in ihr Herz geschrieben ist. Da haben wir wieder das Gewissen.

Das ist die Antwort auf die Frage, wie Gott Menschen richten kann, die nie das Evangelium gehört haben. Diese Frage wird ja sehr oft gestellt. Die Antwort ist, Gott wird jedermann gemäß dem Licht, das er empfangen hat, richten; nicht mehr und nicht weniger. Mit anderen Worten: Jeder wird gemäß dessen gerichtet, was er in dem anderen Menschen als falsch erachtet. Das ist der Gedanke. Was immer du bei anderen als falsch erkennst, wird Gott dir entgegenhalten, wenn du dasselbe verübst – das ist jetzt ein kleiner Seitenhieb auf unser Vertuschen und Verheimlichen. Wusstest du, dass Sünde schon lange vor Moses Gesetz in der Welt war, lange bevor die 10 Gebote kamen? Ich habe einmal eine Liste mit allen Dingen angelegt, die die Menschen als böse erachtet haben, ehe Mose das Gesetz gab. Hier ist sie: Habgier, Götzendienst, Mord, Lasterhaftigkeit, Ehebruch, Stolz, Selbstsucht, Verunehren der Eltern, Unrecht, Inzest – letzteres ist bei so ziemlich allen Völkern der Erde ein Tabu. Das konnten sie nicht aus der Bibel wissen, sie hatten es, weil Gott sein Gesetz in ihre Herzen geschrieben hatte, sie es aber brachen. Alle diese Dinge werden im Buch Genesis (1.

Buch Mose) als falsch verdammt, bevor ein Gesetz gegeben wurde. Jeder wusste es. Paulus beschämt die Juden, indem er sagt: Es gibt Heiden, die genug wissen, um Gutes zu tun, ihr aber hattet so viel Wissen, ihr Juden! Ihr hättet wirklich bessere Leute sein sollen.

Und wirklich, die Welt erwartet das auch von Israel – ist dir das noch nie aufgefallen? Die Welt verurteilt Israel für Dinge, die sie bei anderen nicht verurteilt. Warum? Weil sie von den Juden, die ja der Welt den höchsten moralischen Verhaltenskodex gegeben haben, erwarten, dass sie selbst danach leben. Sie beurteilen Israel mit einem höheren Maßstab als andere Nationen, weil sie ja größere Offenbarung erhalten haben, weil sie der Welt die 10 Gebote mitgeteilt haben. Das mag für dich vielleicht ein neuer Gedanke sein, aber Gott ist absolut gerecht. Er wird niemanden in einem Licht richten, dass derjenige nicht bekommen hat. Jedem Menschen wird Gott sagen: „Was immer du als falsch erkannt hast, besonders bei anderen Menschen, damit werde ich dich richten." Er ist total fair, etwas Gerechteres gibt es nicht.

Wir sind übrigens immer noch bei der schlechten Nachricht. Als nächstes spricht Paulus über die Überlegenheit der Juden, die Tatsache, dass sie die Gesetze bekommen haben, ob sie sie nun gehalten haben oder nicht. Allein die Tatsache, dass die Juden der Welt die Gebote gegeben haben, macht sie in gewisser Weise überlegen. Und so sagt Paulus ihnen: Du hast andere belehrt, es aber nicht für nötig befunden, dich selbst zu belehren, du hast dich schön herausgehalten, du hast der Welt die Gebote gegeben, sie aber selbst nicht gehalten.

Die nächste Sache in Kapitel 2, 25-29, worauf die Juden sehr stolz sind, ist die Beschneidung. Es waren nur ein paar Dinge, die den Juden in der langen Zeit der Zerstreuung unter den Nationen halfen, ihre Identität zu bewahren. Eines ist der Sabbat (wohin sie auch immer kamen, sie hielten den Sabbat), das nächste waren die Speisegebote und das dritte war die Beschneidung, das winzige Stückchen der männlichen Vorhaut, deren Entfernung sie als Söhne Abrahams auswies. Paulus sagt nun, dass die äußerliche Beschneidung am Fleisch am Tag des Gerichts nichts nützt. Es gilt vor Gott nichts, es sei denn, es verbindet sich mit der Beschneidung des Herzens. Wenn die Begierden des Fleisches vom Herzen entfernt sind, dann erst gilt die Bescheidung etwas vor Gott. Die Juden fühlen sich wegen der Gebote und wegen der Beschneidung überlegen, es hilft ihnen aber nichts, es sei denn sie halten sie.

Als nächstes verurteilt er die Selbstgerechtigkeit der Juden. Man trifft sie bei Juden häufig an und man sagt es ihnen auch nach. Es kam einmal ein Jude zu Jesus und wollte sich selbst rechtfertigen. Aber man kann sich niemals selbst rechtfertigen. Sicher weißt du, was rechtfertigen bedeutet. Wenn ein Mann spät nachts betrunken nach Hause kommt, dann sagt seine Frau zu ihm: „Jetzt rechtfertige dich einmal! Erkläre es mir, beweise mir, dass du im Recht bist." Selbstgerechtigkeit ist sehr verbreitet, aber wie stellen die Juden das an? Zunächst einmal begründen sie es damit, dass sie die Offenbarung Gottes in die Welt gebracht haben. Sie können ihre Sünde rechtfertigen, indem sie das hervorheben. Die Offenbarung, die ihnen anvertraut war, Gottes Wort, wurde nur durch sie in die Welt getragen. Da kann man leicht selbstgefällig werden. Das erklärt ihr Benehmen, aber Paulus sagt: „Schaut nur, auch wenn ihr alle ungläubig wäret, Gott nicht glaubtet, so ist Gottes Wort dennoch treu. Selbst wenn jeder Mensch ein Lügner wäre, Gott ist treu. Die Offenbarung, die er euch gab, rechtfertigt nicht euren Lebensstil. Sie rechtfertigt Gott und nicht euch."

Das nächste außergewöhnliche Argument, das sie vorbringen, ist: Wenn meine Sünde Gottes Gnade vergrößert, wenn mein schlechter Lebensstil Gottes Güte größer erscheinen lässt, warum tadelt er mich dann? Das ist ein alter Hut. Natürlich hilft es der Welt, Gottes Gnade zu verstehen, wenn wir sündigen. Dieses Argument werden wir nochmals in Kapitel 6 sehen. Es ist erstaunlich, dass Menschen davon überzeugt sein können und es sogar behaupten, dass die Offenbarwerdung seiner Gnade unsere Sünde rechtfertigen würde. Wir werden noch lernen, dass Gott Sünde niemals rechtfertigt. Er kann Sünder rechtfertigen, aber niemals das, was sie tun. Das müssen wir schon einmal klarstellen. Gott wird niemals Sünde gutheißen oder rechtfertigen. Das kann er nicht, denn er ist gerecht.

Die Juden besitzen natürlich auch die Schriften, und das behandelt Paulus jetzt. Sie sind stolz darauf, dass sie der Welt das Alte Testament gebracht haben. Sie sonnen sich darin, dass Gott ausgerechnet sie auserwählt hat, ihn allen anderen zu offenbaren. Aber genau diese Schriften, die sie haben, sind voll von Berichten, die uns sagen, welch schlechte Menschen wir sind. Wir gelangen nun zu Zitaten aus Psalm 14, 53, 5, 140 (aus letzterem 3 Zitate) und Psalm 36. In jedem Zitat sehen wir, wie David der Reihe nach die menschliche Natur beobachtet. Und das sagt er: „Keiner ist gerecht." Dabei ist das der König David, ein Mann nach dem Herzen Gottes, der gemäß seiner Position und seinem Rang eigentlich gut von den Menschen denken müsste. Aber nach all seinen Beobachtungen konnte er nur feststellen, dass er keinem gerechten Menschen begegnet war. Denn er beurteilte sie mit dem Maßstab der Gerechtigkeit Gottes. Deswegen sagte Jesus, als er einmal „guter Meister" genannt wurde: „Warum nennst du mich gut? Nur einer ist gut, Gott." Es gibt nur eine gute und gerechte Person und die ist Gott. Er wird immer im Recht sein. Wenn er eine Person rechtfertigt, dann ist sie im Recht. Ich mag die Pidgin English Bible aus Neu Guinea. Sie benutzen das Wort „gerechtfertigt" oder „Rechtfertigung" nicht. Sie sagen: „Gott sagt, ich bin in Ordnung, ich bin

OK." Das ist Rechtfertigung „ich bin OK." Das ist es, was das Wort „gerechtfertigt" bedeutet. Im Recht zu sein bei alledem, was du tust, was du sagst, was du denkst, was du fühlst – einfach im Recht sein. Nur Gott, der Vater, der Sohn und der Heilige Geist sind immer im Recht.

In den Psalmen finden wir Aussagen wie „Keiner ist gerecht", was auf zwei Weisen verdeutlicht wird: Einmal durch die Taten und zum anderen in den Worten. Ich war einmal bei einem Friseur namens Chris. Er schnitt mir wieder einmal die Haare und war gerade hinter meinem rechten Ohr angelangt, da sagte er auf einmal: „Ich bin genauso gut wie jeder in deiner Gemeinde." Ich wusste nicht recht, was zu antworten wäre, auch mein kleines Bekehrungsratgeberbuch gab da keinen Tipp her. Also war ich still bis er sich an mein linkes Ohr herangearbeitet hatte. Da fing er wieder an: „Nun, vielleicht nicht so ganz." Als er mit dem Haareschneiden fertig war, hörte es sich schließlich noch einmal anders an, bis ich schließlich sagte: „Kein Problem. Auch wenn du so gut wärst, wie jemand, der in unsere Gemeinde geht, würde das nichts bedeuten. Denn du vergleichst dich mit anderen Menschen. Und das ist fatal."

Wenn wir sagen: „Er oder sie ist ein guter Mensch", dann ist dies eigentlich eine vergleichende Aussage wir vergleichen uns im Grunde genommen miteinander. Jesus fasst das ganze menschliche Sein mit diesen Worten zusammen: „Wenn ihr, die ihr böse seid, euren Kindern gute Gaben zu geben wisst, wie viel mehr wird der Vater den heiligen Geist denen geben, die ihn darum bitten." Das ist eine wunderbare Verheißung. Aber da gibt es auch diese Schriftstelle: „Jesus vertraute sich ihnen nicht an, denn er wusste, was im Menschen steckt." Wenn du bisher ganz wohlwollend dachtest, dass Jesus den Menschen vertraute und das Beste von ihnen dachte, dann solltest du diese Bibelstelle genauer studieren. Jesus vertraute keinem, denn er wusste, was in ihnen steckte. Das ist eine krasse Aussage. Er sagte außerdem: „Wenn ihr, die ihr böse seid, wisst, euren Kindern gute Gaben zu geben und sie euch um einen Bissen Brot bitten, würdet ihr ihnen dann einen Stein oder einen Skorpion geben?" Das kann man alles in Lukas Kapitel 11 nachlesen. Man sieht hier die scharfe Beobachtungsgabe von Jesus.

Zwischen christlichem und humanistischem Denken besteht eine klare Trennung. Für den Humanisten sind die Menschen eigentlich gut und haben nur mit der Zeit gelernt, böse zu sein. Für Jesus und die Christen ist die menschliche Natur im Grunde genommen schlecht, aber sie haben mit der Zeit gelernt, gut zu sein. Es gibt einen eindeutigen Unterschied zwischen beiden Betrachtungsweisen. Für dich, der du dich als Christen bezeichnest, ist es enorm wichtig, welche Betrachtungsweise du wählst. Wählst du die Betrachtungsweise des Humanisten, der meint, dass der Mensch im Grunde genommen gut ist? Hast du die bemerkenswerte Geschichte einer Anne Frank aus Holland gelesen, die vor den Deutschen versteckt und einige Zeit vor dem Tod bewahrt wurde? Ich habe einen liebevollen Brief von Annes Vater, denn meine Tochter spielte in einem Theaterstück „Das Tagebuch der Anne Frank" den Part von Anne und wir traten damals in Kontakt mit Annes Vater, der damals noch lebte. Am Ende dieses Tagebuchs schrieb sie: „Ich glaube, dass die Menschen im Grunde genommen gut sind." Ich dachte nur: „Liebe Anne, ich fürchte, du hast nicht recht." Sie starb in diesem Glauben – nach all dem, was die Deutschen ihr und ihrer Familie angetan hatten. Sie glaubte, dass der Mensch im Innersten gut sei.

Ich muss aber klar herausstellen, dass die Bibel das Gegenteil lehrt: Der Mensch hat eine gefallene Natur. Ein Humanist, der sagt, dass der Mensch eigentlich gut ist, aber lernt, das Schlechte zu tun, steht im krassen Gegensatz zur christlichen Ansicht, die sagt, dass der Mensch eigentlich schlecht ist und nur gelernt hat, das Gute zu tun. Das ist der große Unterschied. Die Welt hängt der humanistischen Sichtweise an. Das tun auch einige Christen. Aber wenn man die Sache ganz realistisch betrachtet, dann wird klar, dass du, wenn du Christus immer ähnlicher wirst, immer mehr bemerkst, wie böse du eigentlich bist und wie dein Leben eigentlich ausschauen würde, wenn Gott nicht in dein Leben gekommen wäre, und wo du enden würdest. Wärst du weiter oben oder weiter unten, wenn Gott nicht in dein Leben gekommen wäre? Das ist die große Frage.

Die Schrift sagt über die menschliche Natur, dass es keinen einzigen Gerechten gibt, keinen einzigen, der den Anforderungen Gottes genügt. Miss dich doch mit den Maßstäben Jesu oder Gottes, dann wirst du die Wahrheit über dich feststellen. Wenn du dich aber mit deinem Nachbarn oder mit Menschen, die Unschuldigen den Kopf abhauen misst, dann kannst du zu dem Schluss kommen, dass du gar nicht so schlecht bist. Es ist erstaunlich, wie viele Menschen meinen, gute Christen zu sein, weil sie freundlich zu ihrer Oma oder zu ihrer Katze sind. Wir sind zwar in der Lage, Gutes zu tun, aber im Grunde genommen sind wir schlecht. Und deshalb entlarvt uns auch der Zorn Gottes, wenn er die Bremsen unserer Schlechtigkeit löst. Wir sind Gott zu Dank verpflichtet, dass er uns Einhalt mit Hilfe unserer Eltern, unseres Staates oder unserer Nachbarschaft geboten hat, sie alle haben uns davon abgehalten, Böses zu tun. Wenn die Bremsen gelöst sind, dann merkst du erst, wer du wirklich bist.

Die Schrift redet nicht nur über die bösen Taten, sondern auch über die bösen Worte der Menschen. Das betrifft mich selbst, wie auch jeden anderen Menschen. Was hältst du davon, wenn man alles, was du jemals über andere geredet hast, auf einem Tonband aufnimmt und es den anderen vorspielt. Es hat einmal jemand gesagt: „Wenn jeder wüsste, was der andere über ihn gesagt hat, dann gäbe es auf der ganzen Welt keine vier Freunde mehr." Zwei Frauen unterhalten sich im Bus über eine dritte. Die eine sagt: „Ich mag sie nicht, und nach allem, was ich über sie gesagt habe, werde ich sie auch nie mögen." Wenn man die Sache zu Ende denkt, dann ist das eine amüsante Bemerkung. Jeder von uns hat schon mit Worten jemanden verletzt, und Jesus sagte, dass wir über jedes unnütze Wort Rechenschaft ablegen müssen.

„Unnütze Worte" sind Worte die unachtsam geäußert wurden, was dir über die Lippen gekommen ist, was deine wahren Gedanken über irgendwen oder irgendwas offenbart. Es ist ganz klar, dass ich, aber auch jeder andere Mensch schon einmal das Falsche im falschen Moment gesagt habe. Jakobus sagt in seinem Brief: „Diese kleine Zunge ist zwar ein kleines Glied, aber sie ist vom höllischen Feuer entzündet." Auch in ihren Liedern sind die Leute oft nicht ehrlich. Ich fürchte, mittlerweile bin ich da angelangt, dass ich Kirchenlieder nicht mehr singe, wenn ich es so nicht meine; es werden im Kirchengesang mehr Lügen geäußert als anderswo, wenn man einmal genau betrachtet, was wir singen, was wir im Gesang zu Gott sagen. Das ist wirklich niederschmetternd. Es gab einmal einen lieben Menschen, der in unsere Gemeinde kam. Er war der Finanzvorstand einer großen Fluggesellschaft und kam mit seiner Frau und seinen drei lieben Jungen in unsere Gemeinde. Jeder würde ihn als einen guten Menschen bezeichnen, mir aber fiel auf, dass zwar seine Familie, aber niemals er selbst die Kirchenlieder mitsang. Ich fragte ihn, warum: „Reg, warum singst du eigentlich nie mit?" Er antwortete: „Weil ich es nicht so meine. Es wäre unehrlich von mir, und ich habe schon als Pfandfinder gelobt, niemals zu lügen. Wenn ich es nicht ernst meine, dann singe ich keine Kirchenlieder mit." Dafür konnte ich ihn nur bewundern. Als er aber eines Tages ein Kirchenlied mitsang, wusste ich, dass er es jetzt ernst meint. Sein Leben hatte sich geändert und er war (zusammen mit meiner Frau) der erste Gläubige, den ich in einer Erwachsenentaufe taufte. Für meinen Teil singe ich nichts mehr, was ich auch nicht so meine. Und dir kann ich nur dasselbe empfehlen. Vielleicht behindert das den Gesang in deiner Gemeinde, aber es wäre im Hinblick auf Gott viel ehrlicher.

Diese kleine Zunge ist in deinem Körper am schwierigsten zu kontrollieren. Ein Vikar in der anglikanischen Kirche sagte einmal zu seiner Gemeinde: „Ich werde euch jetzt einmal das Glied an meinem Leibe zeigen, was am schwierigsten zu bändigen ist." In der Kirche herrschte Totenstille. Dann streckte er die Zunge heraus. Selbst wenn du noch nie auf andere Weise gesündigt hast, frage dich doch, was du redest. Die drei klassischen Fragen, die man sich stellen sollte, bevor man anfängt zu sprechen, sind: Ist es liebenswürdig und gütig? Ist es wahrhaftig? Ist es notwendig? So vieles, was wir reden, hält dieser Prüfung nicht stand.

Es geht also nicht nur um unsere Taten, sondern auch um unsere Worte. Worte haben schon so viel Schaden angerichtet. „Gift ist unter unserer Zunge." Das ist Wort Gottes. Die meisten Geistesgaben sind Wortgaben, aber auch der Teufel benutzt die Zunge. Schaut euch nur die übelsten Menschen der Geschichte an. Viele hatten die Gabe der Rhetorik und Überredungskunst. Schau dir einmal einen Film über Adolf Hitler an. Die Sprache war seine größte Waffe, und er benutzte sie mit großer Macht und großer Wirkung. Es war Gift. Und so sagt Paulus tatsächlich: „Unsere Münder sind wie ein offenes Grab", verrottet und stinkend. Dann erwähnt er unsere Füße. Wir sündigen mit unseren Füßen. Wie soll das gehen? Nun denn, deine Füße tragen dich dahin, wohin immer du willst. Die Bibel sagt öfters: „Wie lieblich sind die Füße der Freudenboten." Ist dir schon einmal klar geworden, dass deine Füße deshalb lieblich sind, weil sie dich dahin tragen, wo jemand dein Zeugnis benötigt. Aber auch der Teufel kann deine Füße gebrauchen, wenn du dorthin gehst, wo du nicht hingehen solltest.

Die Schlussfolgerung ist nun: Kein einziger fürchtet Gott. Mit dieser einfachen Aussage packt David die Wurzel des Problems an. Es ist heutzutage selbst in den Kirchen und Gemeinden ziemlich offensichtlich, dass die Furcht Gottes verschwindet. Es gibt eine Glaubensgemeinschaft, die mit dem Spitznamen „Die Quäker" bezeichnet wurden. „To quake" heißt zittern, und sie zitterten buchstäblich in ihren Gottesdiensten vor Gott. Ich war schon in einigen Gottesdiensten, wo ich Leute gesehen habe, die vor Gott zitterten. Die „Furcht Gottes" ist ein Konzept, das modernen Gemeindebesuchern sehr fremd ist, dabei ist es nicht nur im Alten Testament zu finden. Auch im ganzen neuen Testament finden wir es. Gott sagt: „Fürchtet nicht die, die euren Leib töten können und dann nichts Weiteres mehr tun können. Sondern fürchtet den, der Leib und Seele in der Hölle zerstören kann." Hier meint er nicht den Teufel. Es meint Gott. Fürchtet sich jemand vor Gott? Man kann Gott nur dann fürchten, wenn man eine Vorstellung von Sünde, von Gerechtigkeit und von Gericht hat. Wenn uns heute etwas fehlt, dann dieses: Die Furcht Gottes. Wir leben in einer Zeit, in der die Liebe Gottes so überbetont wird, dass die Furcht Gottes verschwindet. Darüber habe ich auch ein Buch geschrieben. Ich habe schon viele Gemeinden besucht und so viel über die Liebe Gottes und so wenig über die Furcht Gottes gehört, dennoch ist er ein Gott, der zu fürchten ist. So lange noch ein Rest Sünde in mir ist, sollte ich mich vor Gott fürchten, wenn ich ihm nicht gestatte, damit zu umzugehen, denn es wird seinen Preis kosten.

Die Schriftstelle, die mit den Worten beginnt „Da ist kein Gerechter" endet mit den Worten „Da ist keiner, der

Gott fürchtet." Viele unserer Politiker wären gut beraten, wenn sie Gott fürchten würden. Gottesfurcht ist eine grundlegende und heilsame Einstellung. Wenn sie sich zur Phobie entwickelt, dann wird sie ungesund. Es gibt viele Phobien, aber das sind übersteigerte Ängste, die lähmen. Als meine Kinder in das entsprechende Alter kamen, fragten sie mich: „Papa, kannst du uns bitte Fahrräder kaufen?" Ich antwortete: „Nein, noch nicht." Sie sagten: „Aber alle unsere Schulkameraden haben welche." Ich wollte dies aber deswegen etwas herauszögern, weil wir an einer sehr gefährlichen Straße wohnten. Eigentlich habe ich ihnen dadurch eher eine Phobie weitergegeben. Besser wäre es gewesen, ich hätte ihnen eine gesunde Furcht vor dem Straßenverkehr weitergegeben, die sie vorsichtig gemacht hätte und Unfällen vorgebeugt hätte. Eine Phobie lähmt und könnte dich dahin bringen, dass du womöglich immer Schwierigkeiten mit dem Fahrradfahren hast.

Kannst du das verstehen? Es gibt eine gesunde Gottesfurcht, die uns vorsichtig werden lässt, die uns vor Gefahren warnt. Auf der anderen Seite gibt es eine Phobie vor Gott, die lähmt und dich unbeweglich macht. Es gibt so viele Phobien: Angst vor freien Flächen, Platzangst, Dunkelheit, Spinnen usw. Es sind irrationale Ängste. Angeboren ist nur die Angst vor dem Hinfallen und die Angst vor Lärm. Ein Neugeborenes kannst du nur mit diesen zwei Dingen ängstigen: So tun, als ob du es fallen lässt, oder schreien. Alle anderen Ängste und Phobien haben wir als Kinder oder Erwachsene erst erlernt. Wusstest du, dass man Ängste von anderen Menschen erlernen kann? Aber die Furcht, die uns wirklich fehlt, ist die Furcht Gottes. Wenn du Krebs mehr fürchtest als Gott, dann ist in deinem Leben etwas durcheinandergekommen. Die Leute fürchten sich vor so vielem, aber ich treffe selten jemanden, der Gott fürchtet. Wenn man aber seine Macht, seine Majestät und vor allem seine Gerechtigkeit bedenkt, dann gibt es genug Grund, ihn zu fürchten.

An dieser Stelle muss ich erwähnen, dass keine Lehre die Furcht Gottes so beschädigt hat, wie diese, die man in vier Worten zusammenfassen kann: Einmal gerettet – immer gerettet! Ich habe feststellen müssen, dass dies die Furcht Gottes von den Menschen weggenommen hat und ihnen eine falsche Sicherheit und Selbstgefälligkeit vermittelt hat. Wir werden das in Kapitel 11 des Römerbriefs genauer untersuchen, wo Paulus klar feststellt, dass Gläubige ihre Errettung verlieren können. Klarer kann man es nicht ausdrücken. Ich glaube, dass dieser Punkt mehr als jeder andere dafür verantwortlich ist, dass die Christen Gott nicht mehr fürchten. Deshalb habe ich auch ein Buch mit dem Titel „Einmal gerettet – immer gerettet?" geschrieben. Dort führe ich 80 Schriftstellen auf, die uns davor warnen, unsere Errettung nicht zu verlieren. Viele Leute, die das Buch gelesen haben, schrieben mir: „Vielen Dank, David, dass du meine Gottesfurcht wiederhergestellt hast." Es ist eine heilsame Furcht, keine Phobie, sie lähmt die Leute nicht, sie macht sie vorsichtig. Wir alle brauchen die Furcht Gottes.

Schließlich hat Paulus in dieser Passage den Juden noch eines zu sagen: Ihr habt die Schriften und diese sagen, dass wir alle gesündigt haben, außerdem habt ihr noch die Gebote und das Gesetz. Er fügt noch zwei Nebenbemerkungen an. Erstens sollte das Gesetz dich anklagen und dir dabei helfen, zu erkennen, dass du vor Gott verantwortlich bist. Du kannst auf die 10 Gebote nicht stolz sein, bis du sie nicht alle hältst. Es gab einmal einen Schotten, der zu seinem Minister sagte: „Ich werde zum ersten Mal das heilige Land besuchen. Ich habe vor, den Berg Sinai zu besteigen und die 10 Gebote von seinem Gipfel auszurufen." Der Minister sagte zum Schotten: „Besser, du bleibst zu Hause, und hältst sie." Das war nun wirklich eine wohlwollende Art, ihm beizubringen, dass man nicht stolz darauf sein kann, die 10 Gebote zu haben. Man soll sie halten!

Sie sind dazu da, dich anzuklagen und dich zu dem Punkt zu bringen, wo du dich nicht mehr verteidigen kannst. Sie sind dazu da, um Menschen zum Schweigen zu bringen. Wenn du das Gesetz Gottes studierst und das, was es fordert, dann bringt dich das zum Schweigen. Schweigen im Gericht ist etwas Gesundes, es bedeutet, dass man überzeugt ist. Deshalb gab Gott das Gesetz mit seinen 613 Geboten in der Thora. Er gab sie, um sie auf Christus vorzubereiten, denn sie waren nicht in der Lage, sie zu halten, und Gott wusste das. Er gab das Gesetz, um einen Sinn für die Sünde zu erwecken. Das war der vorrangige Zweck des Gesetzes. Deshalb musste es vor Christus kommen, damit er es beseitigen konnte. Auch das werden wir später noch genauer betrachten.

John Wesley, den ich verehre, weil er mein Urahn ist und weil er einen erstaunlichen Dienst gehabt hat, wurde einmal gefragt: „Was ist die Methode Ihrer Evangelisation? Wie schaffen sie es, so viele Menschen zu Christus zu führen?" Wesley antwortete: „Wenn ich in eine Stadt oder ein Dorf komme, wo ich noch nie gepredigt habe, dann predige ich die erste Woche oder die ersten 10 Tage nichts anderes als das Gesetz Gottes. Wenn ich merke, dass einige überzeugt werden, dann lass ich etwas Evangelium hineinfließen, bis ich schließlich nichts anderes mehr als das Evangelium verkünde." Eine bemerkenswerte Aussage. Genauso ist es mit uns, die wir zunächst auf diese ziemlich strenge und sogar verdrießliche Passage im Römerbrief geblickt haben. Wir mussten das zuerst studieren. Es bereitet uns auf die Schönheit des Evangeliums vor.

Das Gesetz wurde den Juden zuerst gegeben, um sie auf das Evangelium vorzubereiten. Dazu ist das Gesetz da – und um die Menschen mit Gottes hohen moralischen Ansprüchen zu konfrontieren, bis sie endlich zugeben müssen, wie absolut ungenügend sie sind und wie weit sie aus der Herrlichkeit Gottes gefallen sind. So wird Sünde hier definiert. Solche, die der Herrlichkeit Gottes nicht genügen, sie nicht erreichen – da hilft es dir nichts, ein Stabhochspringer zu sein. Es waren einmal drei Männer die an einem Felsen strandeten, als die Flut nahte. Die Flut kam und das Meer rückte immer näher heran. Sie erkannten, dass sie sich nur durch einen Sprung vom Felsen auf das Trockene retten konnten. Der erste sprang, schaffte die Hälfte der Distanz, fiel ins Wasser und ertrank. Der zweite schaffte es bis auf 1 Meter vom Ufer entfernt und ertrank auch. Der dritte Mann setzte all seine Energie ein und verpasste das Ufer um 30 cm und ertrank auch. Es spielt keine Rolle, wie weit du moralisch gesehen springen kannst. Wenn du es nicht schaffst, das Ziel zu erreichen, hast du sowieso verloren. Egal ob du weit hinter Gottes Anforderungen zurückfällst oder nicht, du bist ein toter Mann, so oder so.

An diesem Punkt haben wir aber Gottes Problem erkannt. Oft sind die Menschen so sehr auf der Suche nach einer Antwort auf ihre eigenen Probleme, dass sie das Problem, welches Gott mit uns hat, gar nicht erkennen, und welches man ganz einfach beschreiben kann: Rebellische Kinder. Preis dem Herrn, dass er einen Weg gefunden hat, dieses Problem zu lösen. Im nächsten Teil werden wir bessere Nachrichten hören.

# 3. Rechtfertigung
## Kapitel 3,21 – 5,21

A. GRUNDLAGE DES GLAUBENS (3,21-31)
  1. Evangelium erklärt (21-26)
    a. Gerechtigkeit offenbart
      i. Neben dem Gesetz her aber durch es (und die Propheten) bezeugt
      ii. Durch Glauben an Jesus Christus
    b. Gnade geschenkt
      i. Alle haben versagt
      ii. Umsonst durch die Erlösung Jesu
    c. Rechtfertigung begründet
      i. Sühneopfer des Blutes
      ii. Demonstration der Gerechtigkeit
  2. Ausklammern des Gesetzes (27-31)
    a. Rühmen ausgeschlossen
      i. Gesetz nicht eingehalten
      ii. Aber Glaube ausgeübt
    b. Rettung vereinheitlicht
      i. Nur ein Gott
      ii. Nur ein Weg zu Gott (Für Juden und Heiden)
    c. Gesetz legitimiert – Nicht beseitigt aber erfüllt

B. VATER DES GLAUBENS (4,1-25)
  1. Glaube angerechnet (1-12)
    a. Ein Mann (Abraham)
      i. Nicht Lohn für Werke (Verpflichtung)
      ii. Aber Gabe für den Glauben (Geschenk)
    b. Jeder Mensch (David)
      i. Sünden nicht angerechnet
      ii. Beschneidung nicht maßgeblich
  2. Zukunft verheißen (13-25)
    a. Alle Menschen (Heiden)
      i. Nicht Erben durch Gesetz (Erbschaft des Zorns)
      ii. Aber Nachkommen durch Glauben
    b. Ein Mann (Isaak)
      i. Vermehrung (Sarahs Mutterleib)
      ii. Auferstehung (Jesu Grab)

C. FRUCHT DES GLAUBENS (5,1-21)
   1. Neue Zukunft (1-11)
      a. Erbauliche Hoffnung
         i. der Herrlichkeit
         ii. weg vom Leid
         iii. in Liebe
      b. Zunehmende Hilfe
         i. Gestorben für seine Feinde
         ii. Lebend für seine Freunde
   2. Neue Natur (12-21)
      a. Ungehorsam eines Mannes (Adam)
         i. ergibt viele Sünder – Verdammnis
         ii. Sünde regiert durch Tod – vor dem Gesetz
      b. Gehorsam eines Mannes (Jesus)
         i. ergibt viele Gerechte – Rechtfertigung
         ii. Gnade regiert im Leben – nach dem Gesetz

## BITTE LIES RÖMER 3,21 – 5,21

Das erste Schlüsselwort in dieser Passage ist „Rechtfertigung", ein Ausdruck der Gerichtssprache. Ein Richter verwendet es, wenn sich herausstellt, dass ein Angeklagter unschuldig ist und die Anklage abgewiesen werden muss. Man stellt also die Unschuld des Angeklagten fest. Aber wie ist es möglich, dass Gott diejenigen für unschuldig erklären kann, die gesündigt haben, so wie wir es in den vorherigen Abschnitten festgestellt haben? Das klingt nach etwas Unmöglichem, aber Gott hat das Problem folgendermaßen gelöst. Es geht so: Er rechtfertigt nicht das, was sie verbrochen haben, sondern er rechtfertigt sie selbst in ihrer Person und spricht ihnen zu: Ihr seid unschuldig! Aber wie können sie unschuldig sein, wo sie doch schuldig sind?

Römer 3,21-31 dividiert das auseinander und sagt uns, wie Gott gerecht bleiben und dennoch der Rechtfertiger der Sünder sein kann. Wie macht er das? Gott ist so gerecht, dass er Sünde bestrafen muss, oder anders ausgedrückt, Gott ist zu gerecht, um jemand vergeben zu können. Es wäre für einen gerechten Gott geradezu unmoralisch, jemanden als unschuldig zu entlassen, wo er doch genau weiß, dass sie nicht unschuldig sind. Wie geht das also? Die Antwort ist ganz einfach. Gott kann Sünde nur vergeben, wenn dafür bezahlt worden ist, wenn Gerechtigkeit ausgeübt wurde. Das geht nur, wenn eine unschuldige Person anstelle des Schuldigen bestraft wurde. Dann ist seine Gerechtigkeit zufrieden gestellt, und zugleich ist der Sünder gerechtfertigt, als unschuldig erklärt.

Wir sind nun beim Herzstück des Evangeliums angelangt.

Ganz einfach, wenn es eine Person geben sollte, die niemals für eine Sünde bestraft werden musste, dann ist es die einzig sündlose Person, nämlich Jesus, der die Strafe tragen konnte. Mit meinen einfachen Worten ausgedrückt hat das Gott in die Lage versetzt, seine Haltung gegenüber der Sünde von Nachsicht zur Vergebung zu verändern. Schlüsselworte dieses Abschnitts sind „jetzt aber". Wo immer du in der Schrift eines von Gottes „aber" findest, kommt etwas ungemein Wichtiges. Es ist etwas passiert, das die ganze Situation geändert hat. Bis dahin hatte Gott Sünde nicht vergeben, er konnte Vergebung nicht anbieten, er war nur nachsichtig. Er hat Sünde übersehen. Ganz wörtlich sagt Paulus den Leuten in Athen in Apostelgeschichte Kapitel 17, dass Gott bis jetzt von der Sünde weggeschaut hat. ABER JETZT. Es ist ein großer Unterschied zwischen Nachsichtigkeit und Vergebung von Sünde. Gott konnte Sünde nicht richtig vergeben, bis nicht für sie bezahlt wurde, freiwillig bezahlt von einer unschuldigen Person, die die angemessene Strafe angenommen hat.

Etwas Erstaunlicheres gibt es nicht! Das ist das Herz des Evangeliums. Dieser Abschnitt endet mit der Aussage, dass Gott gerecht und zugleich der Rechtfertiger der Schuldigen sein kann. Es gibt aber eine Bedingung: Auf Gottes Seite muss Gerechtigkeit befriedigt werden. Strafe muss sein. Das Kreuz ist also vielmehr eine Demonstration von Gottes Gerechtigkeit als von Gottes Liebe. Das können wir hier nachlesen. Du kannst das Kreuz nie verstehen, wenn du das nicht ergreifst. Wenn du nicht begreifst, dass das Kreuz eine klare Demonstration seiner Gerechtigkeit ist, dass jemand bestraft werden musste, damit seine Gerechtigkeit befriedigt wird. In seiner Gnade (und jetzt taucht erstmals dieses neue Wort in diesem Abschnitt auf), seiner reinen Gnade, seiner unverdienten Gunst hat er seinen Sohn gesandt, die Bestrafung an unserer Stelle zu tragen.

Ich will es so einfach wie möglich ausdrücken: Weil Jesus die Bestrafung, die für mich vorgesehen war, getragen hat, wird mir meine Vergangenheit vergeben, die Gerechtigkeit ist befriedigt worden. Aber auch für mich gibt es eine Bedingung. Es geht nicht automatisch. Mein Teil ist es, Glauben an Jesus zu haben. „Glauben" ist ein weiteres Schlüsselwort in dieser Passage. Es taucht acht Mal in diesen wenigen Versen auf. Auf Gottes Seite wurde seine Gerechtigkeit zufrieden gestellt durch seinen Sohn, der ein vollkommenes Leben geführt hat, der es nicht verdient hatte zu sterben. Mein Anteil ist es, an diese Person zu glauben, die für mich starb. Was aber bedeutet dieses Wort „Glauben". Es bedeutet nicht lediglich einer Sache beizupflichten, die ich befürworte. An jemanden glauben bedeutet mehr als nur jemandem zu glauben. Der echte Glaube, der jemanden rechtfertigt, sagt nicht: „Ich glaube, dass Christus für meine Sünde bestraft wurde." Das wäre ein Glauben, dass... Es wäre noch kein Glauben AN...

Einmal predigte ich in Hannover über Glauben. Ich fragte die Versammlung: „Wie viele von euch glauben, dass ich existiere?" Alle Hände gingen hoch. Dann fuhr ich fort: „Das bedeutet glauben, dass jemand existiert oder etwas für mich gemacht hat. Wie viele von euch glauben AN mich?" Nur eine Handvoll Leute hoben die Hände. Man begann den Unterschied zu erkennen zwischen: Glauben, dass ich bin, wer ich bin, was ich getan habe, und den Glauben AN mich, und das ist etwas ganz anderes. Sie wurden also recht zögerlich, aber eine Handvoll Leute ließen die Hand oben, darunter auch eine gut gekleidete Dame in der ersten Reihe. Ich habe sie immer noch vor Augen. Ich sagte: „Es haben also einige von euch Glauben AN mich, aber ihr habt mir das bisher noch nicht bewiesen. Ihr habt zwar gesagt, dass ihr an mich glaubt, aber habt mir noch keinen Beweis erbracht und dies auch noch nicht irgendwie demonstriert, dass ihr wirklich an mich glaubt." Ich sagte also zu der Dame in der ersten Reihe (und es schien, als ob es ihr ein wenig schmeichelte): „Du hast deine Hand hochgehalten und gesagt, dass du an mich glaubst. Ich bin nicht in der Lage, das zu überprüfen, wenn du nicht irgendetwas tust, um das zu beweisen. Wenn du mir dein gesamtes Geld geben würdest, damit ich darauf aufpasse, dann wüsste ich, dass du an mich glaubst." Ein gewaltiger Schreck durchfuhr die ganze Menge. Ich hatte mich nämlich an die reichste Frau von Hannover gewandt. Die ganze Gemeinde war entsetzt, als ich sagte: „Gib mir dein gesamtes Geld, um darauf aufzupassen, dann weiß ich, dass du an mich glaubst." Aber genauso meinte ich es auch. Später erfuhr ich, dass sie das ganze prächtige Gemeindegebäude gestiftet hatte, in dem ich sprach. Und so hatte ich den Nagel auf den Kopf getroffen.

Glaube ist, wenn man jemandem durch Taten zeigt, dass man an ihn glaubt. Du machst das eigentlich jeden Tag. Wenn ich zu dir ins Auto steige, dann habe ich Glauben an dich. Es ist eine Angelegenheit von Vertrauen und Gehorsam. Glaube kombiniert es. Wenn du an jemanden glaubst, dann wirst du das tun, was er dir sagt. Wenn er sagt: „Steig in mein Auto ein", dann wirst du einsteigen, wenn du an ihn glaubst. Immer wenn ich in ein Flugzeug einsteige, vertraue ich dem Piloten. Ich glaube, dass er mich an den Zielort bringt. In ein Flugzeug zu steigen ist ein Glaubensakt. Wenn du an Jesus glaubst, dann musst du etwas tun, das ihm zeigt, dass du ihm vertraust, und musst ihm gehorchen, wenn er dir etwas aufträgt. Das ist glauben AN jemanden.

Wir werden jetzt in dieser Studie Abraham als das klassische Beispiel schlechthin betrachten, als jemanden, der sein Vertrauen auf den Herrn gesetzt hat. Er hatte Jesus damals noch nicht gekannt – Jesus war noch nicht geboren, aber er hatte Glauben an Gott. Du weißt, wann er diesen Glauben bewiesen hat. Es war, als Gott ihm nicht nur einen Sohn gegeben, sondern im auch befohlen hatte, diesen zu opfern. Das war eine entsetzliche Prüfung für Abraham, und trotzdem fuhr er fort, die Opferung Isaaks vorzubereiten. Danach kommt eine bezeichnende Aussage. Nun, Gott ließ nicht zu, dass er Isaak opferte, aber er prüfte ihn bis zu dem Punkt, wo er im Begriff war, seine einzige Hoffnung auf die Zukunft abzuschneiden, denn nur in Isaak sollte die Verheißung erfüllt werden. Gott sagte: „Töte ihn für mich." Ich kann mir gut vorstellen, wie die beiden auf den Hügel schritten und der junge Mann sagte: „Wir haben Holz für das Opfer, aber kein Tier zum Opfern. Wie willst du Gott ein Opfer darbringen?" Ich weiß nicht, ob Abraham es ihm zu diesem Zeitpunkt gesagt hatte, aber früher oder später musste er es erkannt haben, dass er selbst das Opfer sein sollte und Abraham bereit war, die Sache durchzuführen. Dann heißt es (jetzt muss man sehr gut achtgeben), nach diesem sagte Gott zu Abraham: „Jetzt weiß ich, dass du mich fürchtest." In diesen Worten offenbart sich erstaunlicherweise die Unkenntnis Gottes über die Zukunft. Gott konnte alles erkennen, was Abraham tun würde, aber er war sich nicht sicher, was er unter diesen Umständen tun würde. Es ist wirklich eine einzigartige Offenbarung seiner Beziehung zu uns. Gott weiß nicht alles über deine Zukunft, jedenfalls nicht, wie du dich entscheiden wirst. Er kennt die Konsequenzen deiner Entscheidungen, wenn du ja oder nein zu ihm sagst. Er weiß, was dir passieren kann, aber nicht was geschehen wird. Das schockiert dich jetzt wahrscheinlich. Man ist an den Gedanken gewöhnt, dass Gott alles erkennt, was passieren wird, und dass er ganz sicher erkennt, welchen Weg du einschlagen wirst, bevor du dich entscheidest, aber dennoch haben wir hier die Aussage: „Jetzt weiß ich...". Jetzt ist sich Gott des Glaubens Abrahams gewiss. Vorher war er sich nicht sicher, aber als Abraham gewillt war, Isaak zu opfern, war das für Gott der Beweis für den Glauben Abrahams. Vorher war er sich nicht sicher. Streiche dir in deiner Bibel die Worte an „Jetzt weiß ich." Sie sind so wichtig. Sie haben dir viel darüber zu sagen, wie Gott unserer Freiheit gegenübersteht. Wir haben die Wahl. Gott hat unsere Wahl nicht vorherbestimmt. Fasse die Vorherbestimmung nicht als Festlegung auf. Wir werden später noch darauf zurückkommen.

Dies war der Beweis für Gott, dass Abraham ihm vertraute und gehorchte. Wir werden später in Kapitel 4 sehen, warum Abraham gewillt war, das durchzuziehen. Es gab einen Grund und der lag in Abrahams Glauben. Der Glaube Abrahams kam daher, weil Gott schon früher an ihm handelte. Ich verrate dir jetzt schon das Geheimnis, bevor wir dahin gelangen. Abraham war willens, seinen Sohn Isaak zu opfern, weil er bereits glaubte, dass Gott die Toten lebendig machen kann. Es war der Glaube an die Auferstehung von den Toten, der Abraham befähigte, Isaak zu opfern. Das wird dir im Hebräerbrief Kapitel 11 gesagt. Wenn du dich fragst, wie Abraham es übers Herz brachte, seinen eigenen Sohn als Opfer zu töten, dann ist die Antwort: Er hatte den Glauben, Gott zu vertrauen, dass Gott ihn danach aus den Toten wiedererwecken werde. Dieser Glaube ist erstaunlich für einen Mann, der vor viertausend Jahren lebte. Es war 2000 Jahre bevor Jesus starb und auferstand, dass er einen solchen Glauben hatte. Er war der erste Mensch, der glaubte, dass Gott Tote auferwecken kann. Merkst du, wie das alles zusammenpasst? Die einzige Bedingung, die Gott für unseren Freispruch von uns fordert, ist Glaube an ihn – die Art von Glauben, den Abraham hatte. Glaube ist eine Mischung aus Vertrauen und Gehorsam, oder Gehorsam, weil man glaubt. Denn wenn du jemandem glaubst, dann tust du, was er dir sagt. Wenn du zum Arzt gehst und er dir sagt: „Nimm diese Pillen." Dann vertraust du dem Arzt nicht dann, wenn er dir die Pillen überreicht, sondern wenn du sie schluckst. Du sagst: „Ich vertraue darauf, dass der Arzt weiß, was mir hilft, deshalb tue ich das, was er mir sagt." Wenn du zum Arzt gehst und nicht tust, was er dir sagt, dann hast du kein wirkliches Vertrauen zu ihm, du glaubst ihm nicht.

Das Wort „Glaube" kommt in dieser Passage acht Mal und im ganzen Abschnitt, den wir jetzt behandeln 16 Mal vor. Es ist das Schlüsselwort in den Kapiteln 3 – 5. Es ist das Schlüsselwort der Errettung. Aber es sagt nicht: Du *glaubst dieses.* Sondern es sagt: Du *glaubst an den einen, der für deine Sünden bezahlt hat.* Und das bedeutet, dass du *ihm vertraust und tust, was er dir sagt.* Hoffentlich habe ich das jetzt ganz klar gemacht.

Römer 3,21 – 26 ist eine Schlüsselpassage des ganzen Briefes, es ist das Herzstück des Evangeliums. Das Herz des Evangeliums ist das Kreuz, die Tatsache, dass für deine Sünden bezahlt wurde. Bis jetzt hatte Gott Nachsicht mit der Sünde. Nachsicht heißt, die Sünde übersehen, akzeptieren, dass du ein Sünder bist, es heißt aber nicht, dass er dich für unschuldig erklärt. Aber jetzt ist für die Sünde bezahlt worden, denn (und Paulus wiederholt sich hier) wir alle haben gesündigt und haben das Ziel verfehlt. Deshalb kann sich auch keiner selbst erretten. Das wäre ja so, wie wenn man sich an seinem eigenen Schopfe aus der Grube zöge. Das klappt nicht. Du kannst dich selbst nicht unschuldig machen. Das Schlimme an der Sünde ist, dass du deine Unschuld verlierst und sie nie wieder aus dir heraus zurückgewinnen kannst.

Man kann dies auf dem Gebiet der Sexualität illustrieren. Sobald du Geschlechtsverkehr mit jemanden hast, mit dem du nicht verheiratet bist, hast du deine Unschuld verloren. Du kannst sie dir nicht selbst wieder zurückgeben. Das erkennst du in dir selbst. Du hast etwas verloren. Deshalb sagt uns Gott, dass wir die Sexualität für die Ehe bewahren sollen. Deshalb willst du ja auch unschuldig in die Ehe gehen, damit du demjenigen, den du heiraten wirst, das schönste Hochzeitsgeschenk machen kannst, und das ist deine Unschuld. Das ist deshalb so schön, weil du für alle Zeiten diese Freuden mit demjenigen verbindest, mit dem du verheiratet bist. Es ist Gottes Plan, dass wir beide unschuldig in die Ehe gehen und deshalb die Ehefreuden mit niemand anderem außerhalb unserer Ehe verbinden. Es wird euch für den Rest eures Lebens zusammenbinden, denn die Ehefreuden hast du erstmals mit deinem Ehepartner erlebt, mit dem du für den Rest deines Lebens verheiratet bist. So hat es Gott gewollt, aber leider sehen wir junge Menschen, die ihre Unschuld verlieren und nie fähig sind, eine Ehe einzugehen, ohne an diesen ersten Geschlechtsverkehr zu denken. Das ist tragisch. Sie sind den Versuchungen Satans ausgeliefert, weil sie an diese Person denken, während sie mit ihrem Partner Sex haben. Du verstehst jetzt Gottes Regeln für absolute Keuschheit vor und absolute Treue in der Ehe. Sie garantieren eine glückliche Ehe. Das Ganze ist so eine sensible Angelegenheit. Wenn ich mit jungen Leuten spreche, dann beschwöre ich sie folgendermaßen: „Verliere nicht deine Unschuld. Bewahre sie als ein Hochzeitsgeschenk für deinen Ehepartner. Dann wird diese Ehefreude immer ein höchster Genuss sein und in dir immer mit dieser einen Person verknüpft sein und mit niemand anderem. Es wird euch euer Leben lang zusammenhalten. Wenn du deine Unschuld wegwirfst, wirst du das nie erfahren." Es ist tragisch, dass du dann Gott bitten musst, dein Gedächtnis zu reinigen. Es ist übrigens interessant, dass Gott dein Gedächtnis reinigt, wenn dein Ehepartner stirbt und du dann frei bist - aus Gottes Sicht vollkommen frei – jemand anderen zu heiraten. Aber das geschieht nur, wenn dein Ehegatte stirbt. Wenn er noch am Leben ist und du jemand anderen heiratest, dann passiert das nicht.

Glaube an Jesus ist eine endgültige Angelegenheit – es bedeutet, dass du ihm dein Vertrauen und deinen Gehorsam gibst. Unter dieser Bedingung erklärt Gott dich für absolut unschuldig. Der erste, der das erlebt hat, war Abraham. Er war der erste, dem Gott wegen seines Glaubens Gerechtigkeit bescheinigte. Als erstes stellen wir fest, dass Gerechtigkeit etwas ist, was Gott gibt und wir empfangen. Es ist Gerechtigkeit von Gott, unabhängig vom Gesetz, unabhängig von guten Taten, unabhängig vom Verdienst. Sie ist vollkommen umsonst. Sie kommt durch Glauben an Jesus Christus, an ihn als eine Person, der die Strafe für dich gezahlt hat. Hier übrigens wird erstmalig in diesem Brief der Name unseres Herrn Jesus Christus genannt, wenn man davon absieht, dass Paulus ihn am Anfang des Briefes erwähnt, wenn er sagt: „Ich bin ein Sklave Christi." Jetzt wird er als Kern des Evangeliums erwähnt. Ist es ein Klischee, wenn man sagt, Christentum ist Christus? Nein, es ist eine fundamentale Aussage. *Christ zu sein bedeutet, sein Vertrauen und deshalb seinen Gehorsam auf eine Person zu setzen, die den Preis der Gerechtigkeit für dich bezahlt hat. Es bedeutet, dass jede Vergebungsakte Gottes mit dem Blut Jesu unterzeichnet ist.* Bis dahin war es Nachsichtigkeit, ab da ist es Vergebung. Es ist eine Gnadengabe, denn wir alle haben die Herrlichkeit Gottes nicht erreicht, wie wir schon gesehen haben. Wenn du es um 30, 60, 90 Prozent, ja selbst, wenn du es um 99 Prozent erreicht haben mögest, fest steht, du hast es nicht erreicht und brauchst deshalb die Gnadengabe Gottes. Diese bekommst du, wenn du an Jesus glaubst.

Paulus schreibt über das Erlösungswerk Jesu. Das Wort „erlösen" meint immer, dass ein Preis für die Freiheit eines Menschen bezahlt wird, eine Lösegeldforderung. Wenn du etwas einlöst, was du ins Pfandhaus gegeben hast, dann musst du etwas zurückzahlen. Das nennt man Einlösung, es ist das, was du dem Pfandleiher gibst, dabei musst du immer noch etwas draufzahlen. Du gibst etwas dem Pfandleiher. Er gibt dir Geld dafür. Du kannst das Geld ausgeben oder deine Schulden abbezahlen, aber dein Eigentum kannst du damit nicht einlösen. Du bist zwar Eigentümer, aber nicht Besitzer, du kannst es nicht benutzen, obwohl es dir noch gehört, dein Name darauf steht. Einlösen kannst du es nur, wenn du den vollen Preis bezahlst, um es wieder zu erhalten. Um genau das geht es hier. Auf diese Art und Weise reden wir von Erlösung. Es bedeutet mehr als Befreiung. Es bedeutet, den Preis für die Befreiung zu bezahlen. Jesus erlöst uns, indem er den Preis mit seinem Leben, mit seinem eigenen Blut bezahlt. Vergebung ist nicht billig. Es hat jemanden sehr viel gekostet. Es hat Jesus alles gekostet, aber uns wird die Erlösung als kostenloses Geschenk angeboten. Er hat gezahlt; für uns ist es kostenlos. Das ist Gnade.

Drittens und letztens: In diesem Abschnitt stellen wir fest, dass Gott jetzt fähig ist, einerseits gerecht zu bleiben und andererseits die Sünder zu rechtfertigen. Er ist gerecht, weil er dafür gesorgt hat, dass jemand gezahlt hat. Er gab seinen eigenen Sohn, um die Rechnung zu begleichen. Deshalb sollten wir nie annehmen, dass Jesus uns vor einem nur widerwillig vergebenden Gott gerettet habe. Es war Gottes Idee und es war Gott, der seinen Sohn gesandt hat und der ihm an einem gewissen Punkt sagen musste: „Sohn, bist du bereit zu gehen und den Preis für die Sünde der ganzen Welt zu bezahlen?" Das führt uns zu der Frage: Warum die Todesstrafe auch für die geringste Sünde? Ist das nicht zu heftig, schießt das nicht über das Ziel hinaus, wenn Gott auch für die kleinsten Sünden den Tod als Strafe verhängt? Hier ist die Antwort: Dazu gehe ich an das Ende von Kapitel 1 zurück, wo steht, dass der Tod die Strafe für die kleinste Sünde ist. Der Grund ist ganz einfach. Wenn Gott nicht die kleinste Sünde mit dem Tode bestrafen würde, dann bedeutete dies, dass er das Böse in der Ewigkeit zulässt und dass er sich mit uns verbünden würde, gemeinsam mit uns das Universum für immer zu verderben. Die Sünde muss mit dem Tod bestraft werden, damit sie daran gehindert wird, ewig zu werden. Kannst du mir folgen? Das ist der Grund dafür, warum Gott für die kleinste Sünde die Todesstrafe auferlegt. Mit anderen Worten, er muss der Sünde ein Limit setzen, damit sie nicht weiterlebt. Das ist die Vollkommenheit Gottes, seine Gerechtigkeit, dass er der Sünde nicht erlaubt, für immer weiter zu bestehen. Deshalb verhängte er die Todesstrafe, die Jesus ertragen hat. Es musste dieser Tod, dieser schreckliche Tod, dieser einsame Tod, dieser schmerzhafte Tod sein, denn er war die Strafe für jede Art von Sünde. Wenn du das auf diese Weise betrachtest, macht es Sinn und passt zusammen.

Leider hat einer der führenden evangelikalen Radiosprecher in England über den Tod Jesu geradezu gotteslästerlich gesprochen. Er nennt sich einen Evangelikalen und er ist oft im Radio und Fernsehen zu hören und er sagte: „Wenn Gott Jesus für unsere Sünden bestraft hat, dann ist das ein klarer Fall von Kindesmisshandlung." Diese Aussage eines Lehrers und Leiters verbreitete sich unter den Evangelikalen in England. Zum Glück hat Gottes Sohn den Willen des Vaters akzeptiert, genauso wie Isaak den Willen seines Vaters akzeptiert hatte, ihn zu töten. Interessanterweise war es der Gipfel desselben Berges, wo Abraham Isaak opfern wollte und ihn fast getötet hätte, wo er einen Widder, ein männliches Lamm sah, das seinen Kopf in den Dornen verfangen hatte. Gott sagte: „Du kannst deinen Sohn durch dieses Lamm ersetzen." All das ist ein großartiges Vorbild auf das Lamm Gottes, das seinen Kopf auch in Dornen verfangen hatte, in einer Dornenkrone, auf demselben Berg, wo es das Ersatzopfer für uns alle wurde. Erkennst du diesen Zusammenhang? Welch herrliches Bild! So ist Gott schon immer vorgegangen, er zeigt uns im Alten Testament, wie er im neuen Testament verfahren würde.

Dies lässt das Gesetz außen vor. In Kapitel 3,27 – 31 ist das Gesetz ausgeklammert und ausgeschlossen. Ja, das Gesetz zu halten wird ausgeschlossen. Entweder ist es die Gnade, die dir vergibt und dich für unschuldig erklärt, oder es ist der Versuch, das Gesetz zu halten. Das kann man nicht vermischen. Der Ruhm ist ausgeschlossen, denn du kannst nicht auf das Halten des Gesetzes stolz sein, weil es ja ausgeklammert ist. Vielmehr wird der Glaube ausgeübt. Wenn man an jemanden glaubt, gibt es nichts zu rühmen. Es ist keine Tugend, und doch wird es dir als Gerechtigkeit angerechnet. Nun bedeutet dies auch eine Vereinheitlichung der Errettung. Wenn es nur einen Gott gibt, dann kann es nur einen Weg zu diesem Gott geben. Deshalb gibt es auf dem Wege des Gesetzes keinen Zugang mehr zu Gott. Es gibt nur einen Weg, und das ist der Weg des Glaubens an seinen Sohn, Jesus.

Und doch sagt Paulus: „Hebt dies das Gesetz auf?" „Nein" sagt er „Das Gesetz wird bestätigt." Was das heißt, erklärt er hier nicht, sondern erst später im Römerbrief, und wir werden uns seine Erklärung noch anschauen. Aber auf herrliche Weise ist das Gesetz als ein möglicher Weg zu Gott beendet. Es ist nicht ungültig, sondern es ist auf Gottes Art und Weise gehalten worden. Später werden wir sehen, dass die Liebe die Erfüllung des Gesetzes ist und dass, wenn du deinen Nächsten liebst, du ihn nicht bestiehlst, ihn nicht ermordest und kein falsches Zeugnis gegen ihn redest. Jetzt gibt es eine andere Art, das Gesetz zu erfüllen. Und der Weg des Glaubens an Jesus erfüllt das Gesetz, ohne dass du es wahrnimmst. Das ist wirklich wunderbar. Gott hat das Gesetz nicht aufgelöst, sondern er hat einen besseren Weg für die Menschen gefunden, es zu halten – nämlich den Wunsch zu haben, es zu halten. Er schreibt sein Gesetz nicht auf Steintafeln, sondern in ihre Herzen, wodurch sie motiviert werden, das zu tun, was das Gesetz verlangt. Und das betrifft die Zukunft. Später wird Paulus sagen, dass das Gesetz gut, heilig und gerecht ist. Am Gesetz Gottes ist nichts schlecht, aber wenn du es als einen Zugang und Weg zu Gott verwenden willst, triffst du auf eine Barriere.

Wir kommen nun zu Kapitel 4. Abraham ist der Vater des Glaubens. Bedenke: Paulus schreibt an die heidnischen Gläubigen in Rom. Das Wort „Glaube" kommt 15 Mal und das Wort „anrechnen" kommt 10 Mal in diesem Kapitel vor. Das sind unsere Schlüsselwörter. Glaube wird auf Gottes Konten als Gerechtigkeit anstelle von „eigener" Gerechtigkeit angerechnet. Wenn du in Gottes guten Büchern verzeichnet sein willst, dann brauchst du Glauben. Wenn du auf seinen Sohn vertraust, der deine Schulden bezahlt hat, dann wirst du als ein gerechter Mann oder eine gerechte Frau als „kreditwürdig" eingestuft. „Anrechnen" ist ein Ausdruck aus dem Bankwesen, wenn man auf Konten einzahlt. Da gibt es eine Soll- und eine Habenseite. Die Sollseite ist jetzt ausradiert, denn die Schuld ist beglichen, die Gerechtigkeit ist befriedigt, und auf der Sollseite steht jetzt dein Glaube. Das ist alles, was Gott von dir fordert, um dich für unschuldig zu erklären. Die Anklage wird abgewiesen, das Urteil ist gesprochen und du bist frei, gehst freigesprochen aus dem Gerichtssaal. Das ist wieder der Kern des Evangeliums. Der Glaube ist dir auf deinem himmlischen Konto angerechnet worden. Er steht jetzt auch auf deiner Habenseite. Das ist alles, was du benötigst, um von Gott als unschuldig erklärt zu werden. Ist das nicht ein wunderbares Evangelium! Sind das nicht gute Nachrichten für Menschen, die bis zum Hals in Schulden stecken, wenn man ihnen sagt, dass ihre Schulden beglichen sind?

Wenn man in biblischen Zeiten die Schulden beglich, dann machte man das so: Man nahm den Schuldschein bzw. die Rechnung, faltete sie und nagelte sie an die Wand. Wenn du also dem Ladeninhaber oder dem Schreiner Geld schuldetest, dann wurden deine Schulden an die Wand des Ladens oder der Werkstatt geheftet. Wenn dann die Schulden beglichen wurden, dann faltete er das Blatt zusammen und bohrte den Nagel durch beide Seiten des Blattes. Das bedeutete, es ist beglichen und bezahlt. Genau das sagt Paulus in einem anderen Brief, wo er schreibt, dass Jesus unseren Schuldschein genommen, ihn ans Kreuz genagelt hat und somit unsere Schuld beglichen ist. Wenn man das wirklich versteht, dann äußert sich die Entlastung von den Schulden in purer Freude. Da platzt jemand vor Freude, wenn du ihm seine Schulden erlässt, und noch einmal, hier werden dir deine Schulden am Kreuz erlassen, der Schuldschein wird zusammengefaltet und ans Kreuz genagelt, so sagt es Paulus.

Diese Idee der Anrechnung des Glaubens hat Abraham entdeckt. Er war der erste, der es so gemacht hat – und deshalb wurde von ihm gesagt, dass er nicht aufgrund von guten Werken, die er vollbracht hätte, gerecht wurde. Hätte er es so gemacht, dann hätte er einen Lohn erhalten. Gott wäre verpflichtet gewesen, ihn zu bezahlen. Er hätte dann Gott in seiner Schuld gehabt. Es ist erstaunlich, wie viele ganz normale Menschen annehmen, dass man Gott zum Schuldner machen kann, dass sie ihn durch ihre guten Taten verschulden können und er verpflichtet ist, sie in den Himmel aufzunehmen, dass er verpflichtet und vertraglich gebunden sei – welch schrecklicher Irrtum! Wenn es Werke gewesen wären, hätte Abraham etwas zum Rühmen. Aber es war keine Verpflichtung. Es war ein freiwilliges Angebot an Abraham. Er konnte es sich auf keinerlei Art und Weise verdienen. Es war ein kostenloses Angebot, kein Lohn für Werke, sondern eine Gabe durch Glauben.

Der König David hat denselben Gedanken in den Psalmen aufgenommen. Der Segen des Schuldenerlasses gilt für jedermann. Im Psalm sagt er: „Glücklich ist der Mann, dessen Sünden nicht angerechnet werden." Das ist die Sollseite des himmlischen Kontos, ein angenehmer Gedanke. Deshalb, weil Abraham das entdeckte, bevor er beschnitten war und bevor er jemanden beschnitten hatte, wird ausgesagt, dass die Beschneidung nichts mit der Rechtfertigung vor Gott zu tun hat. Für die Juden war das wie ein Schlag ins Gesicht. Mit dem Glauben, der Abraham angerechnet wurde, eröffnete sich für ihn erst die verheißene Zukunft. Im restlichen Kapitel 5 geht es um diese Verheißung. *Abraham glaubte den Verheißungen Gottes*. Auch hier haben wir wieder das Vertrauen und den daraus resultierenden Gehorsam, dass du dich auf die Versprechen eines anderen verlässt. Du nimmst sie beim Wort, du vertraust ihnen und vertraust darauf, dass dein Gegenüber sich an die Bedingungen hält.

Jedes Geschäft basiert auf Vertrauen, und wenn erst einmal das Vertrauen zerstört ist, macht man keine Geschäfte mehr. In jeder Geschäftsbeziehung vertraust du auf jemand anderen. Du vertraust darauf, dass sie das einhalten, was sie zu tun oder zu geben versprochen haben. Leider gibt es in der irdischen Geschäftswelt immer wieder große Enttäuschungen. Firmen gehen Bankrott und ihre Schulden werden nicht bezahlt, und dennoch wären normale Geschäfte unmöglich, wenn man sich nicht auf das Wort des anderen verlassen könnte. Das Sprichwort „ein Mann – ein Wort", was aussagt, dass du jemandem vertrauen kannst, gilt leider in der Bankenwelt der Londoner City (Bankdistrikt von London) heute nichts mehr. Heute kannst du niemandem mehr trauen, und das hat großen Schaden in der britischen Geschäftswelt angerichtet, dass „ein Mann – ein Wort" nicht mehr gilt, Worte gelten nichts mehr. Im Geschäftsleben ist man heutzutage viel größeren Unsicherheitsfaktoren ausgesetzt, wo man doch früher durch eine einfache Tatsache eine sichere Grundlage hatte: Wenn dir jemand Wort gab, konntest du dich darauf verlassen. Das war die Grundlage des Reichtums von London.

Aber genauso geht es mit Gott. Du nimmst Gott beim Wort und vertraust ihm, dass er sein Versprechen einhält. Das tat Abraham, und Gott erwies sich immer wieder als treu. Und deshalb wurde ihm auch eine wunderbare Zukunft versprochen. Als Abraham Gottes Wort vertraute, erlebte er Wunder. Aber Gott gab dem Abraham auch Verheißungen, deren Erfüllung er nicht erlebte. Er starb, bevor sie sich erfüllten. Ihm wurde versprochen, dass die Zahl seiner Kinder so groß wie die der Sterne am Himmel sein wird. Das sind ungefähr 6.000, soviel konnte man zu Abrahams Zeiten mit bloßem Auge erkennen. Heutzutage wissen wir, dass es Millionen sind. Aber er versprach ihm auch, dass sie so zahlreich werden, wie der Sand des Meeres. Abraham wusste, dass die Sandkörner des Meeres in die Milliarden gehen. Heute ist diese Verheißung erfüllt. Es gibt eineinhalb Milliarden bekennende Christen auf der Welt, und weil sie den Glauben Abrahams teilen oder ihn zumindest bekennen, sind sie Abrahams Kinder.

Abraham starb. Weißt du, wie viele Söhne er bei seinem Tod hatte? Es waren neun. Man kann es im Buch Genesis nachlesen. Der verheißene Sohn war Isaak. Du weißt aber auch, dass er zuerst Ismael, den unehelichen Sohn von der Magd seiner Frau hatte. Das war niemals Gottes Wille gewesen, aber er schaffte es nicht, geduldig auf die Erfüllung der Verheißung Gottes zu warten. Als Gott dem Abraham die Verheißung gab, war er schon weit über die Zeit, um Kinder zu zeugen. Auch Sarah war weit darüber hinaus und sie war ihr Leben lang unfruchtbar gewesen. Sie waren beide in den Neunzigern, als Gott dem Abraham versprach: „Du wirst einen Sohn haben." Erst glaubte er, aber dann kam sein Glaube ins Schwanken, und der Vorschlag seiner Frau war: „Du solltest mit meiner Magd Geschlechtsverkehr haben, nur so kannst du einen Sohn bekommen." Schau dir das Ergebnis an! Zwischen den Nachkommen Ismaels und den

Nachkommen Isaaks gibt es keinen Frieden. Diese eine Tat Abrahams hat in unserer modernen Welt so unbeschreibliche Spannung verursacht, denn die Nachkommen Ismaels und Isaaks sind außerordentlich zahlreich. Der Hass zwischen den fast durchwegs muslimischen Arabern und den Juden in Israel kommt daher. Er geht auf den Versuch Abrahams zurück, Gott Beine zu machen und auf den Ratschlag seiner Frau zu hören. Aber er bereute es und kehrte wieder zum Glauben zurück. Er und seine Frau wurden immer älter und dann wurde Isaak geboren. Für Abraham war das der Beweis, dass Gott in der Lage ist, Tote aufzuerwecken. Denn in Kapitel 5 wird uns gesagt, dass Sarahs Mutterschoß so gut wie tot war und Abrahams Sexualität ebenso. Dennoch brachte Gott Leben von diesen sexuell abgestorbenen Menschen hervor. Das gab dem Abraham den Glauben an die Auferstehung der Toten. Und wir haben einen grundlegenden Glauben an Gott, dass er Leben aus dem Tod schaffen kann. Wir werden nicht durch Sarahs Mutterschoß überzeugt, sondern durch das leere Grab Jesu. Aber es ist derselbe Glaube, das vollkommene Vertrauen in Gott, der die Toten auferwecken kann. Dieser Glaube befähigte Abraham dann später, Isaak zu opfern beziehungsweise dazu gewillt zu sein, womit er Gott einen Beweis lieferte, dass er ihn wirklich fürchtete. „Jetzt weiß ich..." Erinnerst du dich? Dass also Gott dem Abraham in der Zukunft nicht nur einen Sohn, sondern auch so viele Nachkommen, dass man sie nicht zählen kann, wie der Sand am Ufer des Meeres und wie die Sterne des Himmels versprach, hat sich jetzt erfüllt. Und deshalb haben wir auch den Glauben an Gott, dass er Leben aus dem Tod schaffen kann.

Das tat er mit seinem Sohn Jesus, nachdem dieser die Strafe bezahlt hatte. Gott war es, der Jesus auferweckte. Es war ein Schöpfungsakt. In Wirklichkeit hat Gott den alten Leib Jesu im Grab ausgelöscht und ihm einen brandneuen

Leib außerhalb des Grabes gegeben. Manchmal verstehen wir nicht, dass Auferstehung keine Reanimation ist. Gott hat im Grab nicht den alten Leib Jesu wiederhergestellt. Er hat nicht den alten Leib zum Leben erweckt, denn sonst wäre dieser Leib im hohen Alter wieder gestorben. Der Leib mit dem Jesus aus dem Grab trat, war nicht derselbe, mit dem er hineinging. Jener Leib ist komplett verschwunden und hinterließ die zusammengewickelten Grabtücher. Diese Begebenheit war der Beginn unseres Glaubens, dass Gott eine neue Schöpfung erschaffen kann und dass die alte Schöpfung vergehen wird. Wir glauben an ein gigantisches Phänomen – wir glauben, dass diese Welt eines Tages verschwinden wird und Gott einen neuen Planeten Erde und einen neuen Weltraum machen wird. Das ist großartig! Wir sind die einzigen Menschen auf der Welt, die so etwas glauben – dass Gott, der dieses alte Universum geschaffen hat, es ausradieren und an seiner Stelle ein brandneues machen wird. Glaubst du das? Es steht am Ende deiner Bibel und ist eine Verheißung, die in der Zukunft liegt.

Abraham ist jedenfalls das klassische Beispiel für einen Mann, der glaubte, was Gott verheißen hatte. Selbst wenn du es in diesem Leben nicht sehen kannst, er wird es tun. In der Mitte von Kapitel 11 im Hebräerbrief steht ein Vers, der mich sehr bewegt. Dort wird der Glaube der Menschen im Alten Testament beschrieben, und es heißt: „Sie alle starben im Glauben." Die meisten von ihnen sahen die Erfüllung der Verheißung nicht, aber sie starben, indem sie daran festhielten. Wir wurden gelehrt, dass sie in der Auferstehung mit uns zurück ins Leben kommen werden. Erst dann werden wir alle Verheißungen erfüllt sehen. Das ist Glaube. Zu glauben, dass Gott tun wird, was er gesagt hat, und dass er es tun wird, auch wenn du es nicht mehr erlebst. Du magst wie Abraham sterben und dennoch an das glauben, was Gott versprochen hat. Gott hatte ihm Nachkommen versprochen, ein Land und eine Stadt, in der er für immer leben würde. Wegen dieser von Gott versprochenen Stadt war er bereit, auch im Alter noch in einem Zelt zu leben. Als ein Geschäftsmann in der Stadt Ur in Chaldäa hatte er in einem zweistöckigen Ziegelhaus mit moderner Feuerstelle gelebt. Man hat solche Häuser ausgegraben, sie sind erstaunlich. Sie waren modern, zentral beheizt, mit Ziegelmauern. In solchen Häusern hatte Abraham gelebt. Ich zeigte meiner Frau eine Fotografie von solch einem ausgegrabenen Haus. Es zeigte einen Raum mit einer Feuerstelle. Als ich ihr das Foto zeigte fragte ich sie: „Was sagst du zu so einem Haus, würdest du gerne darin wohnen?" Sie sagte: „Es ist ein wenig altmodisch, nicht wahr?" Ich sagte: „Ja, es ist 4.000 Jahre alt." Abraham verließ ein komfortables Ziegelhaus, als er schon alt war, und er war bereit in einem Zelt zu leben, weil Gott ihm eine Stadt versprochen hatte, in der er einstmals leben würde. Er starb in diesem Zelt, in diesem Leben hat er es nicht mehr erlebt, aber er starb im Glauben, dass Gott es tun würde.

Wir haben nun hier eine Verheißung für die Zukunft, die die ganze Welt betrifft. Gott verhieß dem Abraham: Die ganze Welt wird dir gehören, nicht nur dieser kleine Teil der Welt, der das verheißene Land ausmacht. Die ganze Welt, Nationen, Könige werden von Abraham abstammen. Riesige Verheißungen! Nur Gott ist in der Lage, sie zu erfüllen. Abraham starb, ohne sie gesehen zu haben, aber er glaubte weiter, als er starb. Gott wird es machen. Statistisch gesehen bin ich dem Tode sehr nah, und es ist möglich, dass ich nicht sehen werde, wie sich Gottes Verheißungen erfüllen, aber ich weiß, dass er sie erfüllen wird. Ich glaube an einen neuen Himmel und eine neue Erde und einen neuen Körper für mich, worin ich leben werde. Möglicherweise werde ich sterben, bevor ich all dies sehen werde, aber ich weiß, dass all das geschehen wird. Ich weiß, dass ich dabei sein werde, denn ich glaube, dass ich einen neuen Auferstehungsleib bekommen werde. Jesus hat es versprochen. Für mich genügt das vollkommen! Auch für andere Christen sollte das genügen! Welch großartige Verheißungen wir doch haben!

Abrahams Glaube war außergewöhnlich. Er glaubte alles, was Gott zu tun versprach, und er klammerte sich buchstäblich daran. Er starb glaubend und nicht schauend, aber er starb im Glauben, dass er die ganze Welt erben würde. Das ist doch gigantisch! Ich freue mich schon unheimlich, Abraham zu begegnen, du etwa nicht? Ein Mann des Glaubens, und das ist das Bemerkenswerteste, was du über Abraham nachlesen kannst. Er glaubte, und sein Glaube wurde ihm zur Gerechtigkeit angerechnet. Er war der erste Mann, der dieses Urteil hörte: Du bist unschuldig, du bist gerechtfertigt. Der erste Mensch, über den Gott so etwas sagte, war Abraham. Wenn wir seinen Glauben teilen, werden wir auch sein Erbe teilen. Wir werden Söhne Abrahams und deshalb auch seine Erben sein.

Nun erscheint ein neues Wort in diesem Brief. Durch den Glauben sind wir nicht nur Söhne Gottes, sondern auch Erben dieser Welt geworden. „Glücklich die Sanftmütigen, denn sie werden diese Welt erben." Du magst sterben, ohne irgendetwas geerbt zu haben, aber du kannst im Glauben sterben, dass du die Erde erben wirst. Das ist deine Erbschaft, die Gott dir zuteilt. Eines Tages wird er diese Verheißung wahr werden lassen. Er verspricht nicht, es in deinem Leben wahr werden zu lassen, aber er hat es versprochen, und deshalb ergreift der Glaube, was nicht sichtbar ist, und macht es wahr. Es ist eine Verwirklichung dessen, was man hofft. Für Christen ist Hoffnung nicht ein Wischiwaschi-Wort, sondern ein sehr starkes Wort. Es bedeutet, dass das Zukünftige für mich sicher ist, dass ich mir vollkommen sicher bin, dass Gott das, was er verheißt, wahr machen wird. Er wird seinen Sohn wieder auf die Erde kommen lassen.

Das hat er versprochen und dessen bin ich mir vollkommen sicher. Er hat versprochen, einen neuen Himmel und eine neue Erde zu schaffen, und er hat versprochen, dass ich darin leben darf. Er hält sein Versprechen auch, wenn ich in diesem Glauben sterben werde. Dem Vater des Glaubens wurde eine Zukunft versprochen. Der Glaube wurde ihm angerechnet, und deshalb hat er eine Zukunft. Man wird nicht durch das Gesetz zum Erben Abrahams, sondern durch Gnade. Es ist ein Geschenk des Glaubens, welches du erben musst. Wie schon erwähnt, glaubte Abraham an die Vermehrung. Wir aber glauben an die Auferstehung, und eigentlich ist es dasselbe – Gott bringt aus den Toten Leben hervor. Es geschah in seinem eigenen Sexualleben und es wird in unserem körperlichen Leben ebenso geschehen.

Wir kommen nun zur Frucht des Glaubens, zu den Ergebnissen. Was hat dies ganz praktisch zu bedeuten? Gibt es schon in diesem Leben einen Unterschied oder müssen wir einfach nur warten, bis Gottes Verheißungen sich erfüllen? Die gute Nachricht ist, dass wir beides haben, eine neue Zukunft und eine neue Natur. Wir können also jetzt schon etwas erwarten. Schauen wir uns die Schlüsselworte in Kapitel 5,1 – 21 an. Da gibt es die Frucht des Glaubens. Sehen wir auf das, was wir schon bekommen haben. Wir haben jetzt bereits *Frieden* mit Gott. Darauf müssen wir nicht mehr warten. Schalom (oder Salaam im Arabischen) ist ein schönes Wort. Es bedeutet Harmonie mit dir selbst, Harmonie mit anderen Menschen, Harmonie mit der Natur und vor allem Harmonie mit Gott. Du kannst das jetzt schon haben – es ist das gegenwärtige Ergebnis des Glaubens.

Wir haben aber nicht nur Frieden mit Gott, wir haben *Zugang* zu Gott. Das haben wir jetzt schon, lange bevor wir die Erde erben werden. Ein König ist jemand – und das trifft besonders auf arabische Länder zu – zu dem du Zugang hast. Wenn du ein Bürger eines Königreichs bist, dann hast du das Recht, in den Audienzsaal des Königs zu treten und dein Anliegen vorzubringen. Du musst dir einmal Bilder anschauen, wo Araber wortwörtlich in der Audienzhalle eines Königs Schlange stehen und ihm ihre Anliegen vortragen. Sie haben Zugang. Das ist etwas Besonderes in der arabischen Kultur, dass jeder Bürger Zugang zum König hat. Als Christen haben wir Zugang zum König der Könige. Du kannst zu ihm jederzeit und an jedem Ort mit deinen Anliegen kommen und ihn um Hilfe bitten. Das ist ein Privileg, das wir jetzt schon haben. Das muss man nicht noch abwarten oder glauben, damit es geschieht, wenn du stirbst. Den Zugang zum Gnadenthron kannst du schon jetzt jeden Tag genießen.

Ein kleines Mädchen ging einmal von der Sonntagsschule nach Hause und sang ein Lied, welches es dort, wenn auch nicht ganz richtig, gelernt hatte: „Gott ist am Phone, Gott ist am Phone." (Zur Erklärung: Phone heißt auf Deutsch Telefon; eigentlich lautete das Lied: Gott ist auf dem Thron). Aber sie hatte vollkommen Recht. Du brauchst kein Telefon, um zu Gott zu gelangen. Du kannst hier und jetzt sofort Zugang zu Gott bekommen. Wo du auch bist und was auch geschieht, du hast Zugang zum Gnadenthron. Welch ein Vorrecht ist das! Nichtchristen haben diesen Zugang nicht. Sie mögen vielleicht Gebete aufsagen, aber sie haben keinen Zugang. Der Zugang zum Allerheiligsten steht nun weit offen. Der Vorhang, der das Allerheiligste von den Leuten, ja auch vor den einfachen Priestern absperrte, ist in zwei Teile von oben nach unten zerrissen, als Jesus starb. Wir haben jetzt uneingeschränkten Zugang in das Allerheiligste im Himmel, denn die irdische Stiftshütte und der irdische Tempel waren nur Kopien dessen, was sich wirklich oben im Himmel abspielt. Wir haben Zugang! Es ist unglaublich! Was für ein Privileg! Warum benutzen wir es nicht viel mehr?

Was wir jetzt auch schon haben ist Hoffnung. Es ist

interessant, dass der Römerbrief am Anfang den Glauben und jetzt mehr die Hoffnung betont. Später werden wir die Betonung auf der Liebe sehen. „Nun aber bleiben Glaube, Hoffnung, Liebe." Ich komme zu dem Schluss: „Nun aber bleiben Glaube, Hoffnung, Liebe. Was am meisten vernachlässigt wird ist Hoffnung." Wir leben in einer Welt, wo die Menschen Gott nicht mehr haben und deshalb auch keine Hoffnung mehr haben. Natürlich haben auch sie noch Wünsche, aber zumindest im Englischen ist Hoffnung ein ziemlich unbestimmtes Wort. Wir hoffen, dass das Wetter morgen gut ist. (In England reden wir andauernd vom Wetter und sind andauernd vom Wetter enttäuscht. Wir hoffen, dass es gut wird, und dann regnet es doch. Man kann es einfach nicht richtig vorhersagen.) Wir hoffen, dass wir keinen Krebs bekommen. Wir erhoffen uns eine bessere Arbeitsstelle. Wir hoffen, aber diese irdischen Hoffnungen sind alles andere als gewiss.

Das Wort „Hoffnung" in der Bibel, im Griechischen *elpis,* bedeutet etwas vollkommen Sicheres. Wir haben diese Hoffnung bekommen, um in ihr jetzt zu leben. Wir haben diese Gewissheit für die Zukunft, dass wir in dieser Gewissheit leben können. Es ist kein Wunschdenken, so wie man hofft, einen schönen Urlaub verbringen zu können. Es ist noch nicht einmal ein Hoffen auf den Himmel in dem Sinn, dass wir nach dem Tod dort irgendwie hineingelangen. „Die christliche Hoffnung ist ein Anker der Seele", sagt der Hebräerbrief. Ein Anker reicht tief bis auf den Grund des Meeres, hakt sich dort ein und hält das Schiff fest. Christliche Hoffnung ist ein Anker, der dich festhält, wenn du durch schwere Zeiten gehst, wenn du durch Stürme gehst, wenn der Wind auf dich einstürmt und droht, dich am Felsen zerschellen zu lassen. In solchen Umständen hast du einen Anker, der dich festhält, eine Hoffnung für die Zukunft, die durch nichts erschüttert werden kann.

Ich habe schon mit Heiligen gesprochen, die entweder unter Verfolgung oder an unheilbaren Krankheiten litten – ich habe sie als solche erlebt, die eine zuverlässige Hoffnung für die Zukunft haben und zu ihr hindurchschauen konnten. Sie haben einen Anker, der tief nach unten reicht und das Schiff an seiner Stelle festhält, was immer auch für Stürme toben mögen. In Hoffnung zu leben ist wunderbar, und du kannst nur deshalb in ihr leben, weil sie sicher und gewiss ist. Du kannst sie noch nicht sehen, aber wenn du weißt, dass sie eintreffen wird, dann ist das ein ganz anderes Lebensgefühl. Wenn du dir sicher bist, dass Jesus wiederkommt, dann wirst du dein Leben vollkommen anders leben und es hat große Auswirkungen auf das, was dir im Leben begegnet. Paulus geht soweit, dass er sagt, dass du im Leiden jubeln kannst, weil du weißt, dass das Leiden noch mehr Hoffnung bewirkt. Und das funktioniert so: Das Leiden bringt Geduld hervor, Geduld bringt Charakter hervor, Charakter bringt Hoffnung hervor, sodass du in schlechten Zeiten jubeln kannst. Wenn du da richtig hindurchgehst, dann macht es deine Hoffnung noch stärker. Ich habe das beobachten können, aber nur bei Christen, die sich der Zukunft gewiss waren. Wenn sie richtig hindurchgegangen waren, kamen sie mit strahlender und größerer und besserer Hoffnung daraus hervor.

Wir haben also Frieden mit Gott, wir haben Zugang zu Gott und wir haben Hoffnung, in der wir leben können- all dies ist ein Anker, der uns auf dem Felsen unter uns hält. Was haben wir noch bekommen? Wir haben Liebe bekommen, die in unsere Herzen ausgegossen wurde. Es ist wunderbar (und hier wird erstmals der Heilige Geist erwähnt), dass durch den heiligen Geist die Liebe Gottes in unser Herz ausgegossen wurde. Du kannst in dir Liebe für die sonderbarsten Typen feststellen. Leute, die du vorher nie geliebt hättest, Leute, die du nie gemocht hättest. Was doch der Glaube alles in uns bewirkt! Alles kommt durch den Glauben an Jesus. Wir zählen diese Vorteile nochmals auf. Es gibt nicht nur inspirierende Hoffnung, sondern auch eine Hoffnung auf Herrlichkeit. Das ist der dritte Teil der Errettung. Rechtfertigung ist Teil eins, Heiligung ist Teil zwei und Verherrlichung ist Teil drei. Die Hoffnung der Herrlichkeit – wir werden so strahlen wie Jesus, als er auf dem Berg der Verklärung vor Petrus, Jakobus und Johannes verwandelt wurde. Das ist Herrlichkeit, Strahlen und Glanz.

Es gab einmal einen Popsänger mit Namen Garry Glitter (was für Name für einen Popsänger), der im Alter Probleme bekam. Er trug mit Pailletten besetzte Anzüge, die so richtig glitzerten. Ich predigte einmal über Daniel, wo er sagt, dass die Gerechten wie Sterne glänzen werden. Ich sagte: „Da kann Garry Glitter nicht mithalten. Wenn du verherrlicht wirst, dann wirst du wie ein Stern strahlen und wirst nie mehr alt und hässlich werden." Die Predigt wurde aufgenommen und gelangte schließlich zum UN-Hauptquartier in Paris, in der Nähe des Eiffelturms. Dort war ein Mitglied unserer Gemeinde, der in Paris einen Bibelkreis im Gebäude des UN-Hauptquartiers abhielt. Ungefähr ein Dutzend Menschen trafen sich dort. Er spielte vor dieser Gruppe jede Woche eine meiner Predigten ab. Es gab natürlich auch andere Gruppen, die so etwas machten. Aber in genau diesem Bibelkreis wurde diese Botschaft vorgespielt, wo ich sagte: „Garry Glitter wird vergehen, aber ihr werdet wie Sterne strahlen." Ich wollte da etwas Gewitztes sagen, was dazu passt und die Sache unterstreicht. Unter diesem Dutzend saß auch die Geliebte von Garry Glitter. Sie hatte meiner Predigt nicht richtig zugehört, aber als sie „Garry Glitter" hörte, bekam sie Interesse und sie spitzte ihre Ohren, am Ende der Predigt hat sie sich für Christus entschieden. Man weiß nie, welche kleinen, zufälligen Worte von Gott auf unerwartete Weise verwendet werden.

Begeistert dich das, die Hoffnung auf Herrlichkeit? Es ist eine Hoffnung im Leid, denn das wird mehr Hoffnung hervorbringen, und es ist eine Hoffnung in Liebe, die reichlich in dein Herz ausgegossen wurde. Da soll jemand behaupten, es gäbe keinen Vorteil in diesem Leben, wenn man gläubig ist. All das gehört dir schon hier und schon jetzt in diesem Leben. Und Jesus selbst wird dir mehr und mehr helfen. Und jetzt kommt ein Argument für die zukünftige Errettung. Paulus sagt: „Wenn wir durch sein Blut gerechtfertigt worden sind, wieviel mehr werden wir gerettet werden..." Merke auf das Futur „...gerettet werden." Es ist eine zukünftige Errettung. „Wieviel mehr werden wir durch sein Leben gerettet werden." Es ist so schade, dass man dieses „Wieviel mehr werden wir durch sein Leben gerettet werden" gar nicht richtig ergreift, weil man so sehr auf den Tod Jesu Christi fokussiert ist. Auferstehung bedeutet uns viel mehr, als dass er nur gestorben ist. Sein Tod war wunderbar. Er bewirkte unsere Rechtfertigung und erklärte uns für unschuldig. Aber wie viel mehr werden wir errettet werden durch den Auferstandenen, den in den Himmel aufgefahrenen Christus, der zur Rechten des Vaters sitzt, unsere Gebete annimmt und sie an unserer Stelle dem Vater vorlegt.

Ich habe ein kleines Buch geschrieben mit dem Titel „Wo ist Jesus jetzt und was tut er jetzt?" Der Tenor ist: Glaube nicht, dass Jesus irgendwo auf der Erde ist, irgendwie so ein kleiner Jesus in deinem Herzen. Nein, er ist oben zur Rechten des Vaters. Der Heilige Geist hat seine Stelle hier auf Erden eingenommen. Deswegen empfängst du jetzt auch nicht Jesus. Du empfängst den heiligen Geist, der sein Stellvertreter auf Erden ist. Wir aber sehen Jesus in der Höhe, zur Rechten des Vaters, wie er ihm unsere Anliegen vorlegt.

Er ist unser Anwalt. Wenn ein Christ sündigt, dann gibt es einen Ankläger im Himmel. Satan sagt: „Gott, schau dir das an. Eines deiner Kinder sündigt. Er nennt sich einen

Christen, einen gottesfürchtigen Mann, aber schau ihn dir nur an." Wenn immer wir sündigen, tritt ein Ankläger im Himmel auf. Das ist es, wo der Teufel ist. Er hat Zugang zu himmlischen Orten, bis er schließlich zu einem zukünftigen Zeitpunkt auf die Erde geworfen wird. Auf der einen Seite haben wir einen Ankläger, der unsere Sünden aufschreibt, auf der anderen Seite haben wir einen Anwalt, der für uns Plädoyer hält. Das ist eines der Dinge, die Jesus zurzeit für uns tut. Er tritt jetzt für uns ein. Er betet für dich, wenn sonst niemand für dich betet – und zwar jetzt. Das Kapitel 5 begeistert mich. All das gehört mir jetzt schon und das Beste kommt erst noch. Das verschlägt mir die Sprache.

Er hilft uns in zunehmendem Maße, er, der nicht für seine Freunde, nicht für gute Menschen, sondern für seine Feinde starb. Jesus sagte: „Kein Mensch hat größere Liebe als diese, dass er sein Leben lässt für seine Freunde." Wir können das oft auf englischen Soldatenfriedhöfen des 2. Weltkriegs lesen. Aber hast du schon einmal von einem Briten gehört, der während des 2. Weltkriegs für einen Deutschen gestorben ist? Ich jedenfalls nicht. Ich habe von vielen gehört, die für ihre Kameraden oder ihr Vaterland oder für einen guten Zweck gestorben sind, aber ich habe nur ein einziges Mal von jemandem gehört, der für seine Feinde gestorben ist, und das ist Jesus. Welch eine Liebe musste er für diejenigen haben, die gegen ihn rebelliert, die ihn gehasst haben. Genau diese Liebe ist in dein Herz ausgegossen worden. Er starb also für seine Feinde und er lebt jetzt für seine Freunde. Vergiss das zuletzt Gesagte nicht. Nicht nur sein Tod rettet dich, sondern auch sein Leben! „Wieviel mehr werden wir durch sein Leben gerettet werden." Dies bezieht sich nicht auf sein Leben, das er vor seinem Tod geführt hat, sondern auf das Leben, was er nach der Auferstehung führt, sein derzeitiges Leben. Wie viel mehr wirst du gerettet werden – jetzt oder aber in der Zukunft – durch sein Leben? Das ist die Frage. Weißt du, warum er wiederkommen wird? Gemäß Hebräerbrief Kapitel 9 kommt er, um die zu erretten, die auf ihn warten. Ich schaue also nach vorne, um errettet zu werden. Die Errettung liegt in der Zukunft. Bezüglich der grammatikalischen Zeiten, in denen das Verb „retten" verwendet wird, Vergangenheit, Gegenwart und Zukunft, ich wurde gerettet, ich werde gerettet, ich werde gerettet werden, liegt der Schwerpunkt im neuen Testament auf der Zukunft. Es geht mehr um deine zukünftige als um deine vergangene Errettung. Ich mag es nicht, wenn jemand von der Errettung in der Vergangenheit spricht. Man hört zum Beispiel: „Letzte Woche wurden 10 Menschen bei uns gerettet." Oder: „Ich wurde vor 20 Jahren auf einer Evangelisation von Billy Graham gerettet." Jeder Evangelikale, mit dem ich rede benutzt das Wort „gerettet" in der Vergangenheitsform, als ob nun alles vorbei sei und alles in trockenen Tüchern ist. Aber das ist es nicht. Es hat erst begonnen. Als ich einmal in Singapur lehrte, erlebte ich folgendes. Jemand benutzte das Wort „gerettet", und ich meinte: „Du meinst, sie fingen an, gerettet zu werden." Als ich das sagte, schaute man mich verdutzt an. Meine Rettung begann, als ich 17 Jahre alt war, aber es war nur der Beginn meiner Errettung. Ich werde errettet WERDEN. Ich schaue nach vorne, um errettet zu werden. Wenn Jesus zurückkommt, dann werde ich gerettet werden, vollkommen gerettet, ganz gerettet. Mein Leib ist jetzt noch nicht errettet. Er trägt immer noch die Spuren meiner Vergangenheit, aber die Erlösung meines Leibes wird kommen, wenn Jesus wiederkommt. Mein Leib wird errettet werden. Mein jetziger Leib wird im Grab verwesen.

Ich möchte nicht eingeäschert werden, ich will begraben werden. Ich habe mir das deshalb so ausgesucht, weil es beim Begräbnis so ausschaut, als ob du jemanden in der Erde einpflanzen würdest, und was du einpflanzt, dass sprosst irgendwann aus der Erde. Ich bin nicht gegen

Einäscherung, dennoch haben Christen (genauso wie der Herr) das Begräbnis bevorzugt und warten so darauf, aus dem Grabe hervorzukommen. Verstehe mich nicht falsch, Gott kann problemlos einen neuen Leib aus Asche oder aus Staub erstehen lassen. Er ist der Schöpfer und er wird es tun. Wenn du dich einäschern lässt, dann heißt das nicht, dass er dich nicht auferstehen lässt. Sage das nicht und wage nicht zu sagen: „Aber David Pawson hat das gesagt." Ich bevorzuge das Begräbnis. Interessanterweise sind die psychologischen Auswirkungen bezüglich der Länge der Trauerzeit bei Einäscherungen größer als bei Begräbnissen, denn es scheint, dass die Angehörigen irgendwie glauben, dass sie ihren geliebten Toten zerstört hätten (dies mag neurotische Züge haben), während du bei einem Begräbnis ihn in die Erde eingepflanzt hast und nicht zerstört hast.

Wir kommen nun zu einem außerordentlichen Abschnitt Kapitel 5, 12 – 21. Hierin steckt eine einfache Wahrheit, die viele nicht so einfach akzeptieren können. Die Wahrheit ist, dass durch eine einzige Tat des Ungehorsams eines einzigen Menschen der Tod zur ganzen menschlichen Rasse durchgedrungen ist, und dass durch eine einzige Tat des Gehorsams eines einzigen Menschen die Rechtfertigung für die gesamte menschliche Rasse erlangt worden ist. Der Mann, an dessen Ungehorsam wir uns erinnern, ist Adam. Wenn du es schwierig findest zu akzeptieren, dass ein Mann, nämlich Adam, den Tod zu allen Menschen gebracht hat, dann wird es für dich auch schwierig sein zu glauben, dass der Gehorsam eines einzigen Mannes einer neuen menschlichen Rasse Leben gebracht hat. Beides gehört zusammen. Wir sind in unserem Denken so individualistisch geworden, dass wir denken, jeder von uns würde für sich auf seiner eigenen Insel wohnen – warum also werde ich für das, was Adam tat, beschuldigt? Unser Stolz ist es, der nur für uns selbst verantwortlich sein will, er sagt: „Ich mache das auf meine Weise." Aber das ist die Nationalhymne der Sünder. Wir sollten es so tun, wie Jesus es tat.

Wir sind Gemeinschaftswesen. Du warst in Adam, als er tat, was er tat. Du warst buchstäblich in seinem Körper. Du stammst von ihm ab. Du hast deine DNA von ihm, und deshalb brachte seine eine Tat des Ungehorsams die Herrschaft des Todes über die gesamte menschliche Rasse. Die menschliche Natur sagt: „Das ist nicht gerecht." Dann musst du logischerweise aber auch über den Tod Christi, der für deine Sünden gestorben ist, sagen: „Das ist ungerecht, Herr." Es gibt so etwas wie eine „vereinte Menschheit", und so sind wir alle durch einen Menschen, nämlich Adam gefallen. Das Ergebnis davon war Sünde und Tod. Das bedeutet ganz einfach, dass der Tod nichts Naturgegebenes für den Menschen ist. Die Wissenschaft findet nicht heraus, warum wir sterben müssen. Irgendwann hört der Körper auf, die abgestorbenen Zellen zu ersetzen, und dann wird alles zurückgefahren. Wissenschaftler können dir zwar sagen, wie das geschieht, aber nicht warum. Ich forderte die Wissenschaft auf, mir das zu erklären: Warum gibt es diesen Vorgang, wodurch die Regenerationskraft unseres Körpers nachlässt, deine Zähne weniger werden und dein Haar spärlicher wird. Dein Körper stellt den Betrieb ein. Man sagt, dass jeder Herzschlag ein Trommelschlag auf dem Weg zum Grab ist. Der Mann ist geboren um zu sterben, so wie die Funken nach oben fliegen (Hiob). Eine jüdische apokryphe Schrift sagt: „Oh Adam, was hast du getan? In deinen Augen hast nur du gesündigt, aber nicht nur du bist gefallen, sondern auch wir, deine Nachkommen. Oh Adam, was hast du nur getan?"

Wir kommen nun zur finalen Aussage, die auch am schwierigsten zu verstehen ist. Durch Adams eine Tat breitete sich der Tod zu allen Menschen aus, weil sie alle gesündigt haben. Ich will, dass du diesen Satz verstehst. Du musst diesen Satz verstehen, damit du den Rest verstehen kannst. Manche meinen, dass es bedeutet: „Weil alle Menschen Adams Torheit wiederholt haben und dasselbe gemacht haben..." Oder auch: „...Adams Beispiel gefolgt sind." Aber das bedeutet es nicht. Natürlich sind wir alle seinem Beispiel gefolgt und haben Dinge berührt, von denen uns gesagt war, berühre sie nicht. Sage einem Kind, dass es etwas nicht anfassen soll, und schau, was dann passiert. Es ist wahr, in deinem Kind steckt der alte Adam – aber das bedeutet es nicht. Dann gab es Leute, die meinten, es bedeutet, dass wir alle Adams Natur ererbt haben und, weil wir seine Natur haben, wir auch alle sündigen – aber auch das bedeutet es nicht, obwohl es wahr ist. Die Tragödie am Kinderhaben ist, dass du ihnen die sündhafte Natur weitergibst. Du kannst daran nichts ändern. „In Sünden hat meine Mutter mich empfangen" bedeutet nicht, dass der Sexualakt sündig war, sondern dass sie nicht anders konnte, als die sündhafte Natur an mich weiterzugeben. Das ist auch wahr, aber es ist nicht das, was der Satz bedeutet.

Seine Bedeutung ist - und ich fürchte, dass es nicht einfach für dich wird, das zu begreifen, der natürliche Verstand, der ungläubige Verstand kann es möglicherweise gar nicht begreifen – dass wir in Adam tatsächlich alle gesündigt haben. Dass in diesem einen Akt die ganze Menschheit eingeschlossen war, dass selbst wenn keine anderen Sünden jemals begangen worden wären, die ganze Menschheit tatsächlich in einem Mann gesündigt hat. Dieses Konzept ist schwer zu begreifen, aber Paulus baut auf dieses Konzept auf. Darf ich es noch weiter erklären? Es ist offensichtlich wahr, dass wir alle zu diesem Zeitpunkt physisch in Adam waren, denn aus seinem Samen ist die ganze Menschheit hervorgegangen. Wir waren buchstäblich in seinem Körper. Jeder in deiner Gemeinde war damals in Adams Körper. Dass wir jetzt hier sind und leben ist das Resultat der menschlichen

Fortpflanzung, die mit dem Samen Adams begann. Und auch du trägst in deinem Körper den Samen Adams, und er hatte dich bereits in seinem Körper. Das bezieht sich nicht nur auf den physischen Leib, sondern trifft auch geistlich zu.

Die ganze Menschheit war an diesem Punkt in Adam, und als er diese Sünde beging, sündigte die ganze Menschheit. Wir alle sündigten – und deshalb ist der Tod zu allen Menschen durchgedrungen. Deswegen kann der Tod ein Baby, das niemals gesündigt hat, befallen, weil dieses Baby zur menschlichen Rasse gehört, die in Adam gesündigt hat. Ein Baby kann lange, bevor es Versuchungen kennt, sterben, lange, bevor es ein Alter erreicht hat, wo man es zur Rechenschaft ziehen wird, und der Grund dafür ist: Dieses Baby sündigte in Adam. Die ganze Menschheit sündigte in Adam. Der Tod ist die Strafe, die der ganzen Menschheit auferlegt wurde, wegen der Tat eines einzigen Mannes.

Können wir jetzt weitermachen und es nach der Art und Weise des Paulus veranschaulichen? Er sagt, dass du Sünde als Übertretung eines Gesetzes erkennst, je nachdem, welches Gesetz dir gegeben wurde. Adam war auch ein Gesetz gegeben. „Du sollst diesen Baum der Erkenntnis von Gut und Böse nicht anrühren." Das war sein Gesetz. Jetzt brach er es, und der Tod kam über ihn. Von da an hatten die Menschen keine Gelegenheit mehr, das Gesetz, das dem Adam gegeben war, zu brechen, denn sie wurden aus dem Garten Eden vertrieben. Das Gesetz, das dem Adam gegeben war, konnte nicht noch einmal gebrochen werden. Es wurde einmal gebrochen. Die zehn Gebote und das Gesetz des Moses wurden erst viele Jahre später gegeben. Da ist also eine Lücke zwischen dem Gesetz Adams und dem Gesetz Moses. Rein technisch gesehen gab es in dieser Zeit kein Gesetz Gottes, das man brechen konnte. Deshalb konnten rein technisch gesehen keine Sünden wegen der Übertretung eines Gesetzes in dieser Periode angerechnet werden.

Dennoch starben Menschen, obwohl sie kein Gesetz hatten. Sie starben, weil die Strafe auf der ganzen Menschheit lag. Alle Menschen haben in Adam gesündigt.

Man kann darüber streiten. Du kannst sagen: „Das ist nicht gerecht." Du kannst alles Mögliche sagen, z.B. „Ich kann das nicht akzeptieren." Aber die Fakten sprechen gegen dich. Selbst die unschuldigsten Menschen müssen sterben, sogar ein unschuldiges Baby kann sterben. Das war nie Gottes Absicht, aber wegen Adam ist das so. Die Fakten sind, es gibt keinen Menschen, Mann, Frau oder Kind, der nicht sterben muss. Das alles kommt von einem Mann und seinem Akt des Ungehorsams, in Adam haben wir alle gesündigt. Und so breitete sich der Tod zu allen Menschen aus. Nun magst du sagen: „Das ist eine Fehlinterpretation des Ausdrucks „weil alle sündigten". Warum kann es nicht meinen: „weil alle ihn beim Sündigen kopierten?" Gleich sage ich es dir, denn jetzt wenden wir uns dem Gegenstück zu. Mit genau demselben Prinzip, wegen der Beschaffenheit der Menschheit, weil wir so gesehen alle einer sind, weil wir zusammengebunden sind, weil wir alle in Adam waren, deswegen konnte folgendes geschehen: *Durch eines Mannes Gehorsam, an einem bestimmten Zeitpunkt, kann jeder leben, der in ihm in die Stellung eines Gerechten versetzt wird.*

Du kannst nicht beides haben. Wenn du sagst: „Das ist ungerecht, dass jeder sterben muss, weil einer ungehorsam war", dann muss ich dir leider sagen: „Dann kannst du nicht an dem Leben teilnehmen, das alle haben, weil einer gehorsam war." Es hängt einfach zusammen. Entweder du hast beide Gedanken oder keinen. Wenn du aber erkennst, dass es in Wahrheit so um die Menschheit steht und die ganze Menschheit wegen eines Mannes Ungehorsam dem Tod unterworfen ist, dann bist du auch in der Lage zu erkennen, dass es möglich ist, dass durch den Gehorsam eines Mannes alle, die *mit ihm* verbunden sind, das Leben haben.

Wir kommen noch einmal auf den Ausdruck „weil alle sündigten" zurück. Wenn du es so verstehst: „weil alle sündigten, also alle die Sünde Adams kopierten und deshalb den Tod verdienten", dann musst du den Rest folgerichtig so verstehen: Dass wir Leben haben können, wenn wir die Gerechtigkeit Christi kopieren – aber dann wird das ganze lächerlich, weil das kein Mensch kann. Es bleibt nichts anderes übrig als es so zu sehen: Eines Mannes Sünde reichte aus, allen den Tod zu bringen, deshalb reichte auch eines Mannes Gerechtigkeit aus, allen das Leben zu bringen. So hängt das zusammen. Du kannst das zweite nicht ohne das erste glauben. Wenn du nicht glaubst, dass wir alle wegen eines Mannes Akt des Ungehorsams sterben müssen, dann kannst du auch nicht glauben, dass wegen eines Mannes Gehorsamsakt viele das Leben haben können. Das ist die Wahrheit. Ich habe Leben, nicht weil ich Christi Gerechtigkeit kopiert habe, sondern *weil ich in Christus bin*. Genauso wie mein Körper stirbt, nicht weil ich Adam kopiert habe, sondern weil ich in Adam war. Siehst du nun den Unterschied?

Deshalb ist jeder von uns entweder in Adam oder in Christus. Entweder werden wir wegen Adam sterben oder wir werden ewig leben wegen Christus. Nicht weil wir sie kopierten, sondern weil wir *in ihnen* waren. Diese tiefe und wichtige Wahrheit führt uns direkt zu Kapitel 6. *Wenn du in Christus bist, wird dir dann klar, dass du selbst auf Golgatha gestorben bist, dass du selbst gekreuzigt worden bist?* Wenn du Römer 6 verstehen willst, dann muss dir das klar sein. Wenn ich Genesis Kapitel 3 lese, die Erzählung vom Garten Eden, wie Adam ungehorsam war und die Frucht nahm, dann muss ich sagen: „An diesem Tag nahm ich diese Frucht. An diesem Tag war ich in Adam, denn ich bin sein Nachkomme und mit ihm verbunden, deshalb habe ich das getan."

Wenn ich die Kreuzigungsgeschichte lese, dann muss ich

sagen: „An diesem Tag, als sie ihn mit Nägeln durchbohrten, haben sie mich mit Nägeln durchbohrt. Ich bin gestorben. Ich bin mit Christus gestorben, und nach drei Tagen bin ich mit ihm auferstanden." Diese Wahrheit zieht sich durch das ganze Kapitel 6. In Adam – Tod; in Christus – Leben; in Adam teile ich seine Sünde und muss deshalb sterben; in Christus teile ich seinen Tod und seine Auferstehung, und deshalb kommt das Leben zu mir. Nicht weil ich Adam oder Christus kopiert hätte, sondern weil ich in Adam oder in Christus bin, passieren diese Dinge.

Deshalb gibt es jetzt auch einen Vergleich. Paulus sagt: „Adam war ein Abbild desjenigen, der kommen sollte. Adam war ein Modell von Christus." Zuerst kam Adam am Beginn der Menschheit, und weil die ganze Menschheit in Adam war, kam die ganze Menschheit aus ihm hervor und war dem Tod unterworfen.

Dann kam ein anderer in diese Menschheit: Christus. Er starb tatsächlich, schmeckte den Tod, den jeder Mensch erleiden muss, aber er ist von den Toten wieder auferstanden. Deshalb kommt aus Christus eine neue Menschheit hervor, die das Leben in Ewigkeit haben wird. Wo stehst du denn? Wenn du noch in Adam bist, dann kann ich dir eines versichern: Du wirst sterben. Aber wenn du in Christus bist, dann hast du ewiges Leben, und selbst dein physischer Tod, durch den du immer noch gehen musst, weil dein Körper noch in Adam ist, kann dem ewigen Leben nichts anhaben. Gott wird dich zum ewigen Leben auferstehen lassen. In Adam und in Christus gibt es zweierlei Arten von menschlichem Dasein: Eine Menschheit unter dem Tod und eine Menschheit unter dem Leben.

Schau dir an, was das für einen Unterschied macht. Im restlichen Kapitel zeichnet Paulus Unterschied für Unterschied auf. Was mit dir wegen Adams Sünde und Ungehorsam und was dir wegen Christi Gehorsam und

Gerechtigkeit widerfährt. Adams Sünde hat dich des Lebens beraubt, Christi Gerechtigkeit gibt dir das Leben. Adams eine Tat führte zur Verdammnis aller, die eine Tat Christi führt zur Rechtfertigung, zum Freispruch. Adams eine Tat führte in die Sklaverei, weil der Tod begann, über die Menschheit zu regieren. Erkennst du, wie der Tod in Adam dich beherrscht – ein tyrannischer König? Jeder von uns ist zu seinem eigenen Begräbnis unterwegs. In Christus bist du frei.

Was hat nun das Gesetz mit all dem zu tun? Als Gott die 10 Gebote gab, welche Auswirkungen hatte das? Ehrlich gesagt, sie kamen zu solchen, die unter dem Tod waren, und es machte die Situation sogar noch schlimmer, denn als das Gesetz kam, nahm die Sünde zu – denn die Menschen wussten nun, welche Gesetze sie brechen konnten. Die Flut der Sünde stieg, aber das Rettungsboot der Errettung stieg mit. Sünde nahm zu, und Gnade wurde überfließend, sodass Gott in jeder Situation immer oben auf war. Schließlich, genau zum richtigen Zeitpunkt – als es am schlimmsten war – als alle wichtigen Religionen dieser Welt bis auf eine aufgetreten waren, als alle wichtigen Philosophien der Welt aufgetreten waren, und als die Welt im römischen Reich zu einer schrecklichen Lasterhöhle verkommen war - erschien Christus und starb für die Gottlosen.

Die Worte „viel mehr" werden in diesem Kapitel immer wieder benutzt. Über den Tod und das Leben Jesu schrieb Paulus: „Denn wenn er, als wir noch Feinde waren, für uns starb, *wie viel mehr* werden wir jetzt durch sein Leben gerettet." Das „wie viel mehr" wird wiederholt „Wenn Adam den Tod zu uns brachte, *wie viel mehr* kann Christus uns Leben bringen?" Adams Lohn für mich kam aufgrund einer Übertretung, aber Christi Tod kam nach millionenfacher Übertretung – und das funktioniert immer noch. Auf vielerlei Art und Weise wird der Unterschied aufgezeigt.

Thomas Goodwin, Präsident des Magdalen College in

Oxford im 17. Jahrhundert, sagte: „Aus Gottes Perspektive gibt es nur zwei Menschen, Adam und Christus, und alle anderen Menschen hängen an ihren Gürteln." Vergiss einmal die dichterische Sprache, aus Gottes Perspektive gibt es nur zwei Männer, die alle anderen Menschen „IN" sich haben. Entweder bist du in Adam, was zur Folge hat, dass der Tod dein König ist und du einen verlorenen Kampf gegen den Tod kämpfst, oder du bist in Christus und hast das Leben. Wie ich schon aufgezeigt habe, widersprechen die Leute dieser Tatsache und sagen: „Ich bin mir ziemlich sicher, dass Adams eine Tat nicht den Tod in die ganze Menschheit gebracht hat." Dann antworte ich immer: „Wenn du das glaubst und verneinst, dass Adams eine Tat des Ungehorsams den Tod zur gesamten menschlichen Rasse gebracht hat, dann verneinst du in einem Atemzug die Möglichkeit, dass wegen eines Mannes Gehorsamstat dir das Leben gegeben werden kann – denn die zwei gehören zueinander. Wenn du andererseits siehst, wie der eine Akt der Sünde den Tod zur ganzen Menschheit gebracht hat, die in diesem Manne war, und als er sündigte, alle Menschen sündigten und so der Tod zu allen Menschen hindurchdrang, dann hast du die Frage beantwortet, „wie kann das Kreuz uns heute retten?" Denn auf dieselbe Art und Weise, durch eines Mannes gerechte Tat, durch eines Mannes Gehorsam – vollkommener Gehorsam bis zum Tod – kann er dir das Leben geben, denn Gott hat es akzeptiert. Aus Gottes himmlischer Sicht bist du entweder in Adam und musst für immer sterben, oder er sieht dich in Christus, dann gibt dieser dir durch seine eine Tat für immer das Leben.

Wenn Jesus nicht zuvor wiederkommen sollte, werden du und ich sterben – wir werden alle sterben und zwar wegen dem, was Adam tat. Wenn du das Gesagte akzeptierst, dann kannst du verstehen, dass die ganze Menschheit von dem betroffen ist, was der eine Mann, Jesus, getan hat. „So wie in Adam alle sterben…" Wir alle waren in Adam. Wir stammen von ihm mit allen Genen ab. So wie in Adam alle sterben, so werden in Christus alle lebendig. Das ist möglich aufgrund dessen, was ich vorhin als „vereinte Menschheit" bezeichnet habe. Deshalb wollte Paulus „EINEN neuen Menschen" in Christus sehen – nicht eine Menge von Menschen in Christus Jesus, sondern eine neue Menschheit, eine neue Rasse. Als ich Christ wurde, wurde ich ein *homo novus*, ein neuer Mensch. In Christus wurden wir eine neue Menschheit. Der Tod regierte über der alten Menschheit und tut es noch – über den klügsten Köpfen, den schönsten Körpern und Leben hängt der Tod, und wir lassen alles hinter uns. Man fragte einmal, was einer der reichsten Männer auf Erden bei seinem Tod hinterlassen habe. Die lakonische Antwort war: Alles! Es ist eine Tragödie, dass die klügsten Köpfe im Grab verrotten. Das ist eigentlich nicht der Ursprungszustand. Wir rebellieren dagegen. Es kommt uns ungerecht vor. Wir hassen es. Es ekelt uns an. Wir verdrängen es, denn der Tod ist der letzte Feind, dem wir begegnen müssen.

Mein Körper ist immer noch ein homo sapiens, aber ich bin ein homo novus, ein neuer Mensch in Christus. Wir gehören miteinander zu einer gemeinsamen neuen Menschheit. Wir sind keine Individuen. Das wird später noch weiter ausgeführt.

# 4. HEILIGUNG
## Kapitel 6 – 8

A. TOD IM FLEISCH (6,1 – 7,25)
  1. ZÜGELLOSIGKEIT – Heiden (6,1-23)
    a. Der Sünde tot – Gott lebend (1-14)
      i. Kreuzigung
      ii. Auferstehung
    b. Frei von der Sünde – gebunden an Gott (15-23)
      i. Damals: Sklaven der Sünde (Tod als Lohn)
      ii. Jetzt: Sklaven der Gerechtigkeit (Gabe des Lebens)
  2. GESETZLICHKEIT – Juden (7,1-25)
    a. Dem Gesetz gestorben (1-6)
      i. Gleichnis der Ehe
      ii. Gesetz des Moses
    b. Leben unter Gesetz (7-25)
      i. Vor der Bekehrung
      ii. Nach der Bekehrung

B. LEBEN IM GEIST (8,1-29)
  1. FREIHEIT (1-17)
    a. Verdammnis (1-4)
    b. Gegensatz (5-8)
    c. Bedingungen (9-17)
  2. FRUSTRATION (18-27)
    a. Befreiung (18-22)
    b. Sohnschaft (23-25)
    c. Fürsprache (26-27)
  3. FURCHTLOSIGKEIT (28-39)
    a. Alles ist nützlich (28-30)
    b. Alle Feinde müssen schweigen (31-36)
    c. Alle Gewalten sind ohnmächtig (37-39)

## BITTE LIES RÖMER 6 – 8

In Kapitel 6 bis 8 werden bestimmte Annahmen über die Errettung vorausgesetzt, und wir müssen diese richtig begriffen haben, bevor wir weitergehen können. Sie werden vieles in diesen Kapiteln erklären, und dennoch gibt es in der Welt viele verschiedene Auffassungen über Errettung. Als erstes musst du wissen, dass Errettung ein Prozess ist. Es ist eine Reise und es benötigt Zeit, ein Leben lang. Es geschieht nicht in einem Moment, oder einfach ausgedrückt, Errettung ist keine vertikale Linie, die du mit einem Schritt überschreiten kannst, so dass du aus dem nicht erretteten in den erretteten Zustand treten kannst. Dies ist zwar eine weit verbreitete Meinung, aber das Neue Testament ist nicht auf diese vertikale Linie, die du mit einem Schritt überschreiten kannst, gegründet. Vielmehr gründet es sich auf eine horizontale Linie mit vielen Schritten. Das führt zu einem großen Unterschied in deinem Verständnis. Am Tage deiner Bekehrung bist du nicht errettet, sondern du beginnst an diesem Tag, errettet zu werden. Du startest eine Reise.

Am schönsten hat das John Bunyan verdeutlicht, der im Gefängnis einen Traum hatte, den er zu einem Buch formulierte, *Die Pilgerreise*. Auf dieser Reise wandert der „Pilgrim" (der Name des Hauptdarstellers) auf einem langen Weg und erlebt auf diesem Weg viele Abenteuer. Den Weg der Errettung vom Anfang bis zur Ankunft im Himmel zu gehen, bedeutet eine lange Reise mit vielen Schritten. Deshalb bezeichnet das Neue Testament das Christentum als „den Weg", was so viel wie Straße oder auch Reise bedeutet. Wir müssen fest im Hinterkopf haben, dass es sich um einen

Weg der Errettung handelt. Dieser Weg hat drei Phasen. Der Anfang, den wir *Rechtfertigung* nennen wollen, wenn wir von der Strafe für die vergangenen Sünden befreit sind. Dann kommt die *Heiligung*, die den Hauptteil der Strecke ausmacht, wo wir von der Kraft der Sünde befreit werden. Das Ziel unserer Reise ist die *Verherrlichung*, wenn wir aus der Anwesenheit der Sünde befreit werden. Erst dann sind wir völlig errettet.

Das Neue Testament benutzt das Verb „retten" in drei Zeiten: Vergangenheit, Gegenwart und Zukunft. Du wurdest gerettet, du wirst gerettet und du wirst gerettet werden. Meistens bezieht sich das Neue Testament bei der Errettung auf die Zukunft, die noch keiner von uns erreicht hat. Noch bin ich nicht errettet, aber ich befinde mich auf dem Weg der Errettung und gehe Schritt für Schritt auf das Ziel der Errettung zu, die am letzten Tag geoffenbart werden wird. Als allererstes müssen wir diesen Gedanken festhalten. Ich frage mich, welche Antwort ich erhalten würde, wenn ich dich fragen würde, ob du errettet bist. Manchmal frage ich das in Versammlungen von Christen und fordere sie auf die Hände zu heben. Ich frage dann: „Glaubst du, dass die Wassertaufe für die Errettung notwendig ist?" Einige stimmen dem zu. Wenn du Errettung für eine vertikale Linie hältst, die du mit einem Schritt passieren kannst, dann gehört die Taufe in deiner Vorstellung über Errettung nicht dazu. Aber wenn die Errettung für dich eine horizontale Linie mit vielen Schritten ist, dann gehört die Taufe zu dieser Reise, und du brauchst sie zu deiner Heiligung. Du brauchst sie für die Reise. Die ersten vier Schritte auf dieser horizontalen Reise sind: Buße gegenüber Gott, Glaube an Jesus, Taufe in Wasser und Empfang des Heiligen Geistes. Sie alle sind für die Errettung notwendig. Wenn du vertikal denkst, dann sind zwei davon nicht länger für die Errettung notwendig: Wassertaufe und Geistestaufe werden zwei Extraboni für später. Aber sobald du horizontal denkst, Errettung als den „Weg" verstehst, werden Wassertaufe und Empfang des Heiligen Geistes essentiell für dich für den Rest der Reise. Deshalb sind sie für die Errettung auch essentiell. Wie du Errettung verstehst macht einen großen Unterschied in Praxis, Verhalten, aber auch Denken aus.

Als nächstes möchte ich klarstellen, dass diese Reise der Errettung verlangsamt und sogar völlig gestoppt werden kann. Menschen, die vertikal denken, sagen: „Kann man die Errettung verlieren?" Wenn du horizontal denkst, dann meinst du nicht, dass du die ganze Errettung schon hast. Du bist auf dem Weg, auf einer Reise. Du kannst dein Gehen verlangsamen, du kannst stehenbleiben und du kannst sogar rückwärtsgehen – das nennt man rückfällig werden. Eigentlich ist rückfällig werden ein „zurückgehen". Wenn du den falschen Weg eingeschlagen hast, kannst du immer noch zurückgehen. Du verlierst dabei nicht die gesamte Errettung, aber du verlierst das wenige, was du schon erreicht hast. Wenn jemand sagt: „Kann man seine Errettung verlieren?", dann denkt er nach dem Muster „errettet – nicht errettet". Du kannst auf der Reise stehen bleiben, du kannst auf der Reise rückwärtsgehen und du kannst all das verlieren, mit dem du angefangen hast. Es kommt auf die Art an, wie man davon denkt.

Lies doch einmal „Die Pilgerreise". Ganz am Ende der Reise, als sie am Ufer des Jordans angekommen waren und „Pilgrim" die himmlische Stadt sieht, das andere Ufer des Jordans, welches den Tod darstellt, sagt sein Freund: „Durch diesen Fluss gehe ich nicht." Er wendet sich zur Seite, geht an einem kleinen Pfad entlang und hofft, dass sich noch ein anderer Weg zur himmlischen Stadt auftut. Bunyan schreibt: „In meinem Traum sah ich, dass selbst an den Toren des Himmels noch eine Straße zur Hölle abzweigt." Er wusste, dass du an jedem Punkt der Reise aus der Gnade fallen kannst. Du kannst eine Seitenstraße einschlagen und verloren gehen, anstatt dass du den Weg der Errettung weitergehst. Petrus hat etwas Außerordentliches über diejenigen, die den Weg begonnen hatten, dann aber später verloren gingen, zu sagen: „Es wäre für sie besser gewesen, wenn sie den Weg der Errettung nie gekannt hätten, als die Reise zu beginnen und sie nicht zu beenden."

Als dritten Punkt müssen wir feststellen, dass es zwei Kräfte gibt, die an dir zerren – eine zieht dich nach vorne und die andere zieht dich zurück, dabei steckst du genau mittendrin. Christsein ist ein Kampf und es ist Mühe. Hätte mir das jemand erzählt, als ich Christ wurde, ich hätte mich besser vorbereitet. Nur durch die Gnade Gottes kannst du vorwärts gehen und wirst nicht zurückgezogen. In diesen nächsten drei Kapiteln lesen wir über den Kampf zwischen dem Zerren des Fleisches und dem Zerren des Geistes. Der Geist zieht dich nach vorn, aber das Fleisch zieht dich zurück.

Fleisch und Geist können auf unterschiedliche Weise an dir ziehen. Das Fleisch ist dein altes „Ich". Der Ärger beginnt damit, dass, wenn du ein Christ wirst, du nicht sofort in den Himmel gehst. Du musst weiter in dieser traurigen, kranken, sündigen und gefallenen Welt leben. Dein Leib ist weiterhin Teil dieser Welt. Deshalb können die Sinne deines Körpers dich weiterhin zurück in diese Welt ziehen, aus der du gekommen bist. Alle deine Sinne können Quellen der Versuchung sein, rückwärts und nicht vorwärts zu gehen: Sehen, Hören, Geruchssinn, Tastsinn und Geschmack. All diese fünf Sinne deines Körpers sind für dich Quellen der Versuchung, rückwärts zu gehen. Nehmen wir einmal die Lust der Augen. Was du siehst, kann dich umdrehen und nach rückwärtsgehen lassen.

Das Wort „Fleisch" ist sehr wesentlich. Dein Körper ist immer noch Teil der alten Welt, sodass seine Gewohnheiten bleiben und überwunden werden müssen, nachdem du

Christ geworden bist. Du stehst sozusagen mitten in einem Bürgerkrieg. Es ist ein Kampf, der mit Anstrengung verbunden ist. Deswegen sagt die Bibel auch: „Jagt der Heiligung nach, ohne die niemand den Herrn sehen wird." Heiligung ist genauso wichtig wie Rechtfertigung. Aber seit der protestantischen Reformation, als Martin Luther die Rechtfertigung aus Glauben wiederentdeckt hatte, denken die meisten Protestanten, dass dies allein für unsere Errettung notwendig sei. Sie denken an die vertikale Linie, genannt Rechtfertigung. Sie meinen, dass du gerettet bist, wenn du auf der anderen Seite dieser Linie stehst – wenn du heute Nacht stirbst, dann kommst du in den Himmel, das war's. Diese Art von Evangelisation hörst du heutzutage auf der ganzen Welt, aber es ist nicht das Evangelium des Neuen Testaments.

Für Paulus war das Vorankommen genauso wichtig wie der Start der Reise. Er sagte: „Ich vergesse, was dahinten ist und strecke mich aus nach dem, was vor mir liegt. Ich strebe nach dem Kampfpreis der hohen Berufung Gottes in Christus Jesus. Ich jage ihm nach. Ich will diesen Lauf beenden." Paulus sagte nicht: „Ich habe die Linie überschritten. Vor dreißig Jahren habe ich mich entschieden, ich bin gerettet." Die meisten Menschen wollen gerettet sein, aber eigentlich sollten wir den Wunsch haben, gerettet zu werden – ganz gerettet zu werden. Der Teil von mir, den du sehen kannst, ist noch nicht gerettet. Er wird erst gerettet werden. Der letzte Teil meiner Errettung wird die Erlösung meines Leibes sein. Darüber lesen wir in Kapitel 8. Erst dann sind wir vollkommen erlöst und mein ganzes Sein ist endlich von der Anwesenheit der Sünde befreit. Erst dann kann ich rufen: „Einmal gerettet – immer gerettet!" Denn einmal werde ich für immer gerettet sein. Aber derzeit denken nicht nur viele Evangelikale ganz anders, sondern auch viele Evangelisten und Prediger. Aber Paulus denkt so, und deshalb will auch ich so denken, denn es ist das Evangelium der Apostel zur Errettung.

Das Problem ist also: Mein Leib ist noch in dieser Welt und er ist auch Teil dieser Welt. Die Gewohnheiten, die ich in der Zeit der Sünde angenommen hatte, sind noch da und ziehen an mir und müssen überwunden werden. Sie können überwunden werden, aber nur in der Kraft des Geistes. Deshalb finde ich es grausam, wenn man einem Neubekehrten nur vom Glauben an Jesus erzählt und ihn nicht mit der Kraft des Geistes bekannt macht. Es ist so, wie wenn man jemanden auf die Reise schickt und ihm nicht erklärt, wie die Reise weitergeht. Die Wassertaufe betrifft deine Vergangenheit, sie hilft dir aber nicht in der Zukunft. Sie wäscht rein und begräbt die Vergangenheit. Sie beendet das alte Leben, sofern du das überhaupt verstehen kannst, aber sie hilft dir nicht, den Lauf in der Zukunft weiterzuführen. Dafür brauchst du die Geistestaufe, die dir dabei helfen wird, den Lauf zu vollenden.

Für dich ist das vielleicht alles neu, aber all das steckt hinter den Kapiteln 6 – 8. Paulus schreibt nun über die Christen, die wählen können, nach dem Fleisch oder nach dem Geist zu wandeln. Einer der Gründe, warum ich mich nach dem Tod sehne ist, weil mein Körper dann aufhört und meine Sinne mich nicht mehr versuchen können. Du kannst mit einem dicken Scheck über dem Gesicht eines toten Bankers wedeln – es wird ihn nicht interessieren. Du kannst eine Leiche nicht in Versuchung führen. Jemand der gestorben ist, für den hat das Gesetz, die Sünde und die Versuchung ein Ende gefunden. Denn das sind Probleme von Lebenden, die in einer Welt der Sünde und mit einem Körper leben, der all das sehen und hören kann, was mich zurückzieht. Beginnst du, die Problematik der Heiligung zu verstehen? *Heiligung ist für den Eingang in den Himmel genauso wichtig wie die Rechtfertigung.*

Wenn die Errettung nicht auch Heiligung beinhaltet, bist du nicht bereit, in ein neues Universum einzugehen. Der

Grund, warum Gott uns von unseren Sünden, von der Strafe, der Kraft und der Anwesenheit von Sünde rettet, ist, dass er uns zubereitet, damit wir in eine neue Schöpfung eintreten können, ohne sie zu verderben. Wenn Gott uns so, wie wir sind, nur mit Rechtfertigung versehen, in den Himmel nehmen würde, würden wir ihn sehr bald für uns, für ihn und für alle anderen verderben. Bist du denn bereit, in den neuen Himmel und die neue Erde einzugehen? Nein, noch nicht, aber die Errettung wird dich dazu bereit machen, wenn du immer daran festhältst, dass Gottes Ziel für unsere Errettung nicht nur darin besteht, uns zu vergeben – das ist nur der erste Schritt auf dem richtigen Weg –, sondern uns vollkommen zu machen. An meiner Lehre gibt es etwas, was für meine Frau schwer zu glauben ist, und das ist, wenn ich ihr sage, dass eines Tages ihr Ehemann vollkommen sein wird. Es gibt einige Gründe, warum es ihr so schwerfällt, das zu glauben. Sie sagte zu mir: „Wenn ich meinen Glauben auf Erfahrungen bauen würde, könnte ich es nicht glauben." Aber sie sagte auch: „Ich werde es versuchen und meinen Glauben auf den Verheißungen Gottes bauen, nur so kann ich das glauben." Und auch ich muss glauben, dass auch meine Frau eines Tages vollkommen sein wird. Ich weiß, dass das für mich einfacher ist als für sie. Wie auch immer, bei der Errettung geht es darum, vollkommen gemacht zu werden, vollkommen in das Bildnis Gottes wiederhergestellt zu werden, bis nicht die geringste Spur von Sünde mehr in dir zu finden ist.

Deshalb muss er auch unsere Leiber erretten, denn dort sind ja noch unsere alten Angewohnheiten und die alten Spuren der Sünde vorhanden. Du kannst den Körper als den „alten Menschen" und den inwendigen neuen als den „neuen Menschen" bezeichnen, aber in jedem Christen findet ein Kampf zwischen neuem und altem Menschen statt, ein Kampf zwischen Fleisch und Geist. Christsein hat viel damit zu tun, was wir mit unserem Leib anfangen – ob der neue Mensch den alten Menschen im Griff hat oder der alte Mensch den neuen Menschen, ob der Geist über dem Fleisch oder das Fleisch über dem Geist steht. Fängst du an, den Hintergrund zu den Kapiteln 6 – 8 zu verstehen?

So dachte Paulus, und das lehrte er auch seine Neubekehrten von Anfang an. Sie verstanden, dass sie noch nicht errettet waren, sondern „auf dem Weg" waren. Wenn sie diesen Weg immer weiter beschreiten würden, im Geist wandeln, dann würden sie am Ziel der Verherrlichung ankommen. Er verspricht dir sogar einen Siegespreis, wenn du diesen Weg in rechter Weise zu Ende läufst. Paulus schaute nicht zurück und verließ sich nicht auf seine Bekehrung. Er lebte für die Zukunft – ja, er strebte darauf zu, und ließ die Vergangenheit hinter sich. Er jagt ihm nach und schaute auf Jesus, den Anfänger und Vollender unseres Glaubens. Lasst uns den Wettlauf laufen, die Sünde und alles, was uns zurückhält, loswerden, Gas geben, auf Jesus schauen. Dazu ruft mein Neues Testament auf und nicht, sich selbst zu feiern, weil man irgendwann einmal losgegangen ist. Natürlich war das ein gewaltiger Schritt, aber es gibt noch viele weitere zu gehen: Wandelt im Geist; wandelt im Licht; wandelt in der Liebe; wandelt als Söhne des Königreichs. Das Wort „wandeln" kommt immer wieder im neuen Testament vor. Christsein heißt, von deinem alten Leben in ein neues Leben zu wandeln.

Wenn Heiden zurückgehen, dann werden sie zügellos und fallen in ein sündiges Leben zurück. Wenn Juden zurückgehen, geraten sie wieder in Gesetzlichkeit, denn das Gesetz ist der Mittelpunkt des jüdischen Denkens. Sie fallen wieder dahin zurück, Gott durch das Halten des Gesetzes zu gefallen. Es gibt verschiedene Formen des Rückfalls, aber beide führen wieder in den alten Lebensstil zurück. Paulus benutzt die stärkste Verneinungsform des Griechischen, um jedem Versuch des Rückschritts entgegenzuwirken. „Niemals!" Kehre niemals wieder zur Sünde zurück! Kehre niemals wieder zum Gesetz zurück. Im Griechischen heißt es „mä genoito", wörtlich übersetzt: „Lass es nicht geschehen." Am besten übersetzt man es mit „niemals". Es wird in manchen modernen Bibelübertragungen sehr abgeschwächt übersetzt. Aber Paulus benutzte eine deutlichere Sprache. Er sagte: „Geh niemals zurück! Nimm niemals wieder die Wege des alten Lebens auf!" Ein Alkoholiker weiß genau, dass er niemals wieder Alkohol anrühren darf. Ein Christ sollte ebenso wissen, dass er niemals wieder zurückgehen und die Sünde berühren darf – nicht, nachdem du deine Reise begonnen hast. Ich möchte dir nochmals „Die Pilgerreise" zur Lektüre empfehlen. Ein faszinierendes Buch.

Wir haben drei Feinde, die uns zurückhalten wollen: Die Welt, das Fleisch und der Teufel, alle drei erreichen uns durch unsere alten Leiber, die mit ihren fünf Sinnen immer noch der alten Welt verhaftet sind. In der Stunde meines Todes werden meine fünf Sinne aufhören zu arbeiten. Halleluja – dann habe ich es hinter mir! Aber wenn du noch lebst, dann wirst du durch deinen Körper angegriffen. Sowohl die Welt als auch der Teufel werden dich mit Hilfe deines Körpers angreifen. Was wir mit unserem Fleisch tun, ist von entscheidender Bedeutung für den Sieg, den wir benötigen. Schauen wir nun die beiden Möglichkeiten an, wie du wieder im Fleisch sterben kannst, denn der Tod ist der Lohn für diejenigen, die im Fleisch leben, für das alte „Ich" und für die alte Welt.

Wir haben bereits die beiden Möglichkeiten des Rückfalls in das Fleischliche aufgezeigt: Zügellosigkeit, wozu die Heiden tendieren, und Gesetzlichkeit, wozu die Juden tendieren. Schauen wir uns zuerst die Heiden an. Das Wort „Gnade", das im letzten Satz des Kapitel 5 erwähnt wird, kann auf viele Weisen missverstanden werden. Es ist ein schönes Wort, das nur wenige andere Schreiber des Neuen Testaments verwenden. Wahrscheinlich verwendet es Paulus so oft, weil er selbst so ein großes Beispiel von Gottes

Gnade war – er, der ein Vorzeigejude war, der seinen Eifer darauf verwandte, Christen zu verfolgen und die Gemeinde zu zerstören, wurde mit einem Mal zum Diener Jesu, der Einfluss auf die gesamte heidnische Welt haben sollte. In seinem Leben ist die Gnade wirklich Realität geworden.

Heutzutage gibt es in der christlichen Welt drei Bedeutungen von „Gnade". Die richtige Bedeutung muss aber immer wieder klargestellt werden: Gnade ist eine unverdiente Gunst Gottes, ein freies Geschenk von Gott, das du dir nicht verdienen kannst, das du nicht kaufen kannst und das für dich umsonst erhältlich ist. Was aber sind die beiden falschen Bedeutungen? Erstens: Einige Christen gelangten zu der Ansicht, dass Gnade eine unwiderstehliche Kraft sei. Calvinisten glauben das und daher auch die Presbyterianer, und weil presbyterianische Missionare nach Indonesien gingen, ist das jetzt dort ein Problem. Wer diese Sichtweise hat glaubt, dass die Gnade Gottes so kraftvoll ist, dass niemand ihr widerstehen kann, keiner sie zurückweisen kann, keiner etwas dagegen tun kann. Die Gnade Gottes entscheidet, wer errettet wird, und niemand kann etwas dagegen tun. Gnade ist eine dermaßen unwiderstehliche Kraft, dass sie entscheidet, wer in den Himmel und wer in die Hölle geht. Sie entscheidet, dass, wenn du die Reise einmal begonnen hast, du sie auch erfolgreich beenden wirst, denn sie ist eine unwiderstehliche Kraft. In meinen Augen ist das eine Verhöhnung der Schriften.

Gnade ist keine unwiderstehliche Kraft. Sie bedeutet auch nicht bedingungslose Vergebung, wenn man es von einer ganz anderen Seite aus anschauen will. Ich fürchte, dass du die Quelle für diesen Unsinn in Singapur findest. Dort wird gelehrt, dass du nicht Buße tun musst, um Vergebung zu erlangen – dass die Vergebung bedingungslos ist, und wenn du zu Christus kommst, auch all deine zukünftigen Sünden vergeben sind, gerade so wie deine vergangenen Sünden.

Du hast es nie wieder nötig, Sünden zu bekennen, damit dir vergeben werden kann. Diese Lehre nennt man „freie Gnade", während man die zweite falsche Bedeutung „souveräne Gnade" nennt. Ich glaube, dass Gnade unverdiente Gunst Gottes bedeutet, der man durchaus widerstehen und sie abweisen kann, die aber, wenn sie angenommen wird, das schönste auf der Welt ist – die Gnade unseres Herrn Jesus Christus sei mit dir. Behalte es dir, das Wort „Gnade" hat drei verschiedene Bedeutungen, von denen zwei in die Irre leiten und eine dir große Freude und Frieden bringen.

Es geht nun um Fragen bezüglich der Gnade, mit denen Paulus sich jetzt beschäftigt, und es geht um den Nutzen, den Menschen aus dieser Gnade ziehen können, wenn sie sie richtig anwenden. Er führt nun einen imaginären Dialog bezüglich der Gnade, aber ich bin mir sicher, dass ihm genau diese Fragen schon oft gestellt wurden. Diese Fragen beginnen immer mit denselben Worten: „Was sollen wir dazu sagen?" Dann kommt die Frage, und dann beginnt Paulus seine Antworten immer mit dem Wort „Niemals!" Deshalb scheint es so, als ob seine negativen Antworten sehr deutlich ausfallen.

Die erste Frage in Kapitel 6 ist: „Sollen wir fortfahren zu sündigen, damit die Gnade umso größer wird?" Sollen wir fortfahren zu sündigen, damit, wenn Gottes Gnade diese Sünde vergibt, mein Sündigen weitere Gnade produziert? Je mehr ich sündige, desto mehr Gnade kann er für mich haben. Jesus sagte zwar: „Je mehr dir vergeben ist, desto mehr wirst du mich lieben", aber er wäre entsetzt über diese aus logischen Überlegungen resultierende Frage: Wenn mein Sündigen Gottes Gnade produziert, dann lasst uns doch ein wenig mehr sündigen – dann haben wir mehr Gnade. Es ist ein wenn auch logisches so doch ein teuflisches Argument. Wenn der Teufel deine Gedanken im Griff hat, dann lässt er dich alle Arten von Scheußlichkeiten denken.

Was soll man solchen Menschen antworten? Man antwortet ihnen zunächst mit der Wassertaufe und was in der Taufe geschehen ist. Wenn du Pech hast, dann bist du in Wasser getauft worden, ohne zu erkennen, was eigentlich geschehen ist, als du ins Wasser getaucht und wieder hervorgeholt wurdest. Wusstest du, was Gott dabei tat? War dir bewusst, was du dabei tatest, außer dass du vor ein paar herumstehenden Leuten nass wurdest? Es war nicht nur ein „Nässezeugnis". Es geht etwas Grundlegendes während der Wassertaufe vor sich. Ich rede nicht davon, dass man einem Säugling etwas Wasser auf die Stirn sprenkelt. Ich rede von der Gläubigentaufe durch Untertauchen, wenn du in das Wasser hinabsteigst, wo du ertrinken würdest, wenn man dich da unten lassen würde. Es ist nämlich ein Tod. Unsichtbar für andere wirst du begraben, und du stehst wieder auf, aber es bedeutet noch viel mehr. Du magst in Wasser getauft sein, aber du bist ebenso in Christus getauft worden. Paulus lehrt, dass man sich in der Taufe mit ihm vollkommen identifiziert. Du weißt, dass du in Christus und deshalb auch in seinen Tod hinein getauft worden bist. Wenn du wieder herauskommst, gleicht das seiner Auferstehung, du erstehst sozusagen auf zu neuem Leben. Wie kannst du nach alledem nur davon reden, wieder zu sündigen, um mehr Gnade in die Welt zu bringen. Es stände im totalen Widerspruch zu einer Taufe.

Darf ich es so ausdrücken? Wenn du Christ wirst, erkennst du, dass Jesus für dich starb und für dich wieder auferstand. Wenn du reifer wirst, verstehst du, was eigentlich geschah: Du bist in ihn hinein getauft worden, und deshalb bist du mit ihm gekreuzigt worden und dann bist du mit ihm auferweckt worden. Das passierte bei deiner Taufe. Deshalb fordert uns das Neue Testament auf: Weil du mit Christus gekreuzigt wurdest, deshalb töte dein Fleisch. Kreuzige den Teil von dir, der noch an der alten Welt hängt. Das schaffst du durch die Kraft des Heiligen Geistes. Jeder Christ sollte ein Mörder sein, und zwar ein Mörder seines alten Lebens. Du schaffst das. Die Kraft des Heiligen Geistes befähigt dich, sich mit ihm zu identifizieren. Du bist nicht nur mit Christus gekreuzigt, sondern du bist auch mit Christus auferstanden, du bist mit Christus in den Himmel aufgefahren und du sitzt mit ihm an himmlischen Orten. Das alles geschah mit dir. Du bist in ihn hinein getauft worden. Bei der Taufe hast du nicht deinen eigenen Namen bekommen. Du hast seinen Namen bekommen. Du bist nun in ihm, allein deine Taufe genügt, um dich davon abzuhalten, von der Sünde auch nur zu reden. Du bist der Sünde gekreuzigt, ebenso wie er für die Sünde gekreuzigt wurde. Du bist zu neuem Leben auferweckt worden ebenso wie er. Das ist die erste Antwort auf diese Frage.

Die zweite Antwort geht noch einen Schritt weiter. Sie besagt, dass das, was du von nun an mit deinem Körper tust, von entscheidender Bedeutung sein wird. Du kannst deinen Körper wieder zu einem Werkzeug der Sünde machen oder du kannst deinen Körper zu einem Instrument der Gerechtigkeit machen. Du hast die Wahl. Warum sollten wir noch weiter sündigen, wenn du doch getauft wurdest und dem alten Leben Lebwohl gesagt hast? Ich habe schon viele wundervolle Beispiele von Wassertaufen erlebt, die wirklich ein altes Leben beendet haben. Es war z.B. ein Rocker der Hell's Angels, der ein Teufelstattoo auf seinem Körper hatte. Er wurde in Christus getauft und kam aus dem Wasser, nicht aber sein Tattoo. Der Teufel wurde in der Taufe von ihm abgewaschen. Das geschah in unserer Heimatstadt. Das war real! Wenn du ihm erzählen würdest, dass die Taufe nur ein Symbol ist, würde er dich auslachen. Er würde sagen: „Die Taufe hat den Teufel aus mir verjagt." – aus seinem Körper. Dieser junge Mann ist jetzt ein Werkzeug der Gerechtigkeit geworden. Er benutzt seinen Körper auf richtige Weise. Merkst du den Unterschied?

Ich kann mich daran erinnern, wie ich einmal das Taufbecken in unserer Gemeinde leerte und auf dem Grund des Beckens eine Tabakspfeife und ein durchnässter Tabakbeutel lagen. Da dachte ich mir: „Hier hat wirklich jemand sein altes Leben abgelegt." Ich habe nichts dagegen, wenn die Taufe zu einem Müllplatz wird, dafür ist sie ja gemacht. Ich könnte noch vieles von dem erzählen, was sich bei der Taufe ereignet. Sie ist weder ein reines Symbol noch ein „nasses Zeugnis". Viele Baptisten meinen, dass sie nur das ist. „Bist du bereit, vor den anderen klatschnass dazustehen? Gut, dann ist das vor dem Herrn deine Pflicht." Aber es hat nichts mit alldem zu tun, es bedeutet in Christus „hineinzugehen." Wer seine Taufe richtig versteht, der wird nicht länger sündigen wollen. Wer sein altes Leben begraben hat, möchte nicht, dass das alte Leben wieder auferweckt wird. Ich fasse zusammen: Es kommt darauf an, was du mit deinem Leib tust. Stelle den Leib nicht der Sünde zur Verfügung, stelle ihn der Gerechtigkeit zur Verfügung. So kannst du das Fleisch überwinden. Damit stellst du ihn dem richtigen Herrn zur Verfügung.

Wir haben gesehen, dass du jetzt der Sünde gestorben bist und für Gott lebst. Wenn du Christ wirst, tauschst du den einen Sklavendienst gegen den anderen Sklavendienst aus. Jeder Mensch in dieser Welt ist ein Sklave. Diesen Ausdruck mögen wir heutzutage nicht. Es ist politisch unkorrekt, so etwas zu sagen, dennoch ist es wahr. Jesus sagt: „Wer die Sünde tut, ist der Sünde Sklave." Sie wird dein Herr. Du wirst von der Sünde abhängig, aber wenn du Christ wirst, tauschst du diese Sklaverei gegen eine andere aus. Jetzt bist du an Gott gebunden. Paulus scheut sich nicht, die Metapher „Sklaverei" zu verwenden. Wir haben „Sklaverei" zu „Dienst" abgemildert, Paulus aber sagte: „Ich bin ein Sklave Jesu." Ein Sklave hat keine eigenen Rechte. Er ist mit einem Kaufpreis erkauft worden. Er hat kein eigenes Geld, kein eigenes Essen. Er ist von seinem Herrn und Meister vollkommen abhängig. Das nennt man Sklaverei. Paulus lehrt, dass wir uns selbst für Sklaven Christi halten sollen, an die Gerechtigkeit gebunden. Wenn du das einmal verstanden hast, dann setze es in die Praxis um, indem du dich für einen Sklaven hältst (Römer 6,11). Interessanterweise benutzt Paulus diesen Ausdruck „sich halten für" in dem Sinne einer geistigen Übung. So wie Gott dich nun für gerecht hält – so musst du auch ihn wählen, dich selbst für tot rechnen und dich für einen Sklaven des Guten rechnen. Aber dann fügt er hinzu, dass die Sklaverei für Gott viel besser ist als die Sklaverei für den Teufel. Als Sklave Gottes bekommst du das kostenlose Geschenk des ewigen Lebens. Wenn du Sklave der Sünde bist, bekommst du auch deinen Lohn, der Lohn der Sünde aber ist der Tod. Wenn du Sklave Gottes bist, dann bekommst du das ewige Leben. Was für ein Unterschied!

Möchtest du am Ende lieber den Tod oder das Leben haben? Werde ein Sklave des Herrn! Du bist mit ihm gekreuzigt. Du bist mit ihm auferstanden. Du bist mit ihm in den Himmel aufgestiegen. Also, werde sein Sklave. Rechne dich für gebunden. Rechne dich selbst für tot. Wir müssen dieselbe Rechnung wie Gott aufstellen. Als er dich rechtfertigte, hat er auch eine Abrechnung gemacht. Darauf müssen wir antworten, indem wir ständig von uns denken „Ich bin tot; ich bin gebunden; ich bin ein Sklave."

In England gab es einmal zwei Schuljungen, sie waren enge Freunde, verloren sich aber aus den Augen, nachdem sie die Schule verlassen hatten. Einer fand zu Christus und wurde ein Baptistenpastor in London. Der andere ging buchstäblich zum Teufel, wurde drogensüchtig, kriminell und lebte ein schlimmes Leben. Mit 24 Jahren stand er kurz vor dem Selbstmord. Dann kam ihm ein Gedanke. „An der Schule war doch so ein netter Junge. Wenn ich ihn wieder treffen würde, könnte er mir vielleicht helfen." Er wusste aber nicht, wo er ihn finden könnte. Ihm viel nichts Besseres ein, als zur nächsten Wahrsagerin zu gehen und sie zu fragen, wo sein Freund ist. Die Wahrsagerin sagte tatsächlich: „Er ist im Norden von London, ich kann das Haus, in dem er wohnt, beschreiben." Sie beschrieb sein Haus gegenüber einem Park, sie beschrieb die Farbe der Haustür im Detail. Der junge Mann machte sich von Bristol, wo er wohnte, auf den Weg und suchte mehrere Tage im Norden Londons, bis er schließlich das Haus fand. Die Wahrsagerin hatte ihm aber noch eine Sache mitgegeben: „Ich muss dir leider sagen, dass dein Freund tot ist. Ich kann dir sogar das Todesdatum sagen", was sie ihm auch mitteilte. Er fand das Haus, ging zum Eingang und klingelte. Die Tür öffnete sich und da stand sein Freund, der Baptistenpastor. Der junge Mann sagte: „Ich war bei einer Wahrsagerin, sie sagte mir, wo du wohnst, aber sie sagte mir auch, dass du schon tot seist." Der Pastor sagte: „Komm rein, wir reden darüber." Der junge Mann sagte: „Sie hat mir sogar dein Todesdatum verraten." Der Pastor: „Welches Datum war es denn?" Er sagte es ihm, und der Baptistenpastor sagte: „Stell dir vor, das war das Datum meiner Taufe!"

Die geistliche Welt kennt das Datum deiner Taufe. Ist das nicht erstaunlich? Seit deiner Taufe bist du der Sünde gestorben und ein Sklave Christi geworden. Sag es dem Teufel: „Ich bin getauft, ich bin tot, ich bin begraben, ich bin jetzt an einen anderen gebunden und du kannst mir nichts mehr anhaben." Versuch es. Das ist kein Bluff. Der Teufel blufft. Das, was er macht, das muss man bluffen nennen. Er kann dich durch die Welt, deinen alten Menschen und deine Sinne packen. Sage ihm einfach, dass er in die Hölle gehen soll, und schau was passiert. Das meine ich ganz ernst. Paulus sagte, rechne dich selbst für tot und setze es in die Tat um, dann wird es für dich Wirklichkeit. Ich habe Menschen schon dabei angeleitet, und sie haben entdeckt, dass es wahr ist. Du stellst das Bluffen des Teufels bloß, und er kann nichts weiter gegen dich unternehmen. All das steht in Kapitel 6.

Wenn Heiden wieder zurück in Zügellosigkeit fallen und dem Streben des Fleisches nachgeben, dann zieht ihr altes Leben sie wieder zurück. Nebenbei bemerkt, unsere Kirchengebäude würden platzen, wenn wir alle die Leute, die den Weg der Errettung begonnen und nicht beendet haben, bei uns hätten halten können. Ich habe die letzte Evangelisation von Billy Graham in London genauer untersucht und herausgefunden, dass nur jeder sechzehnte, der dem Altarruf folgte, nach fünf Jahren immer noch mit dem Herrn geht. Von sechzehn Menschen, die nach vorne kamen, geht nur einer mit dem Herrn. Ich fürchte, dass dies, wenn wir ehrlich sind, auf viele Evangelisationsveranstaltungen zutrifft. Weil wir ihnen gesagt haben: „Geh diesen einen Schritt, sprich das Bußgebet, dann bist du drinnen, du bist sicher." Sie haben natürlich sofort angenommen, dass sie diese eine Linie überschreiten müssen, ob sie sich dann später taufen lassen oder nicht. Ihnen wurde nicht gesagt: „Du hast nun eine Reise begonnen, einen Weg im Geist, der dich am Ende in den Himmel bringt, aber es ist ein Weg. Es ist eine Pilgerreise." Wem wurde das beim Altarruf gesagt? Man muss ihnen sagen, dass es ein Kampf wird.

Wir haben schon gesagt, dass Juden, wenn sie in Versuchung fallen, wieder zur Gesetzlichkeit umkehren, und versuchen durch das Halten des Gesetzes, gut in den Augen Gottes zu sein. So schaut der Rückfall bei ihnen aus. Das Wort „Gesetz" taucht in Kapitel 7 vierundzwanzig Mal auf. In Kapitel 7 redet Paulus zu den Juden als Jude. Das Wort „Gesetz" wird auf mindestens drei Arten verwendet, was beim ersten Lesen ein wenig irreführend sein kann. Als erstes will er dem Juden verdeutlichen, dass du nun dem Gesetz gestorben bist. Er verwendet dafür als Bild das Ehe- und Scheidungsgesetz. Er sagt: „Kennt ihr denn nicht das Gesetz über Scheidung und Wiederheirat?"

Ich denke, dass er hier das göttliche Gesetz zitiert und nicht das römische oder jüdische Recht, denn das göttliche Gesetz ist strenger als die beiden. Jesus sagte uns das göttliche Gesetz: Wenn sich irgendjemand scheiden lässt und wieder heiratet, begeht er Ehebruch. Weil Ehebruch nur von einer verheirateten Person begangen werden kann, bedeutet das, dass Gott Scheidungen nicht anerkennt und du immer noch mit deinem ersten Partner verheiratet bist. Wenn du einen anderen heiratest, begehst du Ehebruch gegenüber deinem ersten Partner. Das ist das Gesetz, so Paulus. Er fährt damit fort, dass, wenn eine Frau oder ein Mann jemanden anderen als seinen Gatten heiratet, während der Gatte noch lebt, er Ehebruch gegen den verheirateten Partner begeht. Das ist harte Rede. Du weißt bestimmt, dass in der westlichen Welt die Scheidungs- und Wiederheiratsquoten innerhalb und außerhalb der Kirche gleich sind. Die Lehre des Herrn wird ignoriert. Sein Gesetz wird weit verbreitet gebrochen. Um England steht es innerhalb der Kirche mittlerweile genauso schlecht wie um Amerika. Viele evangelikale Leiter, landesweite Leiter in England haben die zweite oder dritte Frau. Es ist allgemein akzeptiert. Niemand erwähnt Gottes Gesetz darüber. Ich habe über dieses Thema ein Buch geschrieben mit dem Titel „Wiederheirat ist Ehebruch, es sei denn..."

Hier dient die Ehe zur Verdeutlichung. In dem Moment, wo dein Gatte gestorben ist, bist du vollkommen frei, jemand anderen zu heiraten. Ich habe schon eine Reihe von sehr schönen zweiten Hochzeiten begleitet, wo der Gatte sogar erst ein paar Monate tot war. Eine war die von einem Baptistenpastor, dessen Frau bei ihrem Tod sagte: „Wenn du alleine bleibst, wird das nicht gut gehen, du brauchst eine Frau, die auf dich aufpasst, heirate doch diese Dame hier." Es war übrigens die Enkelin des großen Spurgeon. Ich traute sie zwei Monate nach dem Tod der Frau, und es war eine glückliche Ehe. Der Pastor hatte die Freiheit dazu. Der Tod beendet eine Ehe. Und in Gottes Augen gibt es sonst nichts, was eine Ehe beendet. Deswegen sagt Paulus: „Du siehst, dass man das Gesetz nicht auf Tote anwenden kann." Wenn du tot bist, dann bist du vom Gesetz befreit. Damit schwenkt Paulus über und redet über das Gesetz des Moses, das er mit dem Ehegesetz gleichsetzt. Als du mit Christus gestorben bist, starbst du dem Gesetz. Für dich gilt das Gesetz des Moses nicht mehr. Dank sei Gott dafür! Es gibt im Gesetz des Moses 613 einzelne Gebote, und die meisten von ihnen könnte ich nicht halten. Ich habe einmal drei Rabbis herausgefordert. Ich habe sie alle drei beschuldigt, dass sie das Gesetz des Moses nicht halten, und sie waren ziemlich wütend. Ich zitierte ihnen einige Gesetze und sie sagten: „Ja freilich, dieses können wir heutzutage nicht mehr halten, denn wir haben keinen Tempel mehr" und „Ja freilich, der Oberrabbiner erlaubt uns stattdessen etwas anderes zu tun." Alle drei führten Entschuldigungen dafür an, dass sie das Gesetz des Moses nicht halten. Ich erinnere mich noch, dass einer von ihnen mich anschaute und sagte: „Was bist du eigentlich, reformiert oder orthodox?" Sie dachten, dass ich Jude sei. Meine Nase hat sie wahrscheinlich auf die falsche Fährte gelockt. Schließlich sagte er: „Ich weiß, wer du bist, du bist ein Christ und glaubst, dass du nicht unter Moses Gesetz bist, nicht wahr?" „Ja", sagte ich „und du glaubst nicht, was das für eine Erleichterung ist!" Wir hatten dann noch eine gute Unterhaltung. Das war in einem Flugzeug. Ich hatte diesen Flug nach Israel gerade noch so ergattert, weil ich bereit war, auf den Notsitzen der Flugbegleiter zu sitzen, dafür war er ziemlich billig, aber das ist eine andere Geschichte.

Ich muss nicht das Gesetz des Moses halten, nicht einmal die 10 Gebote. Einige von ihnen werden im neuen Testament wiederholt, und diese sind für mich bindend, aber an das Sabbatgebot bin ich nicht gebunden. Ich bin auch nicht an das Gebot des Zehnten gebunden. Ich wundere mich, dass so viele Pastoren den Zehnten predigen. Dabei gehört das doch zum alten Bund. Ich predige das Geben und nicht den Zehnten. Der Zehnte war eine Steuer für die Juden. Der Sabbat war eine Steuer auf ihre Zeit und der Zehnte war eine Steuer auf ihr Einkommen. Gott erhebt im neuen Testament keine Steuern. Er liebt einen fröhlichen Geber; und das bedeutet nicht, dass du den Opferbeutel anlächeln sollst, sondern es bedeutet, dass jemand gibt, weil er es möchte. Unter dem neuen Bund möchte Gott dein Geld nicht, wenn du es ihm nicht geben willst. Aber wenn du die Gnade wirklich verstehst, dann möchtest du gerne viel mehr als nur den Zehnten geben. Für viele Gemeindemitglieder in unseren heutigen Gemeinden (alleinstehende Mütter usw.) wäre der Zehnte viel zu hoch, andererseits ist der Zehnte für den Durchschnittschristen viel zu wenig. Lehrt doch bitte neutestamentliches Geben und erspart den Leuten das Gesetz des Moses. Wir sind unter dem Gesetz Christi. Wir sind unter dem Gesetz des Geistes. Wir sind in einem neuen Bund und das Gesetz ist in unsere Herzen geschrieben, anstatt auf steinerne Tafeln.

Das Hauptargument, das Paulus aufführt, ist das gleiche, das er auch den abgefallenen Heiden, die in Zügellosigkeit leben, entgegenhält: Du bist mit Christus gekreuzigt und du bist mit Christus auferstanden – du bist jetzt dem Gesetz gestorben. Du bist mit Gott verheiratet. Du hast einen neuen Partner. Du bist an Gott gebunden. Das alte Leben mit den sündigen Leidenschaften ist beendet. Das neue Leben hat begonnen – ein Leben im Geist, ein Leben des Dienstes an Gott und den Menschen. In Kapitel 7,7-25 schreibt er über das Leben unter Gesetz. Hier gehen die Meinungen sehr auseinander. Spricht Paulus jetzt als Christ oder beschreibt er die Zeit, bevor er Christ wurde? Dieser Teil des Briefes ist sehr persönlich. Das persönliche Fürwort „ich" erscheint immer wieder. In nur wenigen Versen sagt er 44 Mal: „ich", „mich", „meiner", „mir". Hier spricht er eindeutig aus eigener Erfahrung.

„Oh, ich elender Mensch! Wer wird mich erlösen?" Das ist ein Herzensschrei. Das muss echt sein. Durchlebt er hier noch einmal seine Tage vor der Erlösung oder seine Tage danach? War das der Kampf, den er durchlebte, bevor er Christus kennenlernte, oder ist das ein Kampf, den ein Christ haben kann? Mein Bücherregal ist voll von Büchern, worin Theologen darüber streiten. Ich glaube, dass beides zutrifft. Der erste Abschnitt (Kapitel 7,7-13) ist in der Vergangenheitsform geschrieben und bezieht sich ganz klar auf den Paulus vor seiner Bekehrung. In den Versen 14-25 beschreibt er meiner Meinung nach seine Zeit nach seiner Bekehrung, denn er sagt: „Mein Sinn erkennt das Gesetz Gottes an, mein Sinn möchte Gott dienen und gemäß seinem Gesetz leben, aber mein Leib hat eine Gesetzmäßigkeit, die das nicht kann." Ich denke, dass er hier das Spannungsfeld beschreibt, in welches ein Christ hineingeraten kann, der es aus eigener Kraft zu erreichen versucht. So sagt er: „Ich selbst diene dem Gesetz", aber dann sagt er im Galaterbrief: „Was ich aber jetzt lebe, lebe nicht mehr ich, nicht ich bin es."

Ich teile diesen Abschnitt also nochmals in zwei Teile. Der erste Teil in der Vergangenheitsform Vers 7 – 13 beziehen sich auf die Zeit vor seiner Bekehrung – das Gesetz gereichte ihm zur Sünde. Das Gesetz ließ die Sünde zunehmen. Er kannte nicht die Sünde des Begehrens, bis nicht das Gesetz sagte: „Du darfst das nicht." Es ist allseits bekannt: Wenn man einer Person etwas Negatives sagt, bewirkt man damit, dass diese Person das Negative um so mehr tun möchte. „Du darfst das nicht anfassen!" – du willst es anfassen! Mit meinem Berater besprach ich einmal ein paar Geschäftsmethoden. Wenn du mit anderen Geschäftsleuten unter negativem Vorzeichen verhandelst, erweckst du in ihnen eine negative Grundhaltung. Aber wenn du dich positiv ausdrückst, dann reagieren sie auch positiv. Im Gesetz ist viel Negatives enthalten: „Du darfst nicht" ist viel häufiger als „Du darfst". Am Gesetz war nichts verkehrt. Paulus lehrt, dass es gut, heilsam und heilig war. Es war Gottes Gesetz, aber mit mir stimmt etwas nicht, der ich immer das tun will, was man mir verbietet.

Ich erinnere mich an einen Burschen beim Militär, der zu mir sagte: „Pater, du glaubst doch nicht etwa an die Geschichte vom Paradies, oder?" Ich antwortete: „Ich will dir mal eine andere Geschichte erzählen. Nehmen wir einmal an, ich fahre dich in eine riesige Bibliothek mit Tausenden von hochinteressanten Büchern und lasse dich dort alleine. Irgendwann entdeckst du einen Buchrücken mit der Aufschrift: „Nicht für Heranwachsende unter 21 Jahren!" (Er war übrigens 19 Jahre alt). Ich sagte: „Ich lasse dich so lange du willst in dieser Bibliothek ganz alleine. Wenn du willst, dann kannst du dein Leben lang die ganzen interessanten Bücher studieren. Aber dieses eine Buch darfst du nicht anfassen!"

Der junge Mann sagte: „Jetzt glaube ich die Geschichte vom Paradies!"

Es liegt in unserer menschlichen Natur „Nicht anfassen!" Wie geht es dir damit? Warum sollte man das nicht doch anfassen? Genau das macht das Gesetz mit dem Menschen, nicht weil es ein schlechtes Gesetz wäre, sondern weil ein gutes Gesetz schlechte Menschen dazu bringt, gegen es zu verstoßen.

Vor seiner Bekehrung, als Jude, der Gesetz halten will, spürte Paulus, wie das Gesetz die Sünde in seinem Inneren erregte. Er bekannte, dass er das eine Gesetz, nämlich das

„Begehre nicht!" niemals gehalten hatte. Die Pharisäer – Paulus war ein Pharisäer – waren notorisch geldliebend. Wenn ihnen geboten wurde, nicht zu begehren, dann begehrten sie. So brachte das Gesetz die Sünde in das Leben des Paulus vor seiner Bekehrung, nicht aber weil das Gesetz selbst etwa Sünde gewesen wäre. Paulus beginnt den Abschnitt mit einer Frage: „Was sollen wir hierzu sagen? Ist das Gesetz Sünde? Niemals!" Da haben wir das „niemals" wieder. Das Gesetz war heilig und gut – Gottes Gesetz, sein heiliges Gesetz – aber schlechte Menschen können es nicht halten und werden sogar noch dazu angeregt, es zu brechen, wenn ihnen befohlen wird, bestimmte Dinge nicht zu tun.

Das war der Paulus in der Zeit vor seiner Bekehrung, aber in Vers 14 – 25 muss er bereits ein Christ gewesen sein. Sein Sinn war verändert. Sein Sinn wollte das Gesetz nicht mehr brechen. Sein Sinn hatte Wohlgefallen am Gesetz Gottes. Sein Sinn wollte das Gute tun, aber er konnte es nicht lassen, das Böse zu tun. Er sagt: „Das ganze Dilemma kommt davon, dass es zwei Gesetzmäßigkeiten gibt. Einmal das Gesetz Gottes, das in meinem Sinn ist, und dann ein anderes Gesetz, das in meinen Gliedern ist." Und das ist das Gesetz der Sünde. Es ist das gleiche Problem. Offensichtlich hatte es auch in seinem persönlichen christlichen Leben eine Krise gegeben, als nämlich das große „ich" überhandgenommen hatte – und es für das andere „ich", welches eigentlich das Gute tun wollte, unmöglich war, das Böse zu vermeiden. Er beschreibt hier diese Erfahrung, die viele Christen machen, und endet mit der Frage: „Wer holt mich aus diesem Spannungsfeld heraus?" Sofort liefert er die Antwort: Ich danke Gott, dass es einen Ausweg gibt und dass es Befreiung gibt. Wer wird mich aus diesem Spannungsfeld befreien? Ich danke Gott durch Jesus Christus, dass es einen Ausweg gibt. Dies führt uns geradewegs in Kapitel 8, wo uns der Ausweg aus dem Kampf zwischen Fleisch und Geist gezeigt wird.

Leben im Geist; Tot im Fleisch - entweder durch Zügellosigkeit oder Gesetzlichkeit – beides bringt als Lohn den Tod; wir aber wenden uns dem Leben im Geist zu. Endlich kommen wir aus dem Wolkendunkel in den Sonnenschein des Kapitels 8. Bedenke nochmals, dass es ursprünglich keine Kapitel und Verseinteilungen gab. So geht Paulus vom Kampf in Kapitel 7, aus dem er errettet werden muss, direkt zur Befreiung und kann Gott zunächst nur dafür danken. Drei Dinge sind für das Leben im Geist charakteristisch: Freiheit, Frustration und Furchtlosigkeit.

Zuerst zur Freiheit – „Das Gesetz des Geistes des Lebens hat mich freigemacht vom Gesetz der Sünde und des Todes." Mit anderen Worten, aus diesem Kampf komme ich nur durch den Geist heraus, der mich befreit. Diese beiden Kapitel 7 und 8 müssen zusammengelesen werden. Denn was das Gesetz nicht schaffte, tat Gott, indem er seinen Sohn in der Gleichgestalt des sündigen Fleisches sandte. Viele Christen haben diesen Satz nicht verstanden, aber er sagt uns, dass Christus mit sündhaftem Fleisch geboren wurde. Er ererbte es von seiner Mutter. Denke es einmal zu Ende. Die Katholiken lehren, dass seine Mutter Maria unbefleckt war. Ihre unbefleckte Empfängnis Jesu entzog sich der normalen physischen Vererbungsgesetze. Jesus wurde ohne sündhaftes Fleisch geboren, weil Maria auch ohne Sünde war. Ich kann dies beim besten Willen nirgendwo in der Bibel finden. Was ich finden kann, ist dass die Protestanten denken, dass Jesus unbefleckt empfangen wurde und dass er von Maria geboren wurde und dass sie wiederum in sündhaftem Fleisch geboren wurde. Dieses Wort „in Gleichgestalt" (des sündigen Fleisches) hat manche Leute aus dem Konzept gebracht. Es ist dasselbe Wort, das auch im Philipperbrief Kapitel 2 verwendet wird, wo es heißt, dass Jesus in Gleichgestalt eines Menschen erfunden wurde. Es ist nicht nur ein Erscheinungsbild von einem Menschen, sondern es bedeutet genaue Nachbildung oder Reproduktion.

Ich bin dankbar, dass Jesus dieselben Kämpfe wie ich kämpfen musste. Ich muss mit der Welt, mit dem Fleisch und mit dem Teufel kämpfen. Wenn du glaubst, dass Jesus unbefleckt empfangen wurde, dann hätte er nicht mit dem Fleisch kämpfen müssen, er hätte dann nie meine Kämpfe führen müssen. Aber er erbte das sündige Fleisch von seiner Mutter und er überwand. Er überwand die Welt, er überwand den Teufel und er überwand das Fleisch. Ehre sei dir, Jesus! Du wurdest Sieger über alle Feinde, die auch ich habe und du hast sie alle überwunden. Jesus hat niemals gesündigt. Das ist sehr wichtig und du solltest darüber nachdenken. Er wurde in Gestalt des sündigen Fleisches geboren, aber er sündigte niemals – das ist herrlich! Das bedeutet, dass er mir in meinem Fleisch helfen kann. Er kann mir in all meinen Versuchungen helfen, denn auch er wurde in allen Punkten versucht, genauso wie jeder andere. Die meisten Versuchungen kommen aus unserem Fleisch. Auch er hatte sie, aber er überwand sie. Er hilft dir, ebenso zu überwinden. Halleluja!

Wir fassen zusammen, in Christus haben wir die Wahl: Mit seinem Geist, der in uns ist, können wir entweder gemäß dem Fleisch oder gemäß dem Geist leben. Du stehst jeden Tag deines Lebens und bei jedem Schritt deiner Reise zur Errettung vor der Wahl. Bei jeder einzelnen Entscheidung kann man sich entweder für das Fleisch oder für den Geist entscheiden. Ungläubige haben diese Wahlfreiheit nicht. Sie haben den Geist nicht empfangen. Sie müssen sich immer für das Fleisch gemäß dieser alten Welt entscheiden, wobei ihr Geist sich dem Leib anpasst. Sie alle gehören dieser Welt an, wir aber haben die Wahl und können jeden Morgen beim Aufstehen entscheiden: „Will ich heute im Geist wandeln?" oder „Will ich heute im Fleisch wandeln?" Grundsätzlich gilt: Es gibt keine Verdammnis für die, die im Geist sind, denn Jesus nahm die Verdammnis für uns auf sich. Jesus kam in unserem sündhaften Fleisch, überwand und starb im Fleisch. Deshalb kann er in uns den Sieg haben und uns diese Wahl ermöglichen.

Deshalb gibt uns Kapitel 8,9-17 die Bedingungen für diese Wahl. Ein wichtiges Wort erscheint in dieser Passage sechs Mal, nämlich „wenn". *Wenn* wir gemäß dem Fleisch leben – dann wird dies und jenes passieren. *Wenn* wir gemäß dem leben, was der Geist uns eingibt – dann wird dies und jenes passieren. Im Christsein gibt es ein großes „WENN". Es heißt sogar „wenn der Geist wirklich in dir wohnt". Wenn nicht, dann gehörst du noch nicht einmal dazu. Das steht in Vers 8 und 9. *Wenn* du vom Fleisch beherrscht wirst, passiert dieses; *wenn* du vom Geist geleitet wirst, dann kommt das dabei heraus. Paulus spielt alles durch und gibt uns viele Beispiele, wenn wir entweder das eine oder das andere tun. Wenn wir im Geist wandeln, dann werden wir durch den Geist geleitet, dann werden wir ganz natürlich ausrufen „Abba, Vater!" Wenn wir im Geist wandeln, dann haben wir diese Art von Beziehung zu Gott – wie kleine Kinder werden wir Gott als Vater wahrnehmen, so wie kleine Kinder ihre Eltern wahrnehmen. Es heißt, geleitet durch den Geist. Wenn du im Fleisch wandelst, wirst du nicht durch den Geist geleitet sein, aber wenn du im Geist wandelst, wirst du durch den Geist geleitet sein, denn wir sind Söhne Gottes. Wenn wir Söhne Gottes sind, so Paulus, werden wir auch Erben Gottes sein. Wir werden alles erben, was Gott gehört. Wir werden die Haupterben gemäß Gottes Willen sein. Aber es gibt Bedingungen - und ich lasse dich jetzt selbst all dies sorgfältig durchlesen. Das letzte große „WENN" ist: *Wenn* wir mit ihm leiden, werden wir auch mit ihm verherrlicht werden. Wenn man versucht, dem Leid aus dem Weg zu gehen, versucht man damit, der Herrlichkeit aus dem Weg zu gehen. Gehe durch all die „wenn" in dieser

Passage hindurch und sieh in welchem Maße du es erfüllst.

Das nächste Thema ist die *Frustration*. Es ist schon befremdlich, das in Zusammenhang mit dem Leben im Geist zu bringen. Wenn wir im Geist leben, sind wir dann nicht frei? Wir können jetzt doch ganz entspannt sein. Wir haben keine Sorgen mehr. Aber Tatsache ist, wenn du im Geist wandelst, wirst du frustriert werden. Je mehr du im Geist wandelst, desto frustrierter wirst du. Warum? Weil wir immer noch in einer sündigen und traurigen Welt leben. Nicht nur die menschliche Natur ist gefallen, sondern auch die Natur selbst ist gefallen. Die Schöpfung ist gefallen. Die Sünde hat nicht nur die menschlichen Wesen ergriffen. Ein englischer Dichter spricht von der grausamen Natur. (Nature, red in tooth and claw). Wo du auch hinblickst, kannst du es erkennen. Die Natur ist grausam, sie befindet sich im Krieg. Darwin sagte, dass es einen Existenzkampf zwischen den überlegenen und unterlegenen Rassen gibt. Er sah diesen Kampf überall in der Natur. Die Natur spiegelt unsere Frustration wider.

Worin besteht diese Frustration? Ganz einfach, wir sehnen uns danach, im neuen Universum zu sein. Wir wissen, dass es kommen wird, und sind frustriert, weil wir noch nicht darin leben können. Wir sehnen uns nach dem Tag, wo wir als Söhne Gottes vollständig befreit sind. An diesem Tag werden wir unsere neuen Leiber bekommen. Interessanterweise seufzt auch die Natur selbst nach diesem Tag, wenn wir unsere neuen Leiber bekommen werden, denn es wird eine verwandelte Natur zur Folge haben. Dies kann man im Propheten Jesaja nachlesen. Auch die Natur wird erlöst werden. Christus begnügt sich nicht damit, Menschen zu erlösen, er wird alles erlösen und alles wird neu werden. Es wird ein neues Universum kommen, eine ganze neue Welt, in der wir leben werden. Diese jetzige Welt aber seufzt und liegt in Geburtswehen. Von jedem Erdbeben werde ich daran erinnert, wenn die Erde stöhnt und kämpft. Aber ich kann dir versprechen, auf der neuen Erde wird es keine Erdbeben mehr geben. Es wird ganz anders sein. Du stöhnst, wenn du frustriert bist, wenn du gerne an einem anderen Ort und nicht hier wärest. Wir stöhnen also und auch die Natur stöhnt und das alles führt zu dem Tag, an dem alle Dinge neu werden. Wir sind im kosmischen Frust gefangen, aus dem wir erst durch die Befreiung der Söhne Gottes erlöst werden.

Aber nicht nur die Schöpfung um uns herum seufzt, sondern auch die Schöpfung in uns hört nicht auf zu seufzen. Sie beeinflusst unser Gebetsleben. Es gibt Zeiten, in denen wir nicht wissen, wie wir für etwas beten sollen. Es gibt Zeiten, wo uns die Umstände so frustrieren, dass wir nicht einmal wissen, wie wir es in Worte fassen sollen. Keine Sorge, der Heilige Geist wird für dich eintreten. Bete in Zungen; bete im Geist; lass den Geist an deiner Stelle beten. Lass deinem Frust auf diese Art und Weise freien Lauf. Lass dich von all dem nicht blockieren und abwürgen, sondern lass es raus. Überlass es dem Heiligen Geist im Gebet, die Sache zu übernehmen und für dich einzutreten.

Dieser Abschnitt des Briefes offenbart etwas sehr Tiefgehendes. Paulus verschiebt die Angelegenheit in eine kosmische Dimension. Stehen wir jetzt nicht vor einem riesigen Gemälde? Wir sehen zunächst nur ein kleines, geisterfülltes, in Zungen betendes Individuum und blicken von da in die Weite auf die Fülle einer stöhnenden Schöpfung und auf die gesamte Christenheit, die in demselben Frust seufzen und sich nach der Zukunft sehnen, aber nicht wirklich wissen, auf welche Weise sie dafür beten sollen. Aber unsere Adoption als Söhne rückt näher, der Zeitpunkt, wo wir unsere neuen Leiber erhalten und wir vollständig errettet sein werden.

Wir sind die einzigen Menschen in der Welt, die so etwas glauben, dass wir einen neuen, ganz eigenen Leib bekommen. Das ist etwas ganz anderes als die Lehre der Reinkarnation.

Alle Reinkarnationslehren, die man in anderen Religionen findet, sagen aus, dass du als jemand anderer zurückkommen wirst, entweder als eine bessere oder schlechtere Person als jetzt. Du wirst als ein anderer wiederkommen, wie ein altes Lied aussagt: „Diese Ente könnte die Mutter von jemandem sein." Du kannst in der Reinkarnation als Tier wiedergeboren werden. Ich habe keine große Lust, eine Ente zu sein, sondern ich werde einen neuen Leib bekommen für John David Pawson und ich werde wissen, dass ich es bin. Das ist meine Reinkarnation, sie bedeutet, wieder in einen Körper zu kommen, aber es wird nicht dein noch der Körper eines anderen sein, sondern mein eigener.

Das ist das Herz des christlichen Glaubens: *Ich glaube an die Auferstehung des Leibes.* Damals glaubte niemand daran. Man glaubte an die Unsterblichkeit der Seele, in etwa so: Wenn du stirbst, dann ist das so, wie wenn man ein Glas Wasser nimmt, es zerbricht und das Wasser ins Meer fließt. So stellten sich die Griechen den Tod vor. Das Wasser würde seine Identität im Meer verlieren. Der Körper würde zerbrochen werden und das Leben ausgehaucht werden. Die Seele würde davonsegeln, aber ohne Identität, nur als ein Teil des Universums. Das ist ohne jede Hoffnung, und im krassen Gegensatz dazu sagten die Christen: „Wir glauben an die Auferstehung des Leibes." Ein neuer Leib für eine neue Welt; überlass nicht den Zeugen Jehovas das Feld mit ihren speziellen Vorstellungen über die neue Welt. Wir glauben daran und wir sehnen uns danach.

Wir haben über die kommende Befreiung, über die Adoption, die vollendet wird, wenn wir unsere neuen Leiber empfangen, und über die Fürbitte des Heiligen Geistes, der uns gerade jetzt in unserem Frust unterstützt, nachgedacht. Eine weitere Sache, die das Leben im Geist bringt, ist *Furchtlosigkeit*. Gott, der jetzt in unserem Leben regiert, ist verantwortlich für uns. Was auch immer uns begegnen wird, auf dreierlei Weise sind wir ermutigt. Erstens, *alle Dinge dienen uns zum Guten*. Gott wirkt, dass alle Dinge zum Guten zusammenwirken, und zwar für diejenigen, die ihn lieben und die nach seinem Vorsatz berufen sind. Was auch immer dir begegnet, es wird dir guttun. Das ist ein großartiger Gedanke! Er macht es, dass alles, was mir geschieht, nützlich sein muss.

Zweitens: *Alle deine Ankläger müssen verstummen.* Kann irgendwer Anklage gegen Gottes Auserwählte erheben? Wer will uns denn anklagen? Niemand – Gott wird jede Anklage gegen uns abweisen. Jeder Umstand wird uns helfen und jeder Ankläger muss schweigen, und drittens: *Alle Mächte sind kraftlos*, die dich von der Liebe Gottes in Christus Jesus trennen wollen. Beachte, dass das Wort „alle" in allen diesen drei Aussagen verwendet wird. Alles ist hilfreich; alle Ankläger schweigen; alle Mächte sind kraftlos. „Denn ich bin überzeugt," sagt Paulus „dass weder Tod noch Leben noch Engel noch Gewalten noch Mächte noch Gegenwärtiges noch Zukünftiges noch Hohes noch Tiefes noch irgend eine andere Kreatur in der Lage ist, uns von der Liebe Gottes in Christus Jesus zu trennen." Schon immer waren das für die Christen die tröstlichsten Verse der ganzen Bibel. Es sind wunderbare Verse. Du sollst aber wissen, dass in dieser Liste eines fehlt, und das bist du selbst. Keine andere Kreatur hat die Kraft, dich von Gott zu trennen. Nur du selbst hast diese Kraft. In den nächsten Kapiteln werden wir diese Möglichkeit betrachten, aber nichts und niemand in der ganzen Schöpfung sind in der Lage, dich von Gott zu trennen. Das ist eine wunderbare Verheißung! Ergreife sie! Halte sie fest! Das Kapitel beginnt mit „keine Verdammnis" und endet mit „keine Trennung". Wir leben zwischen diesen beiden Tatsachen, und es gibt keinen besseren Ort, an dem man leben könnte.

# 5. ISRAEL

## Kapitel 9 – 11

A. AUSERWÄHLUNG IN DER VERGANGENHEIT (9,1-29)
1. Paulus' Sorge (1-5)
   a. Sein Schmerz
   b. Ihre Vorteile
2. Gottes Souveränität (6-29)
   a. Sein Überrest
      i. Nicht jeder
      ii. Nicht der Erstgeborene
   b. Sein Recht
      i. Sein Gericht?
      ii. Unsere Verantwortung?
   c. Seine Begründung
      i. Gerechtigkeit und Gnade
      ii. Juden und Heiden

B. STRAUCHELN IN DER GEGENWART (9,30 – 10,21)
1. Kein Erlangen der Gerechtigkeit (9,30 – 10,13)
   a. Gesetzeswerke
   b. Glaube an den Herrn
2. Kein Empfang der Offenbarung (10,14-21)
   a. Gehört aber nicht beherzigt
   b. Verstanden aber nicht befolgt

C. GERETTET IN DER ZUKUNFT (11,1-32)
1. Vergangenheit – einige Juden (1-10)
   a. Ein Überrest bleibt
   b. Der Rest verhärtet
2. Gegenwart – viele Heiden (11-24)
   a. Positiv – Juden werden eifersüchtig
   b. Negativ – Heiden werden arrogant
3. Zukunft – Ganz Israel (25-32)
   a. Weiche Herzen
   b. Gemeinsame Gnade

DOXOLOGIE (11,33-36) GOTT – unerforschlich – unabhängig – unentbehrlich. Ihm sei Ehre!

## BITTE LIES RÖMER 9 – 11

Mit Römer Kapitel 9 – 11 haben wir das Herzstück des Briefes und den Grund für seine Abfassung erreicht. In diesen drei Kapiteln dreht sich alles um Israel. Israel kommt im Neuen wie auch im Alten Testament vor. In deinem Neuen Testament erscheint das Wort „Israel" über 70 Mal und hat jedes Mal eine ethnische Bedeutung. Es meint das jüdische Volk in allen Zeitepochen. In diesen drei Kapiteln wird Israel 29 Mal erwähnt, und zwar nicht nur als Randbemerkung. Viele Kommentare meinen, dass Paulus hier seinen eigenen Gedanken nachgeht, und dass diese drei Kapitel für das Verständnis des Römerbriefes nicht notwendig sind. Wie wir schon wissen, gab es ursprünglich keine Kapiteleinteilung in diesem Brief des Paulus, sondern ein Thema geht fließend in das andere über.

In Kapitel 8 hatten wir die großartige Aussage, dass nichts uns von Gott trennen kann. Da drängt sich sofort die Frage auf: „Aber wie steht es um die Juden? Sind sie jetzt etwa nicht von Gott getrennt?" Die Antwort ist: „Niemals!" Hier steht wieder der starke negative Ausdruck, aber dennoch haben viel zu viele Christen in der heutigen Kirche Israel abgeschrieben und denken, dass die Kirche das neue Israel darstellt. Hast du diesen Satz schon einmal gehört? In deiner Bibel findest du ihn nicht. Israel ist immer noch Israel. Es ist immer noch Gottes Volk. Er ist immer noch ihr Gott. Er hält sich immer noch an die Bundesverheißungen, die er ihnen gegeben hat, und das buchstäblich vor unseren Augen. Wir sehen heute, wie sich die Verheißungen an Israel erfüllen. Nicht vollständig – noch sind sie nicht alle ins Land zurückgekehrt. Nur etwa die Hälfte von ihnen ist zurückgekehrt, aber ich erwarte, dass Gott die andere Hälfte auch zurückbringt. Sie haben auch nur ein Viertel des Landes, das Gott ihnen versprochen hat, aber ich erwarte, dass sie auch die restlichen drei Viertel erhalten.

Gott hat immer noch viel mit Israel vor, nämlich alles, was er diesem Volk versprochen hat, und es wird noch einige Zeit dauern, bis sich das alles erfüllt haben wird. Also rede dir nicht ein, dass ganz Israel bereits im Land ist. Es ist nicht schön, das zu sagen, aber wenn sie nicht freiwillig kommen, mobilisiert Gott antisemitische Kräfte, um ihnen Beine zu machen. In meinem Land, in Amerika und in anderen europäischen Ländern nimmt der Antisemitismus zu. Es ist als ob Gott rufen würde: „Kehrt zurück, kehrt zurück!" Jedes Mal, wenn ich das Vorrecht habe, in einer Synagoge zu sprechen, sage ich: „Gott will, dass ihr wieder ins Land zurückkehrt!" Natürlich haben die meisten ihre Geschäfte und ihre Einkünfte in anderen Ländern und werden diese nicht verlassen, bis es unerträglich wird, dort als Jude zu bleiben. Warum sage ich das? Weil ich eines weiß: Wenn es Israel heißt, dann ist damit immer das jüdische Volk gemeint. Der Ausdruck wird niemals auf die Gemeinde angewandt. Im Galaterbrief gibt es möglicherweise eine Ausnahme, aber bei näherem Hinsehen ist es doch keine Ausnahme. Es gibt keinerlei Grund für die Annahme, dass die Gemeinde das neue Israel ist. Wir finden in diesen drei Kapiteln vielmehr die Aussage, dass die Gemeinde in den Baum namens Israel eingepfropft worden ist. Wir sind nun ihre Mitbürger im „Commonwealth" Israels geworden (Commonwealth = Staatengemeinschaft von Staaten des ehem. Brit. Empire - hier als Metapher), aber das Wort Israel ist ein für alle Mal eine Bezeichnung für Gottes erwähltes Volk, die Juden.

In diesen drei Kapiteln finden wir nun drei Grundaussagen über sie vor. Erstens: In der Vergangenheit waren sie *ausgesondert*, erwählt aus anderen Völkern. Das werden wir uns genauer anschauen. Zweitens: Derzeit sind sie *verstockt*. Sie stoßen sich an Christus, der der Fels ist, auf dem sie eigentlich stehen sollten, aber sie sind über ihn gestolpert. Drittens offenbart Kapitel 11 ein Geheimnis. Das Wort „Geheimnis" bedeutet im Neuen Testament niemals etwas schwer Verständliches oder gar Unverständliches. Es bedeutet, dass es etwas ist, das wir selbst nie hätten entdecken können, etwas, was uns Gott aber offenbart. Es ist ein Geheimnis, das er für sich behalten hatte und nun mit uns teilt. Das Geheimnis lautet: eines Tages wird ganz Israel errettet sein! Wir schauen uns an, was das bedeutet, wen es betrifft und was es eigentlich heißt, errettet zu sein. In unserer Bibelstudie sind das also unsere drei großen Überschriften und sie stimmen ungefähr mit diesen drei Kapiteln des Briefes überein.

Schauen wir auf die Vergangenheit. Israel ist Gottes auserwähltes Volk, das er für sich aussonderte. Paulus beginnt mit der Aussage, dass dies seine tägliche Sorge sei. Er selbst hatte die Freude des Heiligen Geistes, hatte aber gleichzeitig eine tiefe Sorge in seinem Herzen, mit der er fertig werden musste: Dass nämlich sein eigenes Volk, das jüdische Volk, die Wahrheit, die Gott ihnen in Christus gezeigt hatte, nicht erkannt hat. Für einen Mann wie Paulus ist das schier unerträglich, da ist er ganz ehrlich. Er ruft Vater, Sohn und Heiligen Geist als Zeugen dafür an, dass er die Wahrheit sagt. Er sagt: „Meine tägliche Qual und mein Schmerz ist, dass meine Verwandten, mein eigenes Volk, meine Liebsten die gute Nachricht, die ich predige, nicht annehmen wollen." Bedenke, welche Vorteile sie gegenüber jedem anderen Volk auf Erden hatten, wieviel Gott in sie investiert hatte. Und dann nehmen sie als gesamte Nation sein größtes Geschenk nicht an – welchen Schmerz muss da Gott in seinem Herzen haben, aber es ist genauso der Schmerz, den Paulus hat. Er sagt sogar: „Ich wünschte, ich könnte an ihrer statt verflucht sein, wenn sie das retten würde." Ich weiß nicht, ob ich das jemals sagen würde. Wie steht es um dich? Wärest du bereit zur Hölle zugehen, wenn dadurch deine Familie in den Himmel kommt? Ich weiß nicht, ob ich dieses Gefühl schon einmal hatte, aber Paulus sagt: „Ich wünschte in der Hölle zu sein, wenn dadurch mein Volk in den Himmel kommt." Das ist eine krasse Aussage, wenn man bedenkt, dass er dabei Gott zu seinem Zeugen angerufen hat, dass er es ehrlich meint. Eigentlich hat Christus das über die Welt gesagt, denn Christus wünschte verflucht zu sein, damit wir in den Himmel kommen. Paulus teilt hier also den Schmerz des Christus, indem er sagt: „Ich wünsche mir dasselbe." Zum Glück hat Gott ihm das nicht gestattet, aber er sagt uns damit, wie tief sein Mitgefühl für sein Volk ist.

Jetzt zählt er ihre Vorteile auf. Sie sind als Söhne adoptiert worden. Sie hatten die göttliche Herrlichkeit in ihrem eigenen Tempel. Sie besaßen die Bündnisse Gottes. Jeder Bund in der Schrift wurde mit dem jüdischen Volk geschlossen. Der Bund mit Noah war der Bund eines ihrer Vorfahren. Der Bund mit Abraham war der Bund ihres Vaters. Der Bund mit Mose war der Bund mit ihnen. Der Bund mit David war auch der Bund mit ihnen, und der neue Bund, so sagt Jeremia, wird mit dem Haus Israel und mit dem Haus Juda geschlossen werden. Vergiss das nicht. Der neue Bund wurde zuerst dem jüdischen Volk verheißen. Als Jesus in der Nacht, bevor er starb, sagte: „Das ist mein Blut des neuen Bundes", dann galt dieser in erster Linie für das jüdische Volk. Erinnere dich daran. Sie empfingen das Gesetz. Sie hatten den Tempeldienst. Alle Verheißungen Gottes im Alten Testament wurden ihnen gegeben. Die Patriarchen gehörten ihnen, und vor allem waren sie es, denen Gott seinen Sohn gab, den Messias, den Christus.

Über den nächsten Satz sind sich die Gelehrten nicht ganz

einig. „Sie waren die menschlichen Vorfahren Christi, der Gott ist über allen." Einige sagten, dass es zu weit geht, wenn man sagt, Jesus ist Gott, aber ich glaube, dass es die richtige Lesart ist. Ich glaube, dass diejenigen, die eine andere Lesart bevorzugen, dieser Bibelstelle nicht gerecht werden. Diese Aussage ist nämlich der Höhepunkt aller genannten Vorzüge des jüdischen Volkes. Sie gaben uns Jesus, und wir sollten dem jüdischen Volk allezeit dankbar dafür sein, diesem Ehepaar, Joseph und Maria, die wahrscheinlich noch keine zwanzig waren, als Jesus geboren wurde. Sie beschützten ihn vor Herodes und sie nahmen ihn als Flüchtling mit nach Ägypten. Bist du Joseph und Maria dankbar dafür? Wenn sie nicht auf Jesus aufgepasst hätten, hätten wir keinen Erretter. Die Juden waren Gottes auserwähltes Volk.

Paulus verlässt nun seinen eigenen Kummer und wendet sich Gottes Souveränität zu und sagt, dass Gott das Recht hat, wen immer er benutzen will, zu erwählen. Das ist sicherlich wahr. Gott wählt Menschen nicht nach menschlichen Gesichtspunkten aus, denn jedermann hätte in jedem Fall erwartet, dass der jeweils älteste Sohn der Patriarchen die Verheißungen Gottes erben würde. Aber in jedem Fall wählte Gott absichtlich den jüngeren Sohn aus. Er erwählte Jakob und nicht Esau, wo doch Esau der zuerst Geborene der beiden Zwillinge war. Er erwählte Isaak und nicht Ismael. Gott folgte nicht der normalen Erbfolge, wonach immer der Erstgeborene der Erbe ist. Gott ist frei, zu wählen, wen er will, und das macht er immer noch. Ich möchte an dieser Stelle eine wichtige Feststellung über die Auswahl Gottes treffen. Er hatte diese nicht zum Zwecke der Errettung, sondern, weil er mit ihnen etwas vorhatte, ausgewählt. Das ist deshalb so wichtig, weil die Calvinisten in dieses Kapitel viel zu viel hineininterpretiert haben – dass nämlich die Errettung komplett von Gott abhängig ist, dass er nur denjenigen errettet, den er erretten will. Aber darum geht es in diesem

Kapitel gar nicht. Gott hat die freie Wahl, wen er erwählen will, um seine Vorhaben durchzuführen. Darum geht es in Wirklichkeit in diesem Kapitel. Er erwählte das jüdische Volk zu einem Zweck. Er wollte durch sie die ganze Welt erreichen. Ich habe dir bereits vom „Skandal der Auserwählung" erzählt, so wie die Philosophen dazu sagen. Warum hat er ein einziges Volk auserwählt, damit dieses dem Rest der Menschheit die Offenbarung bringt? Nun denn, es war eben seine Wahl. Du kannst darüber streiten und sagen, dass er ebenso gut eine andere Nation hätte auswählen können, hat er aber nicht. „Wie seltsam, dass Gott die Juden wählte..." Wir müssen deshalb zum jüdischen Volk gehen, wenn wir Gott finden wollen. Das ist der einzige Kanal der Errettung für die ganze Welt. Zu diesem Zweck hat er sie auserwählt.

An dieser Stelle muss sich Paulus einer Frage stellen. Die Frage ist: Es sieht irgendwie danach aus, als ob Gott einen Fehler gemacht hätte. Es schaut aus, als ob er die falsche Wahl getroffen hätte. Er hat das falsche Volk gewählt, denn sie sind ihm nicht bis zum Schluss gefolgt. Sie haben ihren eigenen Messias abgelehnt. Aber Gott macht sicherlich nicht so einen großen Fehler. Diejenigen, die glauben, dass Gott mit der Auswahl der Juden einen Fehler gemacht hat, begnügen sich nicht damit, sondern sagen, dass er deshalb die Gemeinde erwählt hat, damit diese die Juden ersetzt. Aber das ist ganz und gar nicht wahr. Er hat keinen Fehler gemacht. Seine Verheißungen gehen nicht ins Leere. Wir müssen hingegen folgende Erklärung akzeptieren: Nicht alle Söhne Jakobs sind Israel. Mit anderen Worten, Gott erwählte die Juden als „Heilskanal" für die Welt, und es gab zu allen Zeiten treue Juden – ein Überrest, wenn du es so nennen willst. Natürlich waren viele Juden untreu, aber einige waren treu. Der treue *Überrest* bestätigt, dass Gottes Auswahl richtig war und dass seine Vorhaben erfüllt wurden.

Als Jesus zwölf Apostel auswählte, wählte er zwölf

jüdische Männer, und so startete die Gemeinde. Sie haben ihn nicht enttäuscht. Was mich immer wieder an Jesu Geburt fasziniert, ist, dass er die einzige Person in der Menschheitsgeschichte war, der es sich ausgesucht hat, geboren zu werden. Du hast es dir nicht ausgesucht und ich habe es mir auch nicht ausgesucht, geboren zu werden. Du hast dir deine Eltern nicht ausgesucht und ich ebenso wenig. Er war die einzige Person, die sich jemals ausgesucht hat, geboren zu werden, und sich dazu noch seine Eltern ausgesucht hat. Es ist erstaunlich, denn er hat sich jüdische Eltern ausgesucht und er war es, der sich ausgesucht hatte, von Maria geboren zu werden, ohne von Joseph gezeugt worden zu sein. Er hatte einen anderen Vater, aber er wählte sich Maria zur Mutter aus. Gott war sein Vater. In dieser einzigartigen und wunderbaren Geburt, mit einem göttlichen Vater und einer jüdischen Mutter, begegnen sich vollkommenes Menschsein und die Göttlichkeit unseres Herrn.

Solange Gott noch einen *Überrest* der Juden hatte, konnte er all seine Absichten ausführen. Nicht alle Nachkommen Jakobs sind Israel, sondern nur diese, die das Israel Gottes waren, Gottes treue Leute, spielten eine entscheidende Rolle, bis hin zu Simeon und Anna, die die Geburt Christi willkommen hießen. Immer hatte es einen Überrest gegeben, und Paulus sagt in Kapitel 11: „Es gibt noch einen Überrest" und es wird immer einen geben. Es wird immer jüdische Menschen geben, die Gott treu sind, wenn es auch nur ein kleiner Überrest ist. Durch sie kann Gott seine Vorsätze durchführen.

Ich möchte also zunächst auf diesen Überrest eingehen. Nicht jeder Jude und nicht immer der Erstgeborene gehörten zu diesem Überrest. Es war ganz klar Gottes Auswahl. Denke nur an König David. Als der Prophet Samuel zu Isai kam – und Isai hatte viele Söhne – stellte er Samuel einen nach dem anderen vor, denn er wusste, dass Samuel gekommen war, einen von ihnen zum nächsten König auszuwählen. Samuel sagte: „Nein, der ist es nicht, nein, der auch nicht...", alle kamen vor ihn und mussten wieder gehen. Samuel blieb nichts anderes übrig als zu fragen: „Hast du nicht noch mehr Söhne? Denn ich bin mir sicher, dass Gott mich zu dir gesandt hat, um einen von ihnen auszuwählen." „Naja, da gibt es noch den kleinsten, aber der hütet die Schafe." Samuel sagte: „Hol ihn her." Sobald er ihn sah, sagte er: „Dieser Junge ist es!" Er wäre der letzte gewesen, den Isai ausgewählt hätte, und es war in der Tat der letzte, den er vorführte, aber es war Gottes Auswahl. Gottes Auswahl ist etwas ganz Besonderes und unterscheidet sich wesentlich von der Auswahl, die Menschen treffen. Als Israel sich seinen ersten König wählte, suchten sie sich einen großen, stattlichen Mann aus, der alle anderen Männer um einen Kopf überragte, und sie dachten: „Jetzt haben wir wirklich einen großen König." Aber es war ein großer Reinfall. Er mochte körperlich wohl einen Kopf größer als alle anderen sein, aber geistig gesehen war er eher kleinwüchsig und endete damit, dass er eine Wahrsagerin aufsuchte.

Der Überrest ist also immer schon eine Minderheit von Juden gewesen, die Gott gebrauchen konnte, und es wird immer eine Minderheit bleiben. Wusstest du, dass es in der zweitausendjährigen Kirchengeschichte immer einen kleinen Anteil von gläubigen Juden in der Kirche gab? Selbstverständlich begann alles durch Juden. Eine überraschende Wahl. Paulus will hier eines klarstellen: Gott hat das Recht, eine Wahl zu treffen, und seine Wahl in Frage zu stellen ist einfach nur ungehörig. Es ist vermessen, wenn der Ton zu dem Töpfer sagt: „Was machst du da?" Er ist der souveräne Gott, und als Gott hat er das Recht. Die ganze Zeit reden wir über unsere Rechte – die Menschenrechtserklärung, Dokument U222 der Vereinten

Nationen – wir schreiben auch dauernd über unsere Rechte, aber über Gottes Rechte will niemand reden. Er hat uns gemacht. Er besitzt jedes Recht über uns und er hat das Recht, auszuwählen, wen er will.

Wenn man in eine christliche Versammlung schaut, findet man dort interessanterweise nicht viele hochstehende Persönlichkeiten. Ein paar wenige hat er schon auserwählt, aber die meisten Leute im Gottesvolk sind Leute, die die Welt niemals ausgewählt hätte, um für Gott zu wirken, es sind ganz einfache Leute. Gott hat uns auserwählt und er benutzt uns – großartig! Es ist seine Wahl. Er liebt es, einen Niemand zu nehmen und zu einem Jemand zu machen, denn so bekommt er die Ehre. Wenn du eine einflussreiche, angesehene und wohlhabende Person wärst, dann würdest du für dein Wirken Ehre bekommen, aber Gott will diese Ehre. Deshalb wählt er diejenigen aus, die nichts haben, und macht etwas aus ihnen. Er hat das Recht dazu. Wenn wir anfangen, Gott als ungerecht zu bezeichnen, dann stellen wir seinen Willen in Frage, und das ist ziemlich dreist. Gott hat seine Gründe. Wir kommen jetzt zum Kern der Erwählungsfrage.

Gott zaubert keine Leute aus dem Hut. Er hat auch kein Telefonbuch in den Händen, deutet zufällig mit seinem Finger auf eine Adresse und sagt: „Das ist er, den nehme ich." Es gibt Gründe für seine Auswahl. Es gibt Gründe, warum er die einen für seine Gnade und die anderen für sein Gericht auswählt. Er hat Gründe, warum er eine Person auswählt, um an ihm seine Gnade zu zeigen, und andere, um an ihnen Gericht zu verüben. Paulus schiebt hier eine kleine Bemerkung ein, die erklärt, warum er Pharao zu einem Beispiel erwählt hat, um sein Gericht zu zeigen, und warum er Mose zu einem Beispiel erwählt hat, um seine Gnade zu zeigen. Warum wählte er Pharao aus? Paulus sagt, dass es sein Recht sei, Pharao als Beispiel für sein Gericht auszuwählen, aber das hier ist der Grund: Er merkt an, dass er große Geduld mit ihm hatte, bevor er ihn auserwählte. Ist dir schon einmal aufgefallen, dass Gott das Herz des Pharaos erst dann dreimal verhärtete, nachdem Pharao selbst siebenmal sein Herz verhärtet hatte? Lies doch einmal aufmerksam den Bericht in der Bibel. Moses ging zum Pharao und sagte: „Lass mein Volk ziehen", aber Pharao weigerte sich – das war das erste Mal. Er verhärtete sein Herz. Nach einigen wundersamen Gerichtshandlungen an Ägypten ging Moses noch einmal zu ihm. Pharao sagte wieder Nein, aber nach der zweiten, dritten, vierten, fünften, sechsten und siebten Gelegenheit, hielt Gott still. Pharao hatte sein Herz selbst verhärtet, erst danach entschied Gott, dass er selbst nun Pharaos Herz verhärten würde. Das ist die große Geduld des Herrn. Gott sucht nicht willkürlich den einen fürs Gericht und den anderen für seine Gnade aus. Er ist geduldig und wartet ab, welchen Weg sie einschlagen werden. Dann schreitet er ein und hilft ihnen dabei, den gewählten Weg zu gehen. Er war also mit Pharao geduldig und sagte nicht: „Ich wähle mir den Pharao aus, um an ihm ein Exempel des Gerichts zu statuieren", lange bevor Pharao geboren war. Er wartete ab, bis Pharao siebenmal selbst sein Herz verhärtet hatte. Erst dann schritt er ein und sagte: Wenn das so ist, dann werde ich jetzt selbst dein Herz weiter verhärten.

So funktioniert die Auswahl Gottes in der Bibel. Er wartet geduldig, wie eine Person sich entscheiden wird, und dann erst hilft er ihnen, den gewählten Weg zu gehen. Wir sehen hier Gottes souveränes Handeln. Es ist keineswegs willkürlich. Es ist - auch aus unserer Sicht - kein Lotteriespiel, wen Gott erwählt. Es gibt immer einen Grund, und der findet sich in der Person selbst, die er für das eine oder andere auswählt. Er wählte schließlich Pharao für das Gericht aus, weil dieser sein eigenes Herz verhärtet hatte. Es gibt eine Lehre über Gottes Souveränität, die besagt, dass es reine Willkür ist und er ohne jeden Grund die einen Menschen für den Himmel und die anderen Menschen für die Hölle bestimmt. Errettung wäre damit zum größten Lotteriespiel der Welt geworden, ein reines Glücksspiel und nicht eine Auswahl Gottes. Aber es ist so, dass Gott uns aus bestimmten Gründen auswählt, und er hat das Recht dazu. Wenn Pharao diesen Weg ausgewählt hat, dann hat Gott durchaus das Recht, ihn auf diesem Weg voranzutreiben. Es war die Wahl, die Pharao getroffen hat, und Gott sagt: „Diese Wahl werde ich bestätigen und dir dabei helfen." Das ist ein sehr wichtiger Punkt.

Paulus fügt an dieser Stelle hinzu, dass Gott die Juden deshalb auswählte, weil er durch sie die Heiden erreichen wollte. Das kann man im gesamten Alten Testament sehen. „Du sollst ein Licht für die Heiden sein." Gott hat die Juden nicht deshalb ausgewählt, um ihnen besondere Privilegien zu geben, denn Gott hat keine Lieblinge. Beim jüngsten Gericht werden wir das alles erkennen. Fest steht: Er hat sie erwählt. Ich denke sogar, er hat sie erwählt, weil sie nichts vorzuweisen hatten. Sie waren ein Haufen von Sklaven – kein eigenes Volk, kein eigenes Land, kein eigenes Geld, nichts. Sie bauten für den Pharao Pyramiden. Sie waren Sklaven, und das ist typisch für Gott. Im Buch Deuteronomium sagt er ihnen: „Ich habe euch nicht erwählt, weil ihr ein großes Volk seid. Ich habe euch erwählt, weil ich euch erwählt habe." Er sagt: „Ich liebe euch nicht, weil ihr etwas Besonderes seid. Ich liebe euch, weil ich euch liebe." Den Grund muss man bei Gott suchen, nicht bei den Juden. Warum wählte Gott die Juden aus? Nun, schau auf Gott und nicht auf die Juden.

Jetzt sind sie ein besonderes Volk. In jedem Zeitalter hatten sie eine erstaunliche Auswirkung auf den Rest der Welt, was absolut nicht im Verhältnis zu ihrer Größe steht. Sie stellen 0,1 % der Weltbevölkerung dar, aber sie haben 25 % aller Wissenschaftler hervorgebracht. Das ist eine beachtliche

Leistung. Sie sind ein kleines Volk mit einer großen Auswirkung auf andere. So hat Gott sie gemacht. Durch das, was Gott ihnen widerfahren ließ, wurden sie scharfsinnig und klug. Auf dem Unterhaltungs- und Mediensektor sind sie führend. Alle fünf Hollywood-Filmstudios sind jüdisch. Auf dem Gebiet der Musik, der Architektur, was auch immer du nimmst, wirst du Juden in den Spitzenpositionen finden, obwohl sie zahlenmäßig ein kleines Volk sind.

Gott hatte sie so besonders werden lassen, damit sie der Welt die Wahrheit Gottes bringen können. Das war seine Berufung für sie. Wenn sie bei der Verkündigung des Evangeliums auch so hervorragend gewesen wären, wie sie es in den sonstigen Bereichen sind, bräuchten wir meiner Meinung nach heute keine Missionare mehr. Sie hätten solch einen Einfluss auf die Welt gehabt! Das war ihr großes Versagen, aber Gott hat sie nicht aufgegeben, wie wir später in Kapitel 11 sehen werden: Sie haben seinen Bund gebrochen, er aber hat geschworen, seinen Bund mit ihnen niemals zu brechen, und er hat sich daran gehalten. Es ist sein Überrest, sein Recht, seine Gerechtigkeit. Aber es liegt in unserer Verantwortung, ob er die Herzen der einen verhärtet und die Herzen der anderen weich macht. Der Grund dafür liegt bei uns. So können wir Kapitel 9 zusammenfassen.

Wir kommen nun zum nächsten großen Abschnitt, dem Kapitel 10. In der jetzigen Zeit aber sind sie gestolpert. Sie sind über Jesus gestolpert, haben sich an ihm gestoßen, anstatt sich in ihm auszuruhen. Wenn du versuchst Juden zu evangelisieren, wirst du feststellen, dass sie auf der ganzen Welt diejenigen Leute sind, die am schwersten zu Christus zu führen sind. Es ist unglaublich, aber 150 Jahre lang haben Missionare aus den Heidenvölkern versucht, Juden zum Herrn zu führen, und hatten so gut wie keinen Erfolg. Es gab damals ungefähr genauso viele Judenmissionsgesellschaften wie bekehrte Juden! Es gab gemeinsame Anstrengungen, aber seit 1948 hat sich das Blatt total gewendet, seit diesem Zeitpunkt waren es nicht etwa heidnische Missionare, sondern die Juden selbst, die es schafften. 1948 konntest du die an Jesus gläubigen Juden in Jerusalem an zwei Händen abzählen. Heute gibt es allein in Israel 15.000 Israelis, die an Jeschua Ha Maschiach glauben. Weltweit sind es etwa 45.000 Juden, die denselben Retter wie wir haben. Sicherlich hast du schon von der Bewegung *Juden für Jesus* gehört. Es ist bemerkenswert, dass sich Tausende von ihnen zu ihrem Messias, Jesus Christus, bekehren, seitdem sie ihr Land zurückbekommen haben. Erst seit 1948 geschieht das, und es sind Juden, die andere Juden zum Glauben an den Herrn führen. Das ist ein großes Wunder, das sich in unserer Zeit vollzieht. Früher arbeiteten Missionare jahrelang hart daran, aber nichts passierte, und jetzt passiert es einfach so vor unseren Augen. Es gibt über 70 eigenständige jüdische Gemeinden im Land, die Jesus anbeten. Zwei davon sind innerhalb des israelischen Militärs, es passiert einfach!

In unserer Gemeinde hatten wir einmal ein junges Mädchen, deren Trauung ich dann später auch vornahm. Ihr Dienst besteht jetzt darin, der Welt von den Juden und Arabern, die sich im Nahen Osten zu Jesus bekehren, zu berichten. Ihr Name ist Julia Fisher, sie hat schon einige Bücher geschrieben, worin es um die Gemeinsamkeiten von Juden und Arabern im Nahen Osten geht. So etwas wirst du in keiner Zeitung finden. Man ignoriert es einfach, aber es gibt fast 1.000 Juden und Araber, die sich heimlich in den Wäldern Israels im Namen Jesu treffen. Ich finde das aufregend. Gott macht etwas ganz Neues. Er hat sie ins Land zurückgebracht. Als er das verheißen hat, hat er gleichzeitig versprochen, sie zu sich selbst zurückzubringen, und er tut es in noch nie dagewesenem Ausmaß. Wir sind die Generation, die die Erfüllung seiner Verheißungen miterlebt. Das sollte uns mit großer Ehrfurcht erfüllen.

Schauen wir uns aber ihr gegenwärtiges „Stolpern" genauer an. Obwohl Paulus durch und durch Jude ist und treu zu seinem Volk steht, sagt er uns doch in aller Klarheit, wie es um sein Volk steht: Millionen von Heiden kommen ohne Schwierigkeiten in das Königreich hinein, während die Juden sich so schwer damit tun, in das Königreich einzutreten. Für Paulus ist das schwer zu ertragen und er führt hauptsächlich zwei Irrtümer an, denen sie erliegen. Der erste Irrtum liegt in der Art, wie sie Gerechtigkeit erlangen wollen. Er hat ja bereits aufgezeigt, dass es im Alten Testament die Verheißungen gibt, dass ein Überrest der Juden und eine große Menge von Heiden zum Herrn kommen werden. Er zitiert Hosea und Jesaja, um zu beweisen, dass Gott selbst den Juden schon lange vorher einen gewaltigen Zustrom von Heiden zum Glauben angekündigt hat. Das ist schon längst passiert, und trotzdem scheitern die Juden immer noch daran, Gerechtigkeit zu erlangen, und zwar aus einem einfachen Grund. Sie versuchen Gottes Gerechtigkeit aus sich selbst heraus zu erlangen, anstatt sie einfach nur durch das Evangelium zu empfangen. Gott will nicht, dass die Juden ihm ihre eigene Gerechtigkeit vorspielen. Er will ihnen seine Gerechtigkeit geben, nur gibt es da so etwas wie den menschlichen Stolz. Der ist natürlich auch bei den Heiden stark vertreten. Die Leute wollen lieber selbst versuchen, gut zu sein, als dass sie es Gott überlassen, sie gut zu machen, denn wenn Gott mit ihnen seine Gerechtigkeit teilt, bleibt kein Raum mehr, um sich zu rühmen. Paulus hat es den Römern bereits gesagt. Wenn du Gerechtigkeit nur als freies Geschenk erhalten kannst, wie kannst du dich damit brüsten? Der Stolz lässt sich ungerne etwas schenken. Der Stolz sagt: „Ich will es mir erarbeiten, nein danke. Ich werde selbst ein guter Mensch werden, vielen Dank."

Deshalb straucheln sie über Christus. Christus kam, um ihnen die Gerechtigkeit Gottes als kostenloses Geschenk zu geben. Sie haben es ausgeschlagen, weil sie die Gerechtigkeit selbst erarbeiten wollten. Aus diesem Grund hat mein Frisör, den ich schon erwähnte, gesagt: „Ich bin ebenso gut wie jeder aus deiner Gemeinde." Er dachte in einer selbstgerechten Weise. Weißt du, dass genau das das größte Hindernis für das Evangelium ist? Keine Sünden, keine Verbrechen, kein Kannibale oder Krimineller – Selbstgerechtigkeit ist das größte Hindernis für die Gnade Gottes. Für die Menschen ist es schwerer, für ihre guten Taten als für ihre schlechten Taten Buße zu tun. Es ist unglaublich schwer, von deinen guten Taten umzukehren und dich nicht besser zu fühlen als dein Nachbar, weil du es dir erarbeitet hast. Viele Juden (ich liebe sie und sie wissen das auch) sind von ihren guten Taten geradezu begeistert, was sie füreinander tun, was sie für die Welt tun und was Israel für die Heiden tut, und wie sehr die Heiden sie doch brauchen.

Du wirst nicht glauben, was das Land Israel alles für Nicht-Israelis tut. Beim Laubhüttenfest traf ich einmal einen armen afrikanischen Pastor, der eine große Gemeinde in Afrika aufgebaut hatte. Er war ein guter Pastor und ein guter Lehrer, dem Herrn treu. Er war ein ehemaliger Muslim und lebte in einem muslimischen Land. Vor ungefähr einem Jahr an Weihnachten, als er gerade aus dem Kirchengebäude trat, schütteten ihm Moslems Säure ins Gesicht, die sein Gesicht zerstörte. Die Säure, die dabei auf die Kotflügel seines Autos spritzte, fraß sich durch das Material. Dieser Mann musste eine Gesichtsmaske tragen, die nur eine Öffnung für das verbliebene Auge zum Sehen, eine Öffnung für den Mund zum Essen und zwei Öffnungen für die Nase zum Atmen hatte. Wenn du heute mit ihm redest, fällt dir kaum etwas an ihm auf. Ich habe Fotos von ihm kurz nach dem Säureattentat gesehen, es war schrecklich anzuschauen. Denk nur einmal an seine Familie – aber wenn du mit ihm redest, merkst du, dass er ein sehr tapferer Mann ist. Was für einen Mut dieser Mann nur hat! Er wollte unbedingt wieder in seine Kirche zurück, um weiter das Evangelium zu predigen. Nach einigen Tagen organisierten sie einen Flug nach Indien, aber das dortige Krankenhaus konnte nichts für ihn tun. Ein israelisches Krankenhaus hingegen bot an, ihm zu helfen. Sie haben sein Gesicht in unzähligen Operationen nach und nach wiederhergestellt. Das taten sie einfach aus reiner Menschenfreundlichkeit.

Wusstest du, dass sich israelische Krankenhäuser um Syrer kümmern, die in ihrem eigenen Land verwundet wurden? Ich habe niemals eine Nation wie Israel erlebt, die so viel für andere tut, selbst für ihre Feinde. Das Dumme daran ist nur: Es macht sie stolz. Sie sind stolz auf ihre Errungenschaften. Sie sind stolz darauf, ein erfolgreiches Land wieder aufgebaut zu haben. Israel ist heute eines der wenigen Länder in der Welt mit wachsender und zugleich geordneter Wirtschaft, und sie sind stolz darauf. Sie haben so viel erreicht. Sie haben ein dürres, verwüstetes und leeres Land, das höchstens ein paar Beduinen ernähren konnte, verwandelt, sodass es jetzt eine Bevölkerung von 7 Millionen inklusive vieler Araber ernährt. Davon wird selten berichtet, nicht wahr?

Die Massenmedien haben nämlich oft eine antisemitische Haltung, die immer offener zu Tage tritt. Aber immer noch stolpern sie über Jesus, der als ihr Retter und ihr Messias gekommen ist, um ihnen die Gerechtigkeit Gottes zu überbringen. Er kam, um das zu tun, was sie wirklich brauchen, denn all ihre Errungenschaften sind auf anderen Gebieten, besonders in der Technik. Sie haben beispielsweise eine Dialysemaschine für Nierenkranke entwickelt, die nicht größer als eine Aktentasche ist. Du musst sie nur an einen ganz normalen Wasserhahn anschließen, dann arbeitet sie. Bisher mussten Menschen mit Nierenschäden zweimal in der Woche stundenlang in ein Krankenhaus gehen und angeschlossen werden, damit ihr Blut gewaschen werden konnte. Diese israelische Erfindung nimmst du einfach mit in dein Hotel, schließt sie am Wasserhahn an und machst die Blutwäsche, die Dialyse einfach selbst.

Ihre technischen Erfindungen sind hervorragend, und die Welt profitiert davon. Aber wenn es darum geht, der Welt das beizubringen, was eigentlich ihr Auftrag wäre – ein Licht für die Heiden zu sein, das für Gott scheint, – waren und sind sie als gesamte Nation komplette Versager. Sie sind über den Felsen gestolpert, auf dem sie eigentlich stehen sollten. Wie wenn Jesus mitten auf der Straße steht und sie alle über ihn stolpern. Sie haben ihn verpasst. Das ist ihre Tragödie, und alles nur, weil sie ihre eigene Gerechtigkeit durch Gesetzeswerke aufrichten wollten. „Sie haben Eifer für Gott", sagt Paulus „aber ohne die richtige Erkenntnis." Eine gewisse Unkenntnis verhindert, dass sie Jesus als den sehen, der er wirklich ist. Vor ihnen steht also ein Fels, und da sind die Heiden, die ganz unvorbereitet waren. Menschen wie du und ich, die ohne die Privilegien der Juden aufgewachsen sind, und wir gelangen so einfach zum Herrn! Das ist eine Ironie der Geschichte – Millionen von Heiden gehen in das Königreich ein, während die Juden über die eine Person, die ihnen hätte helfen können, stolpern.

Ihr nächster Irrtum, den Paulus erwähnt, ist ihre Unfähigkeit, Offenbarung zu empfangen. Sie haben sie zwar gehört, aber nicht zu Herzen genommen. Sie haben zwar verstanden, es aber nicht befolgt. Wir wollen nun auf die Logik, die Paulus verwendet, eingehen. Es ist eine sehr direkte Logik. Er sagt: „Errettung ist dem Menschen so nahe, wie dein Mund deinem Herz." Du musst nicht in den Himmel klettern, um Christus zu finden. Du musst auch nicht zu den Toten hinuntergraben, um Christus dort zu finden. Christus ist dir so nahe, wie dir dein eigener Atem nahe ist. Bekenne ihn einfach mit dem Mund und glaube in deinem Herzen – genauso nahe ist es für jeden Juden. Alles, was sie tun müssen, ist, ihn bekennen.

Ich erinnere mich, wie ich einmal in Ely, einer Stadt in der Nähe von Cambridge in England gepredigt habe. In der Versammlung war eine junge jüdische Dame. Sie war ungefähr 25 Jahre alt – eine Jüdin zum ersten Mal in einer Gemeinde! Irgendwer hatte sie überredet, zu kommen und mich zu hören. Nach dem Gottesdienst kam sie geradewegs auf mich zu und sagte: „Willst du mir etwa erzählen, dass dieser Jesus von Nazareth noch lebt?" Interessanterweise nannte sie ihn Jesus von Nazareth, das war in ihren Augen der richtige Titel. Ich antwortete: „Selbstverständlich, deshalb stehe ich hier." Sie sagte: „Aber wenn Jesus immer noch lebt, dann muss er ja *unser* Messias sein" – sie sagte nicht Christus, sondern *unser* Messias. Ich sagte: „Das ist richtig." „Wie kann ich herausfinden, ob er lebt?" „Komm mit", sagte ich. Ich führte sie in einen Nebenraum unseres Gemeindegebäudes, ließ sie auf einem bequemen Sessel Platz nehmen und sagte: „Ich werde dich jetzt 15 Minuten alleine lassen. Ich will, dass du in dieser Zeit zu Jesus redest – und dass du laut redest. Wenn er lebt, wird er dir antworten. Das ist ganz einfach, sprich mit ihm über dich selbst. Sag ihm, was du über ihn denkst, sag ihm alles, was in deinem Herzen ist. Rede einfach mit ihm." Dann ging ich und ließ sie alleine.

Nach 15 Minuten kam ich zurück. Als ich die Tür öffnete, sprang sie vom Sessel auf und sagte: „Er lebt! Er lebt!" Innerhalb von 5 Minuten hat sie mir die Bibel erklärt. Dann sagte sie: „Wenn das eine wahr ist, dann muss das andere auch wahr sein." Es war schon alles in ihr. Es lag ihr schon im Blut. Sie kannte alle Prophezeiungen und jetzt endlich erkannte sie auch, dass Jesus von Nazareth lebt. Mehr müssen die Juden gar nicht wissen.

So erging es auch einem Saulus von Tarsus auf dem Weg nach Damaskus. „Wer bist du, Herr?" „Ich bin Jesus, den du verfolgst." In diesem Moment empfing Paulus seine Lehre von der Gemeinde als dem Leib Christi. Sofort erkannte er, dass das, was man den Christen antat, Christus antut. Überzeuge einen Juden davon, dass Jesus lebt. Mehr brauchen sie nicht. Sie werden umkehren, und rate einmal was passieren wird, wenn Jesus wiederkommt und dem jüdischen Volk erscheint? Genauso einfach ist es.

Wir haben schon einen kleinen Ausflug ins Kapitel 11 unternommen, wollen jetzt aber wieder zurück zu Kapitel 10 gehen.

Sie haben gehört. Wie soll jemand den Namen des Herrn anrufen, wenn er nicht von ihm gehört hat? Wie sollen sie hören, wenn ihnen niemand predigt? Wie wird ihnen jemand predigen, wenn niemand von Gott ausgesandt ist? Alles ganz logisch. Sie müssen von Christus hören, werden aber nicht hören, bis nicht jemand hingeht und ihnen predigt. Aber niemand wird hingehen und predigen, bevor Gott ihn nicht sendet. Kannst du darin Gottes Plan sehen? Dann sagt Paulus, sie wissen es, sie haben es gehört. Paulus zitiert Psalm 19, der von der Sonne handelt, die morgens aufgeht und die ganze Welt mit Licht durchflutet, sodass jedem vollkommen klar ist, dass es hier um die Sonne geht. Er sagt einfach: „Genauso weiß jeder vom Sohn Gottes." Es ist einfach eine Tatsache, dass jeder Jude von Jesus gehört hat, das merkst du, wenn du mit ihnen redest. Sie wissen es, sie haben gehört. Das ist nicht das Problem. Das Problem ist, dass sie es sich nicht zu Herzen nehmen.

Jesaja sagte über Israel: „Sie haben Ohren, hören aber nicht. Sie haben Herzen, verstehen es aber nicht." Der bemitleidenswerte Jesaja war von Gott dazu berufen, ein gescheiterter Prediger zu sein. Solch eine Berufung ist wirklich kurios. Wenn man die Berufung Jesajas nachliest, stoppt man immer bei den zentralen Versen und liest nicht weiter. Man stoppt bei dem Vers, wo Jesaja sagt: „Hier bin ich, sende mich!" Er gerät in eine himmlische Konversation zwischen Gott, dem Vater, der zu dem Sohn und zum Heiligen Geist sagt: „Wen sollen wir senden, wer wird für uns hingehen?" Jesaja sagt: „Hier bin ich!"

Das geschah, nachdem Gott seine Lippen mit glühender Kohle vom Alter verbrannt hatte. Jesaja war der Prophet mit den für immer vernarbten Lippen. Die Leute haben ihn bestimmt gefragt: „Wie bist du zu so einem Mund gekommen?" Er sagte: „Ich war der Mann mit unreinen Lippen, und Gott reinigte meine Lippen mit feurigen Kohlen vom Altar." Dann sagte Gott: „Geh! Du hast ja gesagt: Hier bin ich, sende mich! Also geh nun und verkünde diesem Volk: Hört und versteht nicht. Bekommt die Botschaft und verwerft sie."

Jesaja wurde aufgetragen, für den Rest seines Lebens ein scheiternder Prediger zu sein, je mehr er predigte, desto weniger reagierte man darauf. Die arme Seele endete mit einem schrecklichen Tod. Er wurde gefesselt und in einen hohlen Baumstamm gesteckt, dann sägten sie den Baumstamm mit dem lebendigen Menschen darin in zwei Teile. Darauf bezieht sich Hebräerbrief Kapitel 11: „Einige von ihnen wurden zersägt." Es muss eine schreckliche Todesart sein. Er war sein ganzes Leben lang ein gescheiterter Prediger. Je mehr er predigte, desto mehr verhärtete sich sein Publikum und desto schwerer wurde das Predigen für ihn.

Jesaja konnte nicht wissen, dass sein prophetisches Buch, die großartigste Prophetie des Alten Testaments geworden ist. Ich hoffe, dass du es gelesen und studiert hast. Wenn nicht, dann besorge dir mein Buch über Jesaja. Seine Prophetien sind die, die am spannendsten sind und die im Neuen Testament mehr als jede andere Prophetie zitiert werden. Jesaja erlebte das alles nicht mehr. Er war ein gescheiterter Prediger. Die Worte, die er über Juden verwendete – dass sie hören und nicht verstehen würden - wurden von Jesus in seinen Gleichnissen zitiert, als er gefragt wurde: „Warum sprichst du in Gleichnissen?" Er zitiert Jesaja: „Weil sie hören und nicht verstehen." Paulus selbst zitierte das, als er zu den Juden in Rom predigte, nachdem er als Gefangener dorthin gebracht worden war. Er konnte freimütig zu den dortigen Juden predigen. Als sie seine Botschaft abwiesen, sagte er: „Zutreffend sagt Jesaja über euch..." Das ist eine traurige Geschichte.

Für den heutigen Juden ist es charakteristisch, dass sein Herz gegenüber dem Evangelium Christi verhärtet ist. Nicht etwa, dass sie nichts davon gehört hätten oder es nicht verstanden hätten. Am Ende des Kapitels 10 finden wir einen der traurigsten Verse, wo Gott sagt: „Den ganzen Tag habe ich meine Hände ausgestreckt, aber keine Rückmeldung bekommen." Das ist der souveräne Gott. Er streckt seine Hände aus, um Menschen zu gewinnen. Man kann die Souveränität Gottes auf solch harte Weise predigen, dass man ganz vergisst, dass er der geduldige Gott ist und die Menschen inständig bittet, auf ihn einzugehen. Er zwingt die Menschen nicht, auf ihn einzugehen. So gebraucht er seine Souveränität nicht. Er streckt seine Hände aus: Bitte, ich will dir so gerne helfen. Ich will meine Gerechtigkeit mit dir teilen. Ich will aus euch ein Volk machen, nach dem ihr euch doch eigentlich in euren wertvollsten Momenten sehnt. Ja, so gesehen gibt es einen bittenden Gott. Sie haben gehört, aber sie haben es nicht angenommen. Sie sind verstockt und deshalb straucheln sie.

Wenn dies das Ende der Geschichte mit den Juden wäre, dann wäre es wirklich traurig, aber zum Glück ist es das nicht. Wir kommen jetzt zu Kapitel 11, wo es heißt, dass sie in der Zukunft gerettet werden. Es ist eine Verheißung und ein Geheimnis zugleich, ein Geheimnis, das Paulus offenbaren durfte. Es ist wirklich das letzte, was die Welt sich hätte vorstellen können. Die Welt sagt, die Juden haben bekommen, was sie verdient haben. Wusstest du, dass die Kirche jahrhundertelang die Juden beschuldigt hat, Jesus umgebracht zu haben? Aber in Wirklichkeit haben die Heiden den Mord ausgeführt. Meine Sünde war es, die Jesus ans Kreuz brachte, wer bin ich also, die Juden des Mordes an Jesus zu beschuldigen? Aber die Kirche hat nie so gedacht, und die Geschichte des zweitausendjährigen kirchlichen Antisemitismus ist einfach nur schrecklich. Es gibt ein Museum in Tel Aviv, das jeder besucht haben sollte. Aber weil es nicht in Jerusalem steht, besuchen es nur wenige. Die meisten Christen wollen Jerusalem sehen und kommen nicht nach Tel Aviv. Dieses Museum zeigt die Geschichte der Juden in den letzten zweitausend Jahren, die die meisten Christen gar nicht kennen. Im Eingangsbereich des Museums werden von der Decke mit Projektoren Gesichter von Juden auf den Boden projiziert. Du kannst gar nicht hineingehen, ohne auf diese jüdischen Gesichter zu treten. Damit soll dir gesagt werden, wie sie sich in diesen zweitausend Jahren gefühlt haben. Die meiste Verfolgung in der weitverstreuten Diaspora erfuhren sie von der Kirche.

Denke an die Aufzeichnung der ersten Predigt gegen die Juden, als die Kirche unter Konstantin erstarkte. Daraufhin schloss die Kirche Synagogen. Sie zwangen Juden, einen gelben Stern zu tragen. Alles Mögliche taten sie ihnen an. Sie sperrten sie in Ghettos. Das taten Christen, wohlgemerkt! Martin Luther war einer der schlimmsten. Zuerst meinte er, dass sie auf ihn eingehen würden, wenn er ihnen ganz einfach das Evangelium verkünden würde. Dann merkte er wie alle anderen auch, dass sie verstockt waren, dass sie zwar hörten, es aber nicht annahmen. So wandte er sich gegen sie. Martin Luther hielt eine Predigt, in der er Deutschland dazu aufrief, die Juden los zu werden. Er sagte: „Brennt ihre Synagogen nieder. Zerstört ihre Bücher. Verbannt die Rabbiner. Nehmt ihnen ihre Pässe ab." Einige Tage nach dieser Predigt starb Luther, es war die letzte Predigt, die er gehalten hatte. Bis heute ist die lutherische Kirche Deutschlands weitgehend antisemitisch eingestellt und glaubt an die Ersatztheologie, nämlich dass die Kirche den Platz der Juden eingenommen hat und dass Gott sein altes Volk verworfen hat.

Paulus beginnt Kapitel 11 mit einer Frage: „Ich frage, hat Gott die Juden verworfen?" Du kennst die Antwort bereits: „Niemals!" Später im Kapitel sagte er: „Sind die Juden aus der Hoffnung hinausgefallen? Werden sie nie mehr wiederhergestellt?" „Niemals!" Leider wird in der Kirche aus diesem Kapitel nur ungern gepredigt, aber darin heißt es ganz klar: Gott hat sie nicht verworfen. Gott hat seine Meinung über sie nicht geändert. Dann sagt er: „Schauen wir mal ihre Vergangenheit an." Erstens hat Gott immer einen Überrest gelassen. Er zitiert den Propheten Elia. Als Elia von den Baalspropheten herausgefordert wurde, gewann er zwar den Entscheidungskampf, musste aber vor Isebel fliehen, die sehr wütend war. Eine einzige wütende Frau machte aus dem tapferen Propheten einen Feigling, und er lief davon. Er hatte eine Unterhaltung mit Gott und sagte: „Gott, du wolltest doch ein Volk hier auf der Erde. Ich bin als einziger übriggeblieben – nur ich alleine." Gott musste dem Elia nun etwas Mathematiknachhilfeunterricht geben, denn es waren einige Tausend Gläubige übriggeblieben. Er hatte einen Überrest. Paulus zitiert das in Kapitel 11 und fügt hinzu: „bis zum heutigen Tag." Gott hat einen Überrest gläubiger Juden bewahrt, und diese sind immer noch sein Volk. Er hat seine Verheißungen und seinen Bund mit ihnen nicht gebrochen. Durch Gnade hat er sie bewahrt – nicht etwa, weil Gnade eine unwiderstehliche Kraft wäre, sondern sie wurden befähigt, Gnade durch Glauben zu erhalten. So hat Gott sie für sich bewahrt. Nicht aus Werken, sondern durch ihren Glauben hat er sie bewahrt.

Was passierte mit den restlichen Juden? Wenn der Überrest bewahrt wurde, wurde der Rest verhärtet. Gott selbst hat bei der Verhärtung mitgewirkt. Sie haben ihr Herz Gott gegenüber verhärtet, so dass Gott sagte: „Wenn das der Weg ist, den ihr gehen wollt, dann werde ich euch dabei helfen." Gott hat die Juden verhärtet. Wenn immer Gottes Wort gepredigt wird, öffnen sich die einen und die anderen werden verhärtet. Das kann sogar passieren, während ich versuche, dir die Wahrheit über den Römerbrief mitzuteilen. Entweder öffnest du dich oder du verhärtest dich, es kommt auf die Herzenshaltung an, mit der du dich der Sache näherst. Ich hoffe, dass du ein offenes Herz hast und bereit bist, die Wahrheit zu empfangen. Dann bekommst du sie nämlich. Du wirst gesegnet. Aber wenn jemand mit einem misstrauischen Herzen kommt und anfängt, sich gegenüber der Wahrheit zu verhärten, dann wird Gott sie weiter für dich verhärten. Er wird dir helfen, den eingeschlagenen Weg weiterzugehen. Gott verhärtet Menschen, genauso wie er Menschen das Herz öffnet, aber es hängt vom Menschen selbst ab.

Das ist in der Vergangenheit passiert. Ein Überrest blieb übrig und die anderen wurden verhärtet. Aber was passiert in der Gegenwart? Nun, und das ist wirklich komisch, weil die Juden das Evangelium abgelehnt haben, kam es zu den Heiden. Wir sollten den Juden wirklich dankbar dafür sein, dass sie es abgelehnt haben, denn sonst wäre es nicht zu uns gekommen. Wenn Paulus irgendwo hinkam, predigte er zuerst den Juden. Wenn sie ihn zurückwiesen, dann sagte er: „Ich wende mich zu den Heiden. Die werden es annehmen." Und das taten sie auch. Wir sind das Ergebnis. Das Evangelium gelangte wegen Paulus in den Westen und nach Europa. Paulus reiste mit dem Evangelium, weil das jüdische Volk ihn zurückwies. Das ist wirklich ein Grund zu echter Dankbarkeit gegenüber den Juden. Paulus fügt aber hinzu: „Wir sollten das dazu benutzen, sie eifersüchtig zu machen." Unglücklicherweise übersetzt die

NIV (eine moderne englische Bibelübesetzung) „sie neidisch zu machen." Nein, die Juden wiesen das Evangelium ab, es kam zu uns Heiden, sodass wir sie eifersüchtig machen können. Ich muss so gut ich kann den Unterschied zwischen neidisch und eifersüchtig erklären. Wenn ich jemand treffen würde, dessen Frau ich attraktiv finden würde, dann würde ich vielleicht neidisch. (Das ist mir aber noch nie passiert!) Aber wenn jemand mit meiner Frau durchbrennen würde, dann wäre ich eifersüchtig. In beiden Fällen wäre ich böse, aber in einem Fall wäre ich böse und neidisch und im anderen Fall wäre ich böse und eifersüchtig. Mit anderen Worten, um einen Juden eifersüchtig zu machen, langt es nicht, ihm zu sagen: „Wir haben etwas, was du nicht hast." Da machst du ihn höchstens neidisch. Wenn du ihm aber sagst: „Wir haben deine Schriften, wir haben den jüdischen Messias gefunden." Dann machst du ihn damit eifersüchtig, aber nicht, wenn du nur sagst: „Wir haben den Herrn gefunden und du nicht." Dann werden sie bestenfalls neidisch. Gott hat das Evangelium zu uns gebracht, nachdem die Juden es zurückgewiesen haben, um sie eifersüchtig zu machen, um sie zu provozieren, damit sie sagen: „Das gehört uns! Das hat uns gehört, bevor ihr es bekommen habt." Als diese Jüdin in Ely mir sagte: „Wenn Jesus lebt, dann muss er unser Messias sein", stieg in Wahrheit Eifersucht in ihr auf. Kannst du das verstehen? Dass ist die passende Missionsmethode für Juden. Das war Paulus Methode: Ihre Eifersucht zu wecken. Erzähle ihnen, dass du etwas entdeckt hast, was ihnen gehört, worauf sie Anrecht haben, was ihre Vergangenheit ist, was ihr Erbe ist. Nicht etwas, das wir entdeckt haben, was unser Erbe ist, sondern was ihnen gehört, das haben wir für uns selbst entdeckt.

Das Beste was man also zurzeit tun kann ist, Juden eifersüchtig zu machen. Aber leider hat das die Heiden arrogant gemacht. Mache die Juden eifersüchtig, aber werde nicht stolz darauf, dass du angenommen wurdest, während sie zurückgewiesen wurden. In dieser Gefahr befindet sich die heidnische Gemeinde. Die Gemeinde ist aber voll in diese Falle getappt und wurde stolz auf das, was sie empfangen haben, während die Juden es abgelehnt haben. Wenn wir nicht aufpassen, dann führt das zu einer Verachtungshaltung gegenüber dem jüdischen Volk und zu der sogenannten Ersetzungstheologie, die besagt, dass die Kirche Israel ersetzt hat, dass wir nun das neue Israel Gottes sind, dass wir nun das auserwählte Volk sind. Das ist Arroganz, und Paulus kommt nun zum zentralen Anliegen des gesamten Briefes. Dreimal in Kapitel 11 bezichtigt er die heidnischen Gläubigen in Rom der Arroganz und des Prahlens. Du kannst nicht arrogant sein, ohne Verachtung zu zeigen. Du kannst nicht stolz auf dich selbst sein, ohne auf den anderen herabzusehen. Beides gehört zusammen, zwei Seiten derselben Münze. Wenn du als Heide stolz darauf bist, das bekommen zu haben, was sie zurückweisen, dann wirst du sie verachten.

Hier redet Paulus nun wirklich mit deutlichen Worten. Zuerst sagt er etwas Erstaunliches: „Wenn ihre Zurückweisung Christi das Evangelium in die Welt gebracht hat, was wird ihre Annahme anderes sein, als Leben aus den Toten?" Das ist ein logisches Argument. Er sagt damit, wenn ihre Zurückweisung so viel für den Rest der Welt bedeutet hat, wieviel mehr wird ihre Annahme bedeuten? Er verwendet hier nicht ein hypothetisches „wenn", sondern er sagt, dass es passieren wird. Er sagt nicht: „*Falls* (im hypothetischen Sinn) die Juden zu Christus kommen sollten, was wäre das für ein Segen." Sondern er sagt: „Wenn (im temporalen Sinn) sie zu Christus kommen werden." Er ist sich absolut sicher, dass sie kommen werden. Er sagt: „Wenn ihre Zurückweisung solch einen Segen auf die Heiden gebracht hat, was wird ihre Annahme anderes sein als Leben aus den Toten?"

Kannst du dir eine Welt vorstellen, in der du deine Haustüre aufmachst und zwei gut gekleidete junge Männer aus Israel dastehen und mit dir über Jesus reden wollen? Keine Zeugen Jehovas. Eigentlich hatte Gott ihnen durch Jesaja gesagt: „Ihr werdet meine Zeugen sein, spricht Jehova." Er hatte sie dazu berufen, Zeugen Jehovas zu sein, aber sie sind dem Ruf nicht gefolgt. Es wird der Tag kommen, an dem zwei junge Männer aus Israel an deine Tür klopfen und sagen werden: „Wir sind gekommen, um dir die gute Botschaft zu erzählen." Man wird junge Männer aus Israel in die ganze Welt senden, um das Wort zu verkünden. Schließlich werden sie doch noch ihrem Ruf Folge leisten. Paulus hat daran keinen Zweifel. Da gibt es kein „falls", sondern –was wird geschehen, „wenn" sie endlich ja sagen?

Die begabtesten Menschen auf Erden; das erstaunlichste Volk auf Erden, das schon so viel für diese Welt getan hat; jetzt schon hast du dem jüdischen Volk so viel zu verdanken. Hast du heute schon telefoniert? Ein Jude hat das Telefon erfunden. Bist du schon einmal mit einem Flugzeug geflogen? Ein Jude erfand das Flugzeug. Hast du heute zum Frühstück Tomaten gegessen? Ein Jude hat die Tomate entdeckt. Hast du schon einmal eine Kokaininjektion gehabt, damit du bei der Zahnbehandlung keine Schmerzen hast? Ein Jude hat das erfunden. Ich kann unser ganzes tägliches Leben durchgehen und dir zeigen, wieviel wir den Juden zu verdanken haben. Aber deinen Glauben hast du nicht von ihnen. Das ist eine Tragödie. Du hast ihn von anderen Heiden empfangen, das ist ziemlich sicher. Aber wenn wir das alles wegen ihrer Zurückweisung bekommen haben, was wird geschehen, wenn sie ihren eigenen Messias und Herrn annehmen? Mir wird ganz schwindelig.

Lasst uns also, wenn möglich, die Juden eifersüchtig machen, ohne dabei selbst arrogant zu werden. Das ist sehr wichtig. Paulus sagt, dass da durchaus etwas ersetzt worden ist. Einige jüdische Zweige sind aus dem Olivenbaum ausgeschnitten worden und ihr Heiden seid eingepfropft worden, an ihrer Stelle. Merke bitte, es heißt *einige* Juden sind ausgeschnitten worden. Ihr seid anstelle von einigen Juden zwischen anderen Juden eingepfropft worden. Es ist ein durch und durch jüdischer Baum und wir Heiden sind in einen jüdischen Baum eingepfropft worden. Paulus sagt, nicht wir tragen den Baum, sondern der Baum trägt uns. Unser Glaube hat jüdische Wurzeln. Wenn dein Glaube in der Bibel wurzelt, dann wurzelt er in jüdischen Wurzeln. Es sind die Wurzeln, die dich tragen. Nicht du trägst sie. Das ist eine klare Ansage.

Nun erdreistet sich Paulus, etwas zu sagen, was einen richtig schockieren kann. Er sagt: „Wenn Gott einige der Juden herausgeschnitten hat, als sie ihren Glauben an ihn verloren hatten, dann wird er auch dich herausschneiden, wenn du deinen Glauben an ihn verlierst." Nimm das sehr ernst. Um ihre Arroganz zu beschneiden, sagte er: „Diene dem Herrn mit Furcht!", denn er ist derselbe Gott. Der Gott Israels hat einige Juden ausgeschnitten und er wird auch Christen herausschneiden, wenn sie nicht am Glauben festhalten, wenn sie nicht an Gottes Güte festhalten; dann wirst auch du herausgeschnitten werden. Deshalb glaube ich nicht an das „einmal errettet – immer errettet". Deshalb habe ich am Ende von Kapitel 8, wo verheißen ist, dass nichts uns trennen kann, gesagt, dass du selbst dich sehr wohl trennen kannst. Wenn du nicht bis zum Ende an Jesus glaubst, wirst auch du abgeschnitten werden. Ich kann es nicht deutlicher sagen. Werde nicht arrogant, weil einige Juden ausgeschnitten wurden. Du wirst auch ausgeschnitten werden, wenn du das tust, was sie taten – sie verloren ihr Vertrauen in Gott.

Er bezieht sich hier natürlich auf die Tatsache, dass eine große Anzahl von 600.000 Menschen aus Ägypten auszog und nur zwei von ihnen in das verheißene Land kamen. Was geschah mit dem Rest? Sie sind ausgeschnitten worden. Sie starben in der Wüste. Sie haben es nicht geschafft, und das wird im Neuen Testament als Warnung für christliche Gläubige verwendet. Nicht der Glaube, mit dem du begonnen hast, wird dich retten, sondern der Glaube, mit dem du den Lauf vollendest. „Der bis zum Ende ausharrt, wird errettet werden." Wo immer das Wort „glauben" im Johannesevangelium verwendet wird, wird es in einer bestimmten grammatikalischen Zeitform verwendet, nämlich der „Verlaufsform der Gegenwart", was so viel bedeutet wie: etwas fortlaufend tun. Es nicht nur einmal tun, sondern es für den Rest deines Lebens tun. „Denn so hat Gott die Welt geliebt, dass er seinen eingeborenen Sohn gab, dass alle, die *immer weiter an ihn glauben,* nicht verloren gehen, sondern *immer weiter das ewige Leben haben.*" Jesus sagte: „Bleibt in mir, haltet an mir fest. Wenn ihr nicht in mir bleibt, werdet ihr keine Frucht bringen. Du wirst verdorren, und der Gärtner wird die toten Zweige abschneiden und sie in das Feuer werfen." Wenn Jesus das gesagt hat, kann ich nicht an der Vorstellung festhalten von „einmal gerettet – immer gerettet". Ich kann dir 80 Schriftstellen aufsagen, die aussagen: Verliere nicht, was du in Christus bekommen hast. Jeder Autor des Neuen Testaments hat dir eine klare Warnung gegeben, dass du deine Errettung verlieren kannst.

Der Beweis dafür sind die Juden, die in der Wüste gestorben sind. Sie haben es nicht geschafft, weil sie Gott nicht geglaubt und nicht gehorcht haben. Von Kadesch-Barnea aus haben sie Spione ins verheißene Land geschickt und alle zwölf kamen zurück. Zehn von ihnen sagten: „Wir kommen da nicht hinein. Die Städte haben Mauern, so hoch wie der Himmel, und die Leute dort sind viel größer als wir. In diesem Land leben Riesen. Zehn Spione sagten: „Wir können da nicht hineingehen." Aber zwei Spione, Josua und ein anderer sagten: „Wir werden auf den Schultern Gottes hineingehen, denn auf den Schultern Gottes sind wir größer als alle Riesen. Wir können dann sogar über die Mauern hinüberschauen, und Gott wird sie für uns niederreißen." Die beiden waren die einzigen, die hineinkamen. Aber der Rest glaubte den zehn Spionen, die sagten: „Wir schaffen das nicht." Und sie alle starben in der Wüste. Das kann auch Christen passieren, denn Gott ist ganz einfach derselbe Gott und geht mit seinen Leuten genauso um. Deshalb müssen wir vom Alten Testament lernen und Gott für das Alte Testament dankbar sein.

Wir kommen nun zu dem großartigen Vers: „Gott hat dich wilden Olivenzweig in diesen Olivenbaum Israels eingepfropft." Für einen Gärtner ist das etwas Großartiges. Wenn du einen Schössling des gleichen Gewächses einpfropfst, dann hat er viel größere Chancen anzuwachsen. Und jetzt sagt er, dass Gott in der Lage ist, die Juden wieder in ihren eigenen Baum einzupfropfen. Er sagt: „wieviel mehr" – und das ist das Geheimnis – „wird Gott das ganze Volk wieder einpfropfen." Wie wird er das anstellen? Indem er die Verhärtung ihres Herzens entfernt, indem er ihre Herzen wieder öffnet. Und zwar Israel in seiner Gesamtheit – was nicht bedeutet, dass jeder Jude, der dann lebt, und auch sicher nicht jeder Jude, der jemals gelebt hat, gemeint ist, sondern das Volk in seiner Gesamtheit ist gemeint. Das ist die Bedeutung von „ganz Israel". Es ist so wie dieser Satz aus dem Alten Testament: „Ganz Israel versammelte sich zu König David." Es bedeutet nicht, dass jeder einzelne Mann, Frau oder Kind sich dort versammelten, sondern dass sich Repräsentanten der zwölf Stämme zu David versammelten. Eines Tages wird das geschehen – sie werden zum Sohn Davids kommen und werden als eine Gemeinde, als ein Olivenbaum, als ein neuer Mensch in Christus vereint sein. Das ist die Bedeutung des Wortes „errettet" an dieser Stelle.

Es ist nicht verheißen worden, dass sie von den Arabern oder jemand anderem errettet werden, sondern es ist verheißen worden, dass sie von ihren Sünden errettet werden, genauso wie wir und auf dieselbe Weise: Durch den Glauben an Jesus.

Eines Tages also wird Gott ihnen Gnade schenken, wenn er ihr Herz öffnet. Ich glaube, es wird sein, wenn er Jesus sendet, wenn er wiederkommt, und zwar nicht nach London, nicht nach Washington, nicht nach Peking, sondern zurück nach Jerusalem, zu seinem eigenen Volk. Sie werden ihn wiedersehen. Es heißt: „Sie werden um ihn trauern, wie um den einzigen Sohn", wenn sie erkennen, was sie zweitausend Jahre lang gemacht haben, über den Felsen gestolpert, auf dem sie eigentlich hätten stehen sollen. Sie werden als ganzes Volk Buße tun. Das ist in der Schrift verheißen, in Kapitel 11. Ich glaube es. Aber was wird dann geschehen? Es entzieht sich meiner Vorstellungskraft, aber es wird herrlich sein.

Paulus endet nun mit den Worten: „Siehst du nun wie die Rettung der Juden und der Heiden miteinander verbunden sind?" Die Verwerfung der Juden brachte Gottes Gnade zu den Heiden. Die Gnade, die zu den Heiden gelangt ist, macht die Juden eifersüchtig, aber sie wendet sich wieder zu ihnen zurück. Was unsere Errettung betrifft, so sagt Gott an einer Stelle eigentlich, dass sie um der Juden willen geschehen ist. Er hat uns Heiden gerettet, damit er dadurch sie rettet. Unser beider Zukunft ist miteinander verknüpft. Wir blicken alle auf zu einer Stadt mit einem jüdischen Namen und mit vierundzwanzig jüdischen Namen, die in die Grundmauern und die Stadttore eingraviert sind – das neue Jerusalem, darauf blicken wir. Wir werden alle ein Volk in einer sehr jüdischen Stadt sein, im neuen Jerusalem, mit dessen Bau Gott jetzt schon begonnen hat und das vom Himmel auf die neue Erde herabkommen wird.

Welch herrliche Ratschlüsse! Gott hat die Geschichte der Juden und die Geschichte der Heiden wunderbar miteinander verwoben. Jesus sagte: „Ich habe noch andere Schafe, die nicht zu dieser Herde (er meinte Israel damit) gehören, die muss ich auch noch holen." Ja, es wird eine Herde und ein Hirte sein. Wir haben mit den Juden zusammen *eine* Zukunft. Unser Schicksal ist ihr Schicksal. Wir sind in Eines zusammengeschlossen, und Paulus ist von dem Wirken Gottes in der Geschichte der Menschheit und seinem Ratschluss so überwältigt, dass er nur noch in Lobpreis ausbrechen kann. Er beendet das Lehren und fängt an, Gott für seine unbeschreibliche Weisheit, für sein souveränes Handeln und für seine unermessliche Vollmacht zu preisen. Seine berühmten Worte sind: „Denn von ihm und durch ihn und auf ihn hin sind alle Dinge, ihm sei die Herrlichkeit für immer, Amen."

# 6. BEZIEHUNGEN
## Kapitel 12,1 – 13,14

A. MIT GOTT (12,1-8)
  1. TUN – OPFER (1-2)
    a. Hingegebene Körper
      i. Physische Verzichtserklärung
      ii. Geistlicher Lobpreis
    b. Reine Sinne
      i. Geistliche Disziplin
      ii. Moralische Wegweisung
  2. LASSEN – DÜNKEL (3-8)
    a. Maß des Glaubens
      i. Selbstsüchtige Arroganz
      ii. Nüchterne Einschätzung
    b. Vielfältige Funktionen
      i. Beispiele
      ii. Ausüben

B. MIT ANDEREN MENSCHEN (12,9-21)
  1. INNEN – HARMONIE (9-16)
    a. TUN – echte Fürsorge
      i. Füreinander
      ii. Für sich selbst
    b. LASSEN – falscher Hochmut
      i. Beziehung
      ii. Arroganz
  2. AUSSEN – FEINDSELIGKEIT (17-21)
    a. LASSEN – Vergeltung
      i. Menschliche Rache
      ii. Göttliche Vergeltung
    b. TUN – Versöhnung
      i. Worte – Segnen für Fluchen
      ii. Taten – Gutes für Böses

C. MIT DEM STAAT (13,1-14)
   1. TUN – AUTORITÄT (1-7)
      a. Staatliche Würde
         i. Einsetzung (Versorgung, Schutz)
         ii. Strafe (Lob, Verurteilung)
      b. Bürgerpflicht
         i. Unterordnung (Feigheit, Gewissen)
         ii. Unterstützung (Steuern, Respekt)
   2. LASSEN – MORAL (8-14)
      a. Erfüllung des Gesetzes
         i. Finanzielle Schulden
         ii. Moralische Schulden
      b. Die Zeit verstehen
         i. Wach auf! (Nacht und Tag)
         ii. Zieh dich an (Finsternis und Licht)

## BITTE LIES RÖMER 12,1 – 13,14

In Kapitel 12 und 13 behandelt Paulus Beziehungen, welche doch überaus wichtig in unserem Leben sind. Die wichtigste Beziehung, die wiederhergestellt werden muss, ist die mit Gott. Wir sind gerechtfertigt. Wir sind mit Gott wieder im Reinen, aber es ist eine fortwährende Beziehung, die gepflegt werden muss, so dass sie lebendig und wahrhaftig bleibt. Der ganze Abschnitt besteht aus Geboten und Verboten, was wir tun und was wir lassen sollen. Die Juden hatten 613 verschiedene Gebote und Verbote im Gesetz des Moses, weißt du aber, wie viele wir im neuen Bund haben? Über 1.100! Ja, es gibt Gebote und Verbote für die Christen. Der Unterschied besteht darin, dass der christliche Gläubige, der mit dem Heiligen Geist erfüllt ist, die Gebote gerne tun und die Verbote gerne lassen will. In diesem Teil des Briefes geht es also um ganz praktische Dinge, die wir tun und die wir nicht tun sollen.

Sehen wir uns also zuerst die Gebote und Verbote im Zusammenhang mit der Beziehung zu Gott an. Das erste Gebot ist, Gott etwas zu opfern. Die ganze Vorstellung von „opfern" ist für uns ziemlich fremd. Wir gehen Sonntagmorgens nicht mit einem Lamm, einer Taube oder einem sonstigen Tier zum Gottesdienst, damit der Pastor ihm vor der Gemeinde die Kehle durchschneidet. Der Gottesdienst würde wahrscheinlich einem Blutbad gleichen. So etwas müssen wir nicht mehr machen, denn Gott hat das abgeschafft. Diese Art von Opfer hat aufgehört. Gott fordert nun lebendige Opfer. Alle Opfer des Alten Testaments waren tote Opfer. Zuerst wurden sie getötet und danach dargebracht. Im neuen Bund aber will Gott lebendige Opfer, deshalb fordert uns Paulus auf: „Ich ermahne euch durch die Erbarmungen Gottes...".

Das führt uns wieder zurück zum Ende des Kapitels 11, zu den Erbarmungen Gottes. Das ist ein wunderbares Thema. In diesem Kapitel sagt Gott, dass er sowohl die Heiden als auch die Juden unter den Ungehorsam eingeschlossen hat, damit er sich aller erbarme.

Es gab einmal eine bekannte Persönlichkeit, dessen Portrait in der Öffentlichkeit aufgehängt wurde. Dieser sagte zu dem Künstler: „Hoffentlich wird es meiner Persönlichkeit gerecht." Der Künstler erwiderte: „Gerecht sein hin oder her, du brauchst Gnade." Wir wissen bereits, was Gnade ist. Gerechtigkeit ist das, was wir verdienen, aber Gnade bedeutet, was wir nicht verdienen können. So schaut nämlich die Beziehung aus, die Gott sich zwischen sich und uns wünscht. Darum geht es bei den Erbarmungen Gottes, die Paulus uns hier empfiehlt; es ist die unverdiente Gnade Gottes, etwas, das wir uns nie hätten erarbeiten können.

Jetzt muss ich dir ein kleines Geheimnis verraten. Meine Frau hat ein tägliches Ritual, mit dem sie den Tag beginnt, nämlich eine Tasse Tee. Sie braucht einfach morgens diese Tasse Tee. Ich kann mich, seit wir verheiratet sind, diesem Ritual nicht entziehen. Wenn ich also morgens aufwache und mich so richtig christlich fühle, dann mache ich ihr diese Tasse Tee. Wenn ich morgens aufwache und mich nicht so christlich fühle, dann macht sie selbst diese Tasse Tee. Das ist unsere Abmachung. Ich werde dir hier nicht sagen, wie oft ich oder sie diese Tasse Tee macht. Aber wenn ich dran bin, dann gehe ich nach unten vor die Haustüre und hole die zwei Flaschen Milch (Anmerkung: ein Engländer MUSS Milch zu seinem Tee haben), die wir jeden Morgen geliefert bekommen. Die Flaschen sind kalt und manchmal sogar gefroren. Wenn es dann morgens so richtig frostig ist, macht es keinen Spaß, diese gefrorenen Dinger herein zu holen. Ich klemme sie mir unter den Arm und muss dann immer an die Verse der Klagelieder denken, wo es heißt: „Deine Gnade ist neu jeden Morgen." Wenn ich sie dann also hinein hole, danke ich Gott für seine Gnade. Ja, ich bin jetzt 84 Jahre alt und kann trotzdem immer noch für den Herrn arbeiten. Das ist Gnade. Ich habe sie nicht verdient. Wir sind jetzt im Alter in eine kleine Wohnung umgezogen, die wir unser Eigen nennen dürfen. Das ist auch Gnade. Ich habe das nicht verdient. Ich bin gesund, habe viel Arbeit und einen Platz zum Leben. All das ist unverdient, und jeden Morgen kann ich all diese Gnadenerweise aufzählen. Als du das erste Mal Gott ungehorsam warst, hast du dich selbst in ein Gefängnis eingesperrt – und das nur, damit Gott dir Gnade erweisen und dir etwas geben kann, das du nicht verdient hast und das du dir nie hättest erarbeiten können. Und deshalb sollst du durch die Erbarmungen Gottes ihm ein lebendiges Opfer bringen. Es ist ein körperliches und physisches Opfer, wie all die Opfer des Alten Testaments. Es ist dein Leib, ein lebendiges Opfer, das du ihm zur Verfügung stellst. Im griechischen Text steht eigentlich „präsentieren" und das bedeutet, dass man es *ein für alle Mal* tut. Es nicht jeden Tag tut, sondern *ein für alle Mal* sozusagen: „Herr, hier ist mein Leib für dich, benutze ihn." Hast du in Kapitel 6 aufgepasst? Dort heißt es: „Stellt eure Leiber als Werkzeuge für die Gerechtigkeit zur Verfügung." Was du mit deinem Leib anstellst ist enorm wichtig. Deswegen hat der frühere Erzbischof von Canterbury, William Temple auch gesagt: Das Christentum ist die materialistischste Religion in der ganzen Welt. Es geht hier um die Leiber, ganz gegenständliche Dinge. „Stellt eure Leiber zur Verfügung, und zwar ein für alle Mal." Du musst nur ein einziges Mal die Rechte an deinem Leib vollständig aufgeben und dann konsequent bleiben. Das ist das lebendige Opfer, das Gott will. Und erstaunlicherweise ist das dann dein geistlicher Gottesdienst.

Es war einmal ein junger Student in Cambridge, der zu einer missionarischen Veranstaltung ging. Irgendwann ging dann der Opferbeutel herum, er griff nach seinem Geldbeutel und musste feststellen, dass er ihn zu Hause vergessen hatte. Was sollte er tun? Der Opferbeutel kam immer näher. Als er zu ihm kam, kramte er einen Notizblock und einen Stift hervor, schrieb etwas auf ein Stück Papier, riss es ab und warf es in den Opferbeutel. Er hatte keinen Schuldschein ausgestellt, sondern einfach auf das Papier geschrieben: „ich selbst". Er wurde später einer der größten Missionare in Indien. Es war das Wertvollste, was in diesen Opferbeutel gelangte, und er hat es dort hineingeworfen. Hier ist mein Leib. Mach damit, was du willst. Das größte Opfer ist, wenn man seine Rechte auf ihn aufgibt.

Er will aber auch deinen Sinn. Der nächste Vers bedeutet nämlich folgendes: Sei kein Chamäleon, sondern sei eine Raupe. Das ist die eigentliche Aussage des nächsten Verses. Weißt du, was ein Chamäleon macht? Es ist ein Tier, das seine Farbe entsprechend der Farbe des Untergrundes, auf dem es sitzt, ändert. Mache es nicht wie das Chamäleon und passe deine Gedanken nicht einfach den Gedanken der Leute um dich herum an. Oder wie J. B. Phillips es ausdrückt: „Erlaube deinem Umfeld nicht, dich in seine Schablone zu pressen." Wenn wir unseren ganzen gedanklichen Input nur aus dem Fernsehen, dem Internet oder anderen Massenmedien beziehen, dann wird das auf unser Denken abfärben. Wenn du mehr Zeit vor dem Fernseher als mit der Bibel verbringst, wird das nicht dein Denken verfärben?

Du musst viel Zeit mit dem Wort Gottes verbringen, dann wirst du anfangen, wie Gott zu denken, dann wirst du fühlen, wie Gott fühlt, dann wird sich dein Sinn von innen her verwandeln. Dann wirst du wie eine Raupe werden, und genau das ist es, was Gott mit dir tun will. Raupen sind eigentlich ziemlich unansehnliche Wesen. Sie werden dann zu Puppen, und die sind noch unansehnlicher. Puppen hängen sich an Zweige von irgendwelchen Büschen. Sie entwickeln sich aber von innen her, bis sie eines Tages aufplatzen und daraus ein wunderschöner Schmetterling hervorkommt. All seine Farben bildeten sich ganz unbemerkt im Inneren, bis sie endlich hervorkommen. Sei also kein Chamäleon, sei eine Raupe. Die Farben deines Denkens sollen sich von innen herausbilden und nicht von außen gefärbt sein – nicht von den Menschen in der Welt, sondern durch die Erneuerung deines Sinnes.

Diese zwei Sachen erwartet Gott von uns: Einen hingegebenen Leib und einen reinen Sinn, der nicht von der Welt, die uns umgibt, verschmutzt ist. Wenn er das bekommt, dann ist er auch bereit, dich in deine Bestimmung hineinzuführen. Wie kann er dir seinen Willen für dein Leben offenbaren, wenn er nicht die Herrschaft über deinen Leib und deinen Sinn erlangt hat? Es ist ziemlich nutzlos, wenn er dich leitet, bevor er nicht diese zwei Dinge hat. Wenn er sie aber hat, dann bist du in der Lage, seinen Willen für dein Leben zu erkennen. So jedenfalls habe ich das Wesen seiner Leitung verstanden. Opfere ihm zuerst deinen Leib, färbe deinen Sinn von innen heraus, bis er seinem Sinn entspricht. Dann wirst du erkennen, was er mit dir vorhat, denn erst dann kann er dich brauchen. Dann wirst du erkennen, dass sein Wille für dich perfekt und passend ist. Dann wird dein Leben zu dem, zu dem er es vorgesehen hat. Nichts ist so befriedigend, am Ende eines solchen Lebens angelangt zu sein und zu merken, dass du seinen Willen erkannt und getan hast. Aber es ist furchtbar, am Ende seines Lebens angelangt zu sein und sich dann fragen zu müssen ob man überhaupt seinen Willen getan hat. Wenn man am Ende seines Lebens nichts bereuen muss, dann kommt das nur daher, weil du dich als lebendiges Opfer hingegeben hast, und Gott es war, der dich geführt hat und du ihm gehorcht hast.

Jetzt haben wir die zwei ersten Verse des Kapitels 12 beleuchtet und machen nun weiter. Hier ist durchaus ein Verbot enthalten. Lass nicht zu, dass Gottes Gaben dich religiös hochmütig machen. Davor muss man sich immer in Acht nehmen. Wenn du seinen Willen erkennst und ihn tust, darfst du nie stolz darauf sein. Werde deshalb nicht aufgeblasen, sondern bleibe demütig. Messe dein Glaubensleben, wie du lebst und was du tust, an dem, wie Gott dir zugeteilt hat. Er weiß wieviel Glauben wir benötigen, um damit seinen Willen auszuführen. Hüte dich vor geistlichen Luftschlössern. Das Maß deines Glaubens ist ein zuverlässiger Gradmesser dafür, wo, also in welcher Position du im Willen Gottes stehst. Schätze dich selbst ganz nüchtern ein, wieviel Glauben dir gegeben ist und inwieweit du ihn gebrauchst. Das ist die eine Seite: sich selbst richtig einzuschätzen.

Wenn man geistlichen Hochmut vermeiden will, gehört die andere Seite auch dazu, nämlich zu bedenken, dass deine Gabe nur eine unter vielen ist und dass sich alle Gaben gegenseitig brauchen. Wenn Gott dir die Heilungsgabe geschenkt hat, dann nicht, um dich zu einem großen Heilungsprediger zu machen. Er hat sie dir gegeben, damit sie mit den übrigen Gaben im Leib zusammenarbeitet, damit der ganze Leib in seiner Gesamtheit funktioniert. Dabei spielt es keine Rolle, ob dein Anteil im gesamten Leib sichtbar oder unsichtbar ist, beides ist gleich wichtig. Wenn Gott dir eine Gabe gegeben hat, sollst du nicht darüber begeistert sein, sondern die Gabe benutzen! Wenn du eine Lehrgabe hast, dann lehre. Wenn du eine Heilungsgabe hast, dann heile. Paulus listet nun einige Gaben auf und sagt jedes Mal: Benutze sie, verstecke sie nicht, schließe sie nicht weg und lege sie nicht zur Seite, sondern benutze sie im vielseitig begabten Leib Christi, der jede Gabe im Zusammenwirken mit den anderen Gaben benötigt. Das hält dich auf dem

Boden. Wegen deiner Gabe darf man dich nicht bewundern. Deine Gabe ist dir zum Nutzen des Leibes gegeben. Also, benutze sie zusammen mit den weiteren Gaben des Leibes.

Hier werden sieben Gaben aufgezählt. Lies sie dir durch und denke darüber nach.

*Prophetie* (das ist nicht etwa Predigen) ist eine Gabe, die jeder in der Versammlung ausüben kann. Prophetie sind Worte des Herrn, die er unmittelbar gibt, ohne dass man sie vorher durchdenken muss. Worte, die der Herr durch den Mund eines Menschen dem Volk Gottes weitergeben will. Sie können Vergangenes, Gegenwärtiges oder Zukünftiges betreffen. Wenn du diese Gabe hast, dann benutze sie, nicht jeder hat diese Gabe.

*Dienen* – Wörtlich steht hier Diakon, in deinem „Diakonat" sagt Paulus. Wenn es deine Berufung ist, Diakon für die praktischen Bedürfnisse der Heiligen zu sein, dann mach das auch. Es gibt Leute, die mit ihren Händen geschickter sind als mit ihren Köpfen, die praktisch einfach begabt sind. Benutze diese Gabe!

*Lehren* – Wenn Gott es dir gegeben hat, die Wahrheit in die Herzen anderer hineinzulegen, dann tue es. All diese Gaben müssen aber auch entfacht werden. Wenn du diese Gabe einmal empfangen hast, dann musst du sie aber auch weiterentwickeln. Egal ob es Dienen oder Lehren ist, du musst die Gabe benutzen und weiterentwickeln.

*Ermahnung* – das bedeutet Ermutigung. Gott braucht in jeder Gemeinde einige Leute mit der Gabe der Ermutigung. Nicht jeder hat diese Gabe. Manche sind leider eher „Entmutiger". Ermutigen bedeutet eher, den Willen des anderen und nicht so sehr seinen Verstand anzusprechen, damit er ermutigt wird, wieder weiterzugehen.

*Mitteilen* - Du weißt, was das bedeutet. „Der, welcher mitteilt..." Wenn du in der Lage bist, zu geben, dann sei freigebig. Lass es einfach fließen; sei nicht knickrig und kleinlich.

*Leitungen* – Wenn jemand in der Gemeinde vorsteht, dann muss er eifrig sein und nicht schlapp oder faul. „Irgendwie wird das schon werden" sollte nicht zu seinem Vokabular gehören. Wenn die Leiter einer Gemeinde schlapp und faul sind, kann man es der Gemeinde nicht verdenken, wenn sie nicht vorankommt. Aber wenn die Leiter eifrig und begeistert sind, wenn sie sich gerne aufopfern, dann wird die Gemeinde gerne folgen.

Zuletzt, wenn es deine Aufgabe ist, *barmherzig* zu sein, z.B. die Kranken und Traurigen zu besuchen, dann tue es mit Freudigkeit. Wenn du zu einem Kranken nach Hause kommst und er krank, müde und mit Schmerzen im Bett liegt und du dann sagst: „Mein Armer, du schaust wirklich schlecht aus" - dann werden sie vielleicht dein Mitgefühl schätzen, aber es wird kein Akt der *Barmherzigkeit* daraus. Mache es mit Freudigkeit, lass Freude fließen. Der Herr liebt Freudigkeit, er liebt einen freudigen Geber, er liebt die, die mit Freudigkeit dienen und anderen Gutes tun. Das Gegenteil davon wäre *widerwillig*. „Würdest du bitte den oder den in dieser Woche besuchen?" „Ich muss erst in meinen Terminkalender schauen. Vielleicht bringe ich das noch irgendwie unter, evtl. am Donnerstagabend." Da ist es doch etwas ganz anderes, wenn jemand sagt: „Na klar, das mach ich gerne und zwar gleich." Wenn du also Barmherzigkeit übst, dann mit Freuden. Das ist etwas ganz Praktisches, das ist doch so naheliegend.

*Glaube* – Wenn du dich selbst nach dem Maß des Glaubens beurteilst, dann bist du in der Lage, in Einmütigkeit und als Teil des ganzen Leibes zu arbeiten. Wenn du in christlichen Werken nützlich bist und von Herzen mitarbeitest, dann wird die Gemeinde auferbaut werden.

Es kam einmal ein deutscher Prediger nach England, um vor jungen Gläubigen zu sprechen. Er war ein Anführer in der Hitlerjugend gewesen, hatte sich aber in englischer

Kriegsgefangenschaft durch Christen, die ihm in Liebe begegnet waren, bekehrt. Man fragte ihn: „Welchen Eindruck hast du von den jungen Christen in England?" Er sagte: „Ich mache mir Sorgen wegen ihres lässigen Glaubenslebens. Die kompromisslose Hingabe, mit der wir damals Hitler verehrt haben, lässt sich nicht vergleichen mit dem, was sie für Christus übrighaben."

Ich möchte damit nicht speziell etwas gegen unsere Jugend sagen, sondern ich glaube, dass es uns alle betrifft. Hat unsere Hingabe an Christus nur die Qualität, wie sie andere Menschen haben, die ihre menschlichen Idole anhimmeln? „Was auch immer du tust, tu es mit ganzer Kraft!" Thomas Carlyle gab das einem jungen Mann als Lebensmotto mit auf den Weg. Natürlich hatte er dieses Motto aus der Bibel.

Wir beschäftigen uns nun mit unserer Haltung und Einstellung, die wir dem Nächsten gegenüber haben. Die nächsten Verse sind alle selbsterklärend. Einige Lehren stammen aus dem Buch der Sprüche, welches zur Weisheitsliteratur des Alten Testaments gehört. Anderes stammt aus der Bergpredigt, die das Herz neutestamentlicher Weisheit ist. Hier wird christliche Liebe porträtiert. Und so kann man sagen, dass der Römerbrief mit 1. Korinther Kapitel 13 korrespondiert. Glaube – Hoffnung – Liebe. Die ersten vier Kapitel des Römerbriefes handeln von Glauben, die nächsten acht Kapitel handeln von Hoffnung, aber die letzten vier Kapitel handeln von Liebe.

Wenn Liebe nur geheuchelt ist (Vers 9), dann kann sie sehr verletzen. Die Liebe soll wahrhaftig sein. Wahre Liebe kann man in gewisser Weise mit Hass vergleichen. Wenn du wahrhaft liebst, dann hasst du das Böse, dann verabscheust du es und du „klebst" am Guten fest – das ist hier die wörtliche Übersetzung. Die nächsten Verse zeigen uns, wie sehr die Welt darunter leidet, dass sie nach eigener Ehre trachtet. Die Christen aber wollen ihren Nächsten ehren.

Hierbei wird die menschliche Gesellschaft schonungslos entlarvt. Ich meine, dass nur die Gemeinde in der Lage ist, das zu verwirklichen, aber leider versagt auch sie nur allzu oft. Das Wort „Bruderliebe", das hier verwendet wird, bezeichnet die Beziehung, die wir innerhalb einer Familie haben sollten. Wir sind kein religiöser Verein, keine Gesellschaft, keine Organisation – wir sind eine Familie. Deshalb ist „Bruderliebe" genau das richtige für uns.

Vers 11 spricht von unserem *Enthusiasmus*, der lebendigen Glut in uns. Leute, die in Christus sind, sollten immer am „Siedepunkt" sein. (In Offenbarung Kapitel 3,14ff können wir nachlesen, was Christus mit lauwarmen Leuten machen wird.) Denke doch an das Evangelium, das wir predigen, an Christus, der unser Retter ist, an den Himmel, wohin wir unterwegs sind – dabei lauwarm zu sein ist unverzeihbar. Kochend heiß! Das steht hier im Urtext. „Glühend im Geist, lebendig, warm, enthusiastisch, voller Eifer für den Herrn." Wir sollen optimistisch sein und uns in der Hoffnung freuen. Es gibt für uns keine hoffnungslosen Situationen. Wir sollen voller Hoffnung sein. Selbst in den gegenwärtigen Schwierigkeiten sollen wir geduldig sein, und das können wir nur, wenn wir andauernd im Gebet sind. Und nur so können wir immer eine offene Hand und ein offenes Haus haben. Für einen Christen ist es charakteristisch, dass er für seine Mit-Heiligen immer eine offene Hand und ein offenes Haus hat. *Gastfreundschaft* wird uns von fast jedem Autor des Neuen Testaments vorgeschrieben. Dein Heim gehört dir nicht selbst. Du musst zwar deine Miete zahlen, wenn du aber Christ bist, gehört es dir nicht selbst. Es ist Christi Haus, und er will, dass deine Haustüre und deine Hintertüre für jedermann weit offenstehen.

Vers 15 sagt: „Freut euch mit den sich Freuenden, weint mit den Weinenden." Was ist schwerer? Ich werde dir meine Meinung sagen: Es ist schwerer, sich mit den sich Freuenden zu freuen. Mitleid ist menschlich. Wenn jemand durch wirklich schwere Zeiten geht, dann ist es relativ einfach, mit ihm mitzuleiden, es sei denn, man ist vollkommen gefühllos. Wenn aber jemand erfolgreich ist und geehrt wird, fällt es einem dann wirklich leicht, sich richtig mitzufreuen? Ein Christ nimmt teil am Leben der anderen, und wenn diese glücklich sind, dann gratuliert er ihnen ohne jeglichen Neid. Wenn sie traurig sind, dann bekundet er sein Beileid ohne jede Zurückhaltung. Wir sollen in Harmonie und Frieden mit anderen Menschen leben, unter folgenden zwei Bedingungen: Erstens, wenn es möglich ist, und zweitens, soviel an uns liegt.

Nachdem Paulus klargestellt hat, dass unsere Beziehung zu Gott eine fortwährende sein soll, geht er in Kapitel 12 weiter zur Beziehung zu anderen Menschen, insbesondere der Gemeinde Gottes, die sozusagen die Insider sind, und dann wendet er sich den Outsidern zu. Für den Gläubigen ist die Beziehung zu beiden Gruppen wichtig. Wenn die Beziehung mit Gott stimmt, muss das nicht heißen, dass damit automatisch alle deine Beziehungen stimmen. Du musst auch diese in Ordnung bringen. Zuerst zu den Insidern: Die Beziehung zu den Insidern soll harmonisch sein, sodass alle innerhalb des Leibes Christi harmonisch zusammenarbeiten. Das Wort Frieden oder *Schalom* bedeutet Harmonie – Harmonie mit Gott, Harmonie mit dir selbst, Harmonie mit anderen Menschen, Harmonie mit der Natur; hier aber geht es um die Harmonie, die innerhalb des Leibes Christi vorhanden sein soll. Ohne Harmonie im Leib Christi ist die Gemeinde handlungsunfähig.

Ich kam einmal in eine Gemeinde und dachte mir: „Irgendwas ist hier faul. Ich kann hier niemanden erreichen, es gibt da keinerlei Resonanz." Es war in England, mehr sage ich nicht, aber es war einfach nur frustrierend. Es war mir klar, dass etwas gewaltig schiefläuft, und erst im Nachhinein erfuhr ich, dass die Gemeinde innerlich total gespalten war.

Sie gelangten sogar durch zwei separate Eingänge zu den Gottesdiensträumen und saßen dann getrennt voneinander jeder auf seiner Seite. Ich konnte es kaum fassen, dass die Gemeinde in so einem Zustand überhaupt existieren konnte. Jede der beiden Hälften wurde von einem Leiter angeleitet, aber die beiden Leiter redeten schon lange kein Wort mehr miteinander. Dabei gab es viele Leute in dieser Gemeinde. Es ist kein Wunder, dass man bei so einem Haufen, den man wirklich nicht als Leib Christi bezeichnen kann, nicht durchdringt. Das war natürlich ein ganz besonderer Fall, aber in schwächerer Form könnte das auch in anderen Gemeinden auftreten.

Unser Ziel sollte also sein, dass wir mit jedermann in der Gemeinde in einer harmonischen Beziehung stehen. Unsere Gemeinden bestehen oftmals aus einer bunten Mischung von Menschen, und zu jedem von ihnen solltest du in einer Beziehung stehen. In einer Gemeinde gibt es Reiche und Arme, Gebildete und Ungebildete, Schwarze und Weiße (Gott ist übrigens farbenblind), und es ist gut für eine Gemeinde, wenn sie so vielfältig wie möglich ist. Das Volk Gottes ist gut durchmischt. Natürlich tut man sich als homogene Gruppe, die viele Gemeinsamkeiten, ähnliche Laufbahnen und Interessen hat, beim Evangelisieren und der Einflussnahme auf die Gesellschaft leichter. Dennoch ist es von Vorteil, wenn man zu einer Gemeinde gehört, die eine bunte Mischung ist, wo wir Beziehung zu vielen unterschiedlich gearteten Menschen haben.

In England gedeihen momentan die sogenannten „Schwarzen Kirchen" am besten. Sie sind voll von Einwanderern aus der Karibik, aber auch aus Nigeria. Sie haben also schon eine gemeinsame Identität. In manchen Gemeinden gibt es auch ein paar Weiße, aber die meisten von ihnen haben eine gemeinsame Hautfarbe, nämlich schwarz. Als vor einigen Jahren in London eine messianisch jüdische

Gemeinde aufmachte, war ich ganz fasziniert. Sie riefen bei mir an und fragten mich: „David, könntest du dir vorstellen, in unserer Gemeinde Ältester zu sein?" Ich sagte: „Das berührt mich sehr, bin ich doch ein Heide, ein Goj" (Anmerkung: so sagen Juden zu Nichtjuden). Sie sagten: „Wir wollen aber keine exklusive messianische Gemeinde sein." Ich sagte: „Aus logistischen Gründen kann ich aber dem Amt eines Ältesten gar nicht gerecht werden, denn ich lebe 50 Meilen von euch entfernt." Es berührte mich, dass sie einen Goj von Anfang an in ihrer Ältestenschaft haben wollten, um nicht zu einer exklusiven jüdischen Gemeinschaft zu werden, denn nochmals: Obwohl sie denselben Herrn anbeten, sind sie doch eine klar identifizierbare Gemeinschaft. Die Herrlichkeit der Gemeinde besteht aber darin, dass sie für alle und jeden ist. Du kannst dich glücklich schätzen, wenn du zu einer Gemeinde gehörst, wo es eine bunte Mischung von Menschen gibt, die auf diese Weise lernen, in Harmonie zusammen zu leben.

An dieser Stelle greift Paulus zu seinem Schnellfeuergewehr und feuert Geschoss um Geschoss auf die Leute innerhalb der Gemeinde ab. Allein wenn du es liest, wirst du niedergestreckt. „Hasst das Böse. Hängt dem Guten an. Ordnet euch einander unter. Ehre den anderen mehr als dich selbst. Lass im Eifer nicht nach. Bleibe im Geist leidenschaftlich. Diene dem Herrn. Sei freudig in Hoffnung, geduldig in Trübsal, treu im Gebet. Teile mit deinen Mitgläubigen, die in Not sind, deine Habe. Praktiziere Gastfreundschaft. Freue dich mit den sich Freuenden, trauere mit den Trauernden. Lebt untereinander in Harmonie." Jeder einzelne Punkt würde eine gute Predigt ergeben. Bei den meisten dieser „Geschosse" geht es um den Nächsten, aber ein paar von ihnen betreffen dich selbst. Wenn er sagt: „Freut euch in Hoffnung, geduldig in Trübsal, treu im Gebet", so gilt das für jeden einzelnen in der Gemeinde, aber jeder einzelne Punkt hilft mit, dass Harmonie mit allen anderen entsteht. Unsere Aufgabe ist es, in Harmonie mit den anderen zu leben und solche Menschen zu sein, die Harmonie in die Gemeinschaft hineinbringen, anstatt sie zu zerstören.

Damit komme ich zu den Verboten. In einer Gemeinde kann ein Dünkel Einzug halten, sei es ein sozialer Standesdünkel oder eine geistliche Eitelkeit. Deshalb sagt er gleich zu Beginn: Haltet euch zu denjenigen, die in niedriger Position sind. Wenn du nicht aufpasst, dann hältst du dich in der Gemeinde zu Leuten deines Formats, deiner sozialen Klasse. Aber genau deshalb ist es wichtig, dich mit denen zu befassen, mit denen sich sonst niemand befasst. Das tut auch dir gut und es tut dem ganzen Leib gut. Er spricht also wieder die Arroganz an, die der Feind der Harmonie ist. Jeder, der stolz, jeder, der arrogant ist... Wenn du hoch von dir denkst, denkst du zwangsläufig niedrig über den anderen. Stolz und Arroganz gehen Hand in Hand. Für die Harmonie der Gemeinschaft ist es unbedingt notwendig, dass man keinerlei Stolz oder Arroganz erlaubt. All diese „Geschosse" treffen auch mich ins Herz. Ich weiß nicht, wie es dir dabei geht, aber auch bei dir wird einiges ins Herz treffen und du sagst dir dann hoffentlich: „Was mache ich da eigentlich?" „Warum lasse ich so etwas eigentlich zu?"

Nun zur Beziehung zu den „Outsidern". Paulus hat da bereits ein „Geschoss" einfließen lassen, ich weiß nicht, ob dir das aufgefallen ist. „Segnet, die euch verfolgen, und flucht nicht." Ich hoffe, dass sich das wirklich nur auf Outsider bezieht und nicht auf Insider, auf Mitchristen, denn das wäre sehr tragisch. Ich muss dir aber sagen, dass es nichts Schlimmeres gibt, als Feindschaft von Christen zu erfahren. Gerade weil du nicht damit rechnest, tut es so weh. Ich muss an meine Autobiographie denken „Nicht so schlimm wie die Wahrheit". Nicht ich, sondern Gott hat diesen Titel ausgewählt. Ich erzähle dir, wie es dazu kam. Eigentlich habe ich immer gedacht, dass jeder, der eine Autobiographie schreibt, ein großer Egoist sein muss. Der einzige Grund, warum ich eine Autobiographie geschrieben habe, liegt darin, dass ein anderer Verleger an irgendjemanden herantrat, damit er eine Biographie über mich schreibt. Weil ich nun niemanden hatte, der für mich eine Biographie schreibt, habe ich es selbst quasi in einem Akt der Selbstverteidigung getan.

Einige Jahre zuvor hat jemand in Wales (ich habe versucht, all das ausfindig zu machen) böse Gerüchte über mich und meinen Dienst verbreitet, die nichts als Lügen waren. Eine war, dass ich mit dem Bibellesen aufgehört habe, als ich den Heiligen Geist empfing. Lächerlich! Seitdem ich mit dem Heiligen Geist erfüllt bin, lese ich viel mehr in der Bibel. Es kursierten drei solcher Lügen und verbreiteten sich schlagartig. Jetzt weißt du, wie gut der Buschfunk der Christen funktioniert. Diese Lügen verbreiteten sich derart rasch, sodass ich schon bald Absagen für bereits vereinbarte Predigttermine erhielt. Keiner von diesen hat mir jemals gesagt, was ich falsch gemacht haben soll. Sie sagten nur: „Es tut uns sehr leid, dir mitteilen zu müssen, dass der Termin für deinen Besuch abgesagt werden musste." Ich wusste, was da vor sich ging, ich wusste, warum sie die Termine absagten. Es tat nicht nur mir persönlich weh, sondern ganz besonders auch meiner Frau. Aber noch schlimmer war, dass ich zum Herrn sagen musste: „Herr, es schadet meinem Dienst. Diese Lügen schließen die Türen vor mir zu." Ich beklagte mich beim Herrn ziemlich lautstark.

Der Herr sagte zu mir: „Das Schlimmste, was sie über dich sagen können, ist nicht so schlimm wie die Wahrheit." Ich dachte nur: „Nun denn, dank sei Gott, dass sie die Wahrheit nicht kennen." Ich ging in die Küche und erzählte meiner Frau, was der Herr mir gesagt hatte, denn die Frauen kennen das Schlimmste ebenso. Nun gut, das war es, was der Herr zu mir gesagt hat. Später fügte er noch hinzu: „Ich weiß das Schlimmste, aber ich liebe dich dennoch und benutze dich." Das tat mir so gut! Ich war von da an von dem Zwang geheilt, mich gegen Kritik verteidigen zu müssen. Damals entschloss ich mich, eine Autobiographie, wenn ich sie denn irgendwann einmal schreiben sollte, mit dem Titel „Nicht so schlimm wie die Wahrheit" zu benennen.

Wir müssen mit Feindschaft von außen rechnen und sollten darauf vorbereitet sein, wie wir reagieren. Du erwartest sie nicht von innen, aber ich fürchte, sie kommt auch manchmal von innen. Leider werden Pastoren, wenn sie in den Vollzeitdienst treten, auch zur Zielscheibe von vollzeitigen Neidern und dann kann sich das einschleichen. „Er hat eine größere Gemeinde als ich." Es ist erstaunlich, wie leicht sich das einschleichen kann, wenn du nicht vorsichtig bist – aber mit Feindschaft müssen wir eher von außen rechnen. Wir passen nicht mehr richtig in die Gesellschaft, denn wir sind jetzt Himmelsbürger. Wir sind für die Welt sowohl gesellschaftlich als auch geistlich inkompatibel geworden, für eine Welt, die verrücktspielt. Je gesünder und besser deine Gemeinde ist, umso mehr musst du mit Ärger von außen rechnen. Viele haben diese Wahrheit schon am eigenen Leib verspürt. Regierungen können gegen dich sein. Die Gesellschaft kann gegen dich sein. Wie sollen wir damit umgehen?

Nun, auch dafür gibt es hier Gebote und Verbote, letztere will ich zuerst behandeln. Es geht um Vergeltung, um Rache. Unternimm da nichts selbst, sondern überlasse es Gott. Bei Gott gibt es so etwas wie Vergeltung, und das ist keine hasserfüllte Angelegenheit, sondern etwas, was mit Sicherheit eintritt. Gott wird vergelten. An dem Tag, wenn Gott abrechnet, wird jeder, der gegen die Gemeinde war, zahlen müssen. Sie werden Gott gegenüber Rechenschaft ablegen müssen. Aus diesem Grund musst du nicht selbst

Vergeltung üben. Du musst nicht das Deine einfordern. Gott wird es für dich tun. Das ist das Geheimnis, wie du Wiedergutmachung bekommst. Es liegt in der Natur des Menschen, alles so gut wie möglich selbst machen zu wollen, in dieser Sache aber musst du es Gott überlassen. Menschliche Vergeltung hat keinen Platz in der Gemeinde, sondern nur göttliche. Er wird vergelten.

Was nun das Gebot an dieser Stelle betrifft, so sind wir für Versöhnung zuständig, soweit es uns möglich ist. Es kann aber sein, dass du es bei einigen Feinden nicht schaffst. Das ist dann nicht mehr deine Angelegenheit. Wenn es aber in deiner Macht liegt, dann halte mit allen Frieden. Lass nicht zu, dass eine Wurzel der Bitterkeit oder Voreingenommenheit in dir aufkeimt. Du kannst sogar noch mehr als das tun. Du kannst feurige Kohlen auf das Haupt deiner Feinde sammeln. Das kannst du und das sollst du sogar tun, sie so richtig verunsichern und beschämen. Auf welche Weise kannst du so mit deinen Feinden umgehen? Du betest für die, die dir fluchen, und du tust Gutes denen, die dir Böses tun. Das ist die richtige Reaktion von Gemeinden, die unter schwerer Feindseligkeit leiden. Denn das ist die göttliche Reaktion. Auf diese Art und Weise musst du mit deinen Feinden umgehen.

Ich erinnere mich an einen jungen Mann beim Militär, als ich Kaplan bei der Royal Air Force war. Eines Abends, als er mit den anderen zusammen in der Baracke war, kniete er sich vor seinem Bett nieder. Der Sergeant sah ihn beten, nahm seinen schweren eisenbeschlagenen Stiefel und warf ihn auf diesen Mann, der sich dabei eine Schnittwunde am Ohr zuzog. Dann warf er den anderen Stiefel, der ihn ziemlich stark verletzte, aber er hörte nicht auf zu beten. Am nächsten Morgen wachte der Sergeant auf und fand seine Stiefel vor, die vom Christen sauber poliert waren. An diesem Morgen musste er seine eigenen Stiefel nicht polieren. Der Mann, den er mit diesen Stiefeln vor dem Schlafengehen verletzt hatte, hatte sie poliert und sie vor seine Koje gestellt. Das ist es, wovon Paulus redet. Das hatte eine große Wirkung auf diesen Sergeant. Damit sammelte er glühende Kohlen auf sein Haupt. Das ist doch eine wunderbare Art, seine Feinde zu behandeln.

Wir haben uns mit der Beziehung zu Gott und mit der Beziehung zu anderen Menschen beschäftigt. Jetzt fährt Paulus fort mit der Beziehung, die Christen zu ihrer Staatsgewalt haben. Die Beziehung zwischen Gemeinde und Staat ist sehr wichtig, ganz besonders in Rom. Die Gemeinde stand im Schatten der Staatsgewalt, dabei war Rom keine Demokratie. Es war viel mehr eine Autokratie, regiert von einem Mann bzw. eine Oligarchie, einer Gruppe von Männern – in diesem Falle dem römischen Senat. Es gab also eine neue Gemeinde, die sich unter der Staatsgewalt des Kaiserreichs befand. Für die Christen war es überlebenswichtig, die richtige Beziehung zu diesem Staat zu finden. Wir kommen also zum politischsten Teil des Briefes und zu den klaren Anordnungen des Paulus an die Christen, welche Haltung sie in diesem Staat einnehmen sollen, sei es nun eine Demokratie oder eine Diktatur. Das ist wichtig. Unsere Pflichterfüllung gegenüber dem Staat sind Grenzen gesetzt. Die Grenze ist dort, wo der Staat uns zu etwas auffordert, was Gott verboten hat, oder wo der Staat uns etwas verbietet, was Gott geboten hat – was dann zu tun ist, steht in der Apostelgeschichte: Wir müssen Gott mehr gehorchen als Menschen. Nachdem Petrus vieles Positives gesagt hat, lehrt er in seinem Brief dieses: Du sollst nicht leiden, weil du ein schlechter Staatsbürger gewesen bist, sondern leide als guter Staatsbürger. Es ist schlecht, wenn du als Krimineller bestraft wirst und leidest, dann ist das einfach nur ein schlechtes Zeugnis.

Der Staat bedrängt uns auf zweierlei Weisen. Einmal durch seine staatliche Autorität und zum anderen durch die staatliche

Moral. Das eine sollen wir akzeptieren und das andere zurückweisen. Ich bin froh, dass Paulus beides aufführt, denn der Staat hat eine Moral so wie jedes Individuum. Als Rom noch Republik war, war es um den Staat gar nicht so schlecht bestellt, aber als es Kaiserreich wurde und der römische Konsul zum Kaiser wurde, ging es mit der staatlichen Moral bergab. Von den ersten 15 römischen Kaisern waren 14 offen homosexuell, und man kann sich denken, was das für eine Korrumpierung nach sich zog.

Wir wollen aber zuerst auf die Autorität des Staates schauen. Der Staatsapparat und die wie auch immer herrschenden Menschen werden als Diener Gottes bezeichnet, von Gott eingesetzt. Das möchte ich als staatliche Würde bezeichnen. Ob sie es nun erkennen oder nicht, sie sind Diener Gottes. Gott hat Regierungen eingesetzt, damit keine Anarchie herrscht. Regierungen, die der Bevölkerung Grenzen setzen, sind sein Geschenk an die Welt. Aus diesem Grund sind sie Diener Gottes. Als unsere Königin gekrönt wurde, gab man ihr eine Bibel und sagte, dass dies das königliche Gesetz ist. Diese Worte gebrauchte man damals. Sie wurde daran erinnert, dass dies das Gesetz für sie ist. Ich danke Gott, dass wir eine Königin haben, die das verstanden hat. Sie hat einmal zu Billy Graham gesagt, dass sie genau weiß, was es bedeutet, wiedergeboren zu sein. Hast du schon bemerkt, dass sie in ihren letzten Weihnachtsansprachen zunehmend christlicher wurde? Dafür bin ich dankbar, denn ich hatte zunächst vermutet, dass sie nicht so christlich ist. Prinz Charles ist es jedenfalls nicht. Wenn er König wird, haben wir keinen Christen mehr auf dem Thron. Dabei hatte er die Gelegenheit. Er hatte bei John Stott Konfirmationsunterricht, der bereits gestorben ist. Er war zu jener Zeit der Kaplan der königlichen Familie. Als Junge machte Charles in Australien, wo er eine Zeitlang auf die Schule ging, einmal einen Spaziergang. Bei seinen sonntäglichen Spaziergängen kam er einmal in eine ärmliche Hütte, wo pfingstlerische Aborigines einen Gottesdienst abhielten. Er nahm daran teil und schrieb danach der Königin: „Liebe Mutter, wenn so die ersten Christen gewesen sind, dann kann ich verstehen, warum sich das Christentum so schnell verbreitet hat." Er hätte es eigentlich wissen müssen, aber er kam mit einem Mentor aus Südafrika zusammen, der ihn gründlich aufmischte. Nun ist er bekennender Moslem.

Sei es drum, Gott setzt Regierungen ein. Gott hat die entscheidende Stimme bei jeder Parlamentswahl. Entweder gibt er uns die Regierung, die wir verdienen, oder er gibt uns die Regierung, die wir brauchen, je nachdem ob er gemäß dem Gericht oder gemäß der Gnade abstimmt. Gott hat mir in Israel offenbart, dass Margret Thatcher seine Wahl sein wird. Ich schrieb ihr: „Ich möchte der erste im Lande sein, der Ihnen zur Wahl zum Premierminister gratuliert, denn Gott hat Sie bei der nächsten Wahl dazu bestimmt." Sie hat später bei ihrer Antrittsrede aus meinem Brief zitiert; dieser Tatsache ist es zu verdanken, dass sie immer eine offene Tür für mich hatte. Nicht etwa, dass Gott ein Konservativer sei, denn als ich in Australien an einem Zeitungskiosk das Bild eines führenden Trade Unionisten (Anmerkung: eine linke Partei) namens Bob Hawke sah, sagte Gott zu mir: „Den habe ich mir zum nächsten Premierminister für Australien bestimmt." Ich bat die Gemeinden, für Bob Hawke zu beten – denn er wird euer Premierminister werden und ihr seid aufgefordert, für ihn zu beten. Also betet jetzt für ihn! Von manchen Christen bekam ich dafür Prügel. Sie sagten: „Wie kannst du es wagen, uns aufzufordern, für diesen Weiberheld zu beten." Ich sagte: „Aber er wird doch euer Premierminister werden." Sie begannen also, für ihn zu beten, und er wurde ein viel besserer Premierminister, als man erwartet hatte. Wenn wir unter einer Diktatur leben, dann trauen wir Gott sehr wohl zu, dass er einen Mann gegen einen anderen austauscht, aber bei einer freien Regierungswahl scheinen wir den Glauben an sein Mitspracherecht zu verlieren. Aber aus eigener Erfahrung weiß ich, dass Gott sehr wohl mitredet, also bitte darum, dass er mit seiner Stimme Gnade walten lässt, und dir die Regierung gibt, die du brauchst. Er kann aber auch gemäß dem Gericht abstimmen, und dann bekommst du die Regierung, die du verdienst. Er kann demokratische Wahlen kontrollieren. Er ist der Gott der Geschichte. Er ist der Gott der Nationen, nicht nur Gott von Individuen. Unter welcher Regierung du auch sein magst, sei dir im Klaren, dass Gott sie eingesetzt hat, um das Böse im Zaum zu halten und das Gute zu fördern. Das ist die Aufgabe einer jeden Regierung. Gott wird sie zur Rechenschaft ziehen, inwieweit sie das Gute gelobt oder das Böse verdammt hat. Sie ist seine Dienerin, seine Fürsorge, sein Schutz für das Gute, denn Gott weiß, dass Anarchie nur das Schlimmste der sündigen Natur des Menschen hervorbringt. Keine Regierung zu haben ist schlimmer als eine schlechte Regierung zu haben.

Die Bibel spricht sich nicht für Demokratie aus, obwohl einige Prediger das behaupten. Cecil B. DeMille sagt das in der Einleitung zum Film *Die zehn Gebote*. Er sagt: „Dieser Film erzählt, wie die Demokratie ihren Anfang nahm." Wie bitte? Demokratie? Sinai? Niemals! Wir sind nicht für Demokratie geschaffen. Wir sind nicht dazu geschaffen, uns selbst zu regieren. Wir sind dazu geschaffen, in einem Königreich zu leben. Aber weil es so viele schlechte Könige gegeben hat, wollen wir in keinem Königtum leben. Selbst die besten Könige wurden korrupt, als sie zu Macht kamen. Deshalb, mit den Worten von Winston Churchill, „ist die Demokratie die schlechteste Regierungsform – abgesehen von allen anderen." Eine fundierte Aussage, denn in der Demokratie haben die Menschen zumindest alle paar Jahre die Möglichkeit, die alte Regierung los zu werden. Dieses Vorrecht sollten wir schätzen.

Bei alledem aber bedeutet eine Regierungswahl, wie ein großer britischer Politiker einmal sagte, eine Menge Sünder hinauszubefördern und eine andere Menge von Sündern hereinzuholen. Ich fürchte, das ist wahr, dennoch ist eine Regierung Gottes Fürsorge, um den bösen Dingen, die die Bevölkerung anstrebt, eine Grenze zu setzen. Er setzt Regierungen ein. Deshalb ist Bestrafung, die alle Regierungen anwenden, göttlichen Ursprungs. Paulus drückt das so aus: „Sie trägt das Schwert nicht umsonst." Eine Regierung muss Gewalt gegen das Böse anwenden. Ein Schwert ist nicht dazu da, um jemanden ein bisschen zu verhauen, sondern um ihn zu töten, und das ist Gottes Maßnahme, nämlich physische Gewalt, die die Regierung gebrauchen muss. Sie müssen aber Gott Rede und Antwort stehen für das, wie sie Gewalt gebrauchen. Eine Aufgabe der Gemeinde ist es, Regierungen daran zu erinnern, dass sie vor Gott verantwortlich sind, denn er hat sie als Regierungen eingesetzt, um welche Regierungsform es sich auch immer handeln mag.

Deshalb ist beides, die Einsetzung und die Bestrafung, göttlichen Ursprungs. Und so wird auch den Christen die Bürgerpflicht auferlegt. Sie besteht aus zwei Dingen: Unterordnung und Unterstützung. Weil die Regierung Gottes Autorität in unserem Lande darstellt, müssen wir als gute Bürger uns ihr unterordnen, sofern sie nicht etwas von uns verlangt, was Gott verboten hat, oder etwas verbietet, was Gott geboten hat. An diesem Punkt musst du mit den ersten Jüngern sagen: „Wir müssen Gott mehr gehorchen als den Menschen." Erst an diesem Punkt muss ein Christ rebellieren. Ich glaube nicht, dass Christen an Rebellionen oder Revolutionen teilnehmen sollten, denn meistens kommen noch schlimmere Dinge dabei heraus. Aber es bedeutet, dass eine Situation eintreten kann, wo ein Christ lieber ins Gefängnis geht oder stirbt, als Gott ungehorsam zu sein. Man kann sich glücklich schätzen, wenn Regierungen die Gewissensfreiheit anerkennen. Einige Regierungen tun es, andere nicht. Die Christen müssen den Preis dafür bezahlen.

Wusstest du, dass jedes Jahr fast eine Viertel Million Christen für ihren Glauben sterben? Ich muss hinzufügen, dass der größte Teil in muslimischen Staaten für den Glauben stirbt, aber nicht nur dort. Wir müssen unserer Brüder gedenken, die den höchsten Preis für ihren Ungehorsam dem Staat gegenüber und dem Gehorsam Gott gegenüber bezahlen. Bis es dahin kommt, muss man aber einen langen Weg der Unterordnung unter den Staat gehen, und deshalb bejahen wir die Worte des Paulus bezüglich der Unterordnung: „Ordne dich nicht aus Feigheit unter, sondern wegen des Gewissens." Er meint damit, dass du dich nur aus Angst vor Bestrafung der Regierung unterordnen kannst. Nehmen wir ein einfaches Beispiel. Als Autofahrer kannst du die Geschwindigkeitsbegrenzung überschreiten, oder du kannst sie einhalten, weil du deinen Führerschein behalten willst. So macht es die Welt, aber nicht ein Christ. Der Christ macht es um seines Gewissens willen.

Einer meiner besten Freunde ist Peter, ein Gebrauchtwagenhändler in Australien. Er ist in ganz Australien als der ehrlichste Autohändler bekannt. Wenn du wissen willst, was ein gerechter Preis für ein gebrauchtes Auto ist, dann musst du zu Peter gehen. In seiner Heimatstadt hat er jeden Dienstag und jeden Donnerstag alle 90 Sekunden einen Gebrauchtwagen verkauft. Dieser Mann wurde durch meine Tonbandaufnahmen Christ und verbreitete nun diese Aufnahmen zu Hunderttausenden in ganz Australien bis hin nach Burma. Er hat mein Wort in der ganzen Welt verbreitet, weil er wollte, dass jedermann die Wahrheit hört. Ich könnte dir von ihm viele Geschichten erzählen. Er hatte einen sehr PS-starken Mercedes. Als er mich in ganz Australien umherfuhr, musste ich feststellen, dass er innerorts nie mehr als 29 Meilen/Stunde und außerorts nie mehr als 49 Meilen/Stunde fuhr, selbst wenn er ganz weit draußen im Busch unterwegs war. Auch wenn der nächste Polizist 500 Meilen entfernt war, fuhr er 49 Meilen/Stunde. Ich musste eine Bemerkung loswerden, denn ich wusste, wieviel PS unter der Haube waren. Als ich eine Bemerkung darüber machte, sagte er nur: „Aber David, wäre das Heiligkeit? Wie kann ich von den Engeln erwarten, dass sie mich schützen, wenn ich das Gesetz übertrete, das mich schützen soll?" Das war wirklich ein Mann, der die Geschwindigkeitsbegrenzung einhielt, nicht weil er Angst um seinen Führerschein hatte, sondern des Gewissens wegen. Siehst du den Unterschied? Paulus lehrt: Halte die Gesetze nicht aus Angst vor Bestrafung, sondern wegen des Gewissens. Tue es, weil dein Inneres es dir sagt, und nicht weil es dir von außen gesagt wird. Das bedeutet es, der Staatsgewalt untertan zu sein.

Wir wollen nun auf die Unterstützung des Staates eingehen. Auch hier gibt es wieder zwei Dinge zu beachten, das erste sind die Steuereinnahmen. Steuern müssen sein. Eine Regierung kostet Geld. Ohne Geld aus der Bevölkerung können sie nichts machen. Und jetzt kommt der Haken. Paulus sagt ganz einfach: „Durch das Zahlen der Steuern ordnet sich ein Christ der Regierung unter." Dem kannst du dich nicht entziehen, da ist kein Raum für Steuerhinterziehung, wie geschickt dein Buchhalter auch sein mag. Ich erinnere mich, wie ich einmal in Canberra, Australien, vor der Regierung sprechen durfte. Der Mann, der mich zum Flughafen in Melbourne brachte, war ein Pastor, der mich mit Fragen löcherte und dabei das Tempo des Autos immer weiter verlangsamte. Ich sagte: „Morgen früh muss ich vor der Regierung sprechen, wenn du nicht schneller fährst, versäume ich noch das Flugzeug." Er erwiderte: „Ist ja gut, ich habe nur noch ein paar wenige Fragen", dabei wurde er noch langsamer. Das Ergebnis davon war, dass ich zwar gerade noch den Flug erwischte, mein Gepäck aber nicht. Ich kam in Canberra an und musste in meinen alten Kleidern, die ich auf der Reise anhatte, vor der Regierung sprechen. Kannst du dir das vorstellen? Wie auch immer, ich sprach vor beiden Abgeordnetenhäusern gleichzeitig, was ein großes Privileg für mich war. Nie werde ich aber einen Parlamentsabgeordneten vergessen, der mir am Ausgang die Hand schüttelte. Beim Hinausgehen sagte er: „David, ich werde heute noch einmal meine Einkommenssteuererklärung berichtigen." Ich konnte innerlich nur schreien: „Halleluja!" Der Himmel jubelte, weil: „Wenn ein Sünder Buße tut, ist im Himmel ein Fest." Ich zitiere hier Jesus. Dieser Mann hatte wirklich Buße getan. Wir alle sollen unsere Einkommenssteuererklärung wahrheitsgemäß ausfüllen. In einigen Ländern wird das allerdings zu einem echten Problem. Ich war einmal in einem Land, dessen Name ich hier verschweigen will, wo jedermann an seiner Steuer herumbastelt. Die Regierung weiß das, und deshalb erhöhen sie die Steuer über Gebühr, um die Steuermanipulation zu kompensieren. Das bedeutet für den Christen, der seine Steuer wahrheitsgemäß angibt, dass er viel mehr zahlt, als er eigentlich müsste. Ein ehrlicher Bürger muss für dieses Defizit aufkommen. Ein Geschäftsmann aus diesem Land fragte mich einmal: „Was soll ich nur tun? Die Regierung gestattet solche Steuermanipulationen und bürdet mir deswegen mehr Steuern auf als recht ist, sie erwarten schon fast von mir, dass ich selbst Steuern manipuliere, nur damit sie auf ihre Kosten kommen. Ich erwiderte: „Ich werde dir keine Vorschriften machen, aber frage doch den Herrn, was du tun sollst." Einige Geschäftsleute sagten sogar: „Wenn ich ordentlich und wahrheitsgemäß den vollen Steuersatz zahlen würde, wäre ich schon längst pleite." Zum Glück entschied er sich, es doch genauso zu tun, und war bereit, Pleite zu gehen, was aber nicht eintrat. Der Herr half ihm auf erstaunliche Weise, alles auszugleichen. In solch knifflige Fragen kannst du geraten, wenn du Christ bist. Natürlich gibt es einen Unterschied zwischen legitimer Steuervermeidung und Steuerhinterziehung. Ich kenne diesen Unterschied, aber es ist oft eine Gratwanderung. Paulus lehrt jedenfalls eindeutig, dass ein Christ Steuern zahlen soll und damit den Staat unterstützen soll.

Aber es gibt noch eine weitere Art, wie man die Regierung unterstützen soll, und die ist genauso wichtig wie die Staatseinnahmen. Das ist: Respekt. Wir kommen nun zu einem sehr interessanten Punkt. Du kannst einer Regierung sehr schaden, wenn du das, was sie tut, ins Lächerliche ziehst, und somit jeglichen Respekt vor ihr verlierst. Wenn es etwas gibt, was den Gesellschaften von so vielen Ländern der Welt fehlt, dann ist es eben genau dieser Respekt. Ich spreche nicht nur von den westlichen Ländern, sondern auch von vielen anderen Ländern. Alle 10 Gebote basieren auf Respekt: Respekt vor den Eltern; Respekt vor dem menschlichen Leben; Respekt vor dem Eigentum anderer; Respekt vor der Wahrheit über andere Menschen. Die 10 Gebote beginnen mit dem Respekt vor Gott, vor seinem Namen, vor seinem Tag. All das ist vorhanden. Gott gab uns diese Gebote, weil er weiß, dass eine Gesellschaft zusammenbricht, wenn der Respekt verloren geht. In meinem Land wächst eine Generation heran, die den Respekt vor den Eltern, vor der Polizei und vor den Politikern verloren hat. In unserem Fernsehprogramm gibt es einige Kabarettsendungen, die sich fortlaufend über Politiker lustig machen und ihr Ansehen auf diese Weise ramponieren. Respekt vor der Regierung ist genauso vonnöten wie Staatseinnahmen, egal ob die Regierung zu deinen Favoriten gehört oder nicht. Als Christ musst du dich davor in Acht nehmen, den Respekt nicht zu zerstören, indem du dich über die Regierung lustig machst.

Soviel zur Autorität des Staates. Bis zu einem gewissen

Punkt ist Anpassung eine christliche Pflicht – aber nur bis zu einem gewissen Punkt und nicht darüber hinaus. Der Staat besitzt auch eine gewisse moralische Macht. Zum Beispiel hat unser Staat die gleichgeschlechtliche Ehe erlaubt. Momentan ist es noch erlaubt, wenn Gemeinden oder Kirchen aus Gewissensgründen keine gleichgeschlechtliche Trauung durchführen, aber der Tag wird kommen, an dem Gemeinden gegen das Gesetz verstoßen und mit Strafen belegt werden, wenn sie sich weigern, zwei Frauen oder zwei Männer zu trauen. In diesem Fall muss man sich an die Moral eines Staates und die Gesellschaftsmoral, die der Staat hervorruft, nicht anpassen.

Nun betrachtet Paulus die Dinge, die wir ablehnen sollen. Als erstes erwähnt er Schulden. Diesbezüglich habe ich Versammlungen in England schon ganz schön herausgefordert. Nach meinem Neuen Testament ist es eine Sünde, wenn ich jemanden etwas schulde. In evangelikalen Gemeinden habe ich schon einen Durchschnittswert ermittelt. Ich habe gefragt: „Wie viele von euch haben Schulden?" Im Durchschnitt heben zwei Drittel der Anwesenden die Hand. Ihre Prediger haben ihnen anscheinend nie gesagt, dass ein Christ keine Schulden haben soll, auch wenn wir in einer Gesellschaft leben, wo Schuldenmachen ganz normal ist. Es ist ganz leicht, einen Kredit zu bekommen. Besonders, wenn es sich dabei um eine Hypothek auf ein Hauseigentum handelt, kann man sich später oft nicht mehr die steigenden Zinsen leisten. Das ist der einfachste Weg, sich zu überschulden. Ich möchte dabei eines klarstellen: Eine Hypothek für dein Haus aufzunehmen, bedeutet noch keine Verschuldung. Aber mit deiner Zinsrückzahlung und Tilgung ins Hintertreffen zu geraten, bedeutet sich zu verschulden. Das sind Schulden. Man kann jemanden auf zwei Arten bestehlen. Eine ist, jemandem sein Geld wegzunehmen, die andere ist, ihnen das Geld vorzuenthalten, worauf sie

Anspruch hätten. Du enthältst es ihnen vor, weil du nichts hast, um es ihnen zurückzuzahlen. Das sind Schulden. Du kannst einen sauberen Kreditvertrag aushandeln, was zum normalen Geschäftsleben dazugehört, aber wenn du mit deiner Rückzahlung in Verzug bist und Geld vorenthältst, was eigentlich deinem Gläubiger gehört, dann hast du Schulden. Paulus sagt, schuldet niemandem etwas.

Mein Urgroßvater war Lebensmittelhändler in einer Stadt im Norden Englands. Jeden Samstagabend ging er die Straße hinunter, zum Metzger, zum Bäcker, in jedes Geschäft und zahlte dort jedem das, was er schuldete zurück. In seinem Ort wurde er zum Sprichwort. Die Leute konnten die Uhr nach ihm stellen. „Da kommt Pawson und zahlt seine Schulden." Er wäre nicht in die Kirche zum Sonntagsgottesdienst gegangen, wenn er noch irgendwo Schulden gehabt hätte. Seitdem haben sich die Dinge etwas geändert. Also, seid niemandem etwas schuldig, und das gilt auch für Geldschulden, mit deren Zahlung du im Rückstand bist. Wir haben also auch eine moralische Schuld. Wir sollen das Gesetz erfüllen. Schulden zu haben ist das gleiche wie Stehlen und Stehlen verstößt gegen das Gesetz Gottes und das Gesetz der Menschen. Fest steht: Keine Geldschulden und keine moralischen Schulden; das schulden wir unserer Gesellschaft, unsere Zahlungen und all unsere Schulden zu begleichen. Die moralische Schuld ist, die Menschen zu lieben. Du bestiehlst keine Leute, die du liebst. Die Liebe erfüllt das Gesetz. Du schädigst auch nicht ihren Ruf, wenn du sie liebst.

Es ist nicht nur so, dass ein Christ gleichzeitig das Gesetz des Landes und des Herrn erfüllt, wenn er sich vor Schulden bewahrt, sondern Paulus führt jetzt noch einen weiteren Aspekt an, der einen überraschen mag: Man soll die Zeit verstehen. Das mag für den einen oder anderen seltsam klingen, aber in unserer Haltung gegenüber Staat und Gesellschaft sollen wir die Zeit verstehen. Das wird uns sehr nützlich sein. Wie spät ist es auf Gottes Uhr? Wo stehen wir in Gottes Zeitplan mit der Menschheitsgeschichte, im Handeln Gottes mit den Nationen? Versteht die Zeit, und dann sagt Paulus ganz praktisch und bodenständig: „Wacht auf!" Es ist Zeit für die Christen, aufzuwachen. Genau diese Verse wurden von einem Kind vorgelesen und vom Heiligen Augustin zufällig mitgehört. Dieser Philosoph, der eine Geliebte und einen unehelichen Sohn hatte, hörte diesen Weckruf, die Zeit zu verstehen und deshalb dieser Zeit angemessen zu leben. Das ist ein Alarmsignal. Wach auf! Die Nacht ist weit vorgeschritten. Der Tag ist nahe. Das ist die genaue Uhrzeit, die für alle Christen in allen Generationen gilt, Zeit zum Aufstehen, nicht Zeit zum Schlafen.

Und dann kommt das nächste: Zieh dich an. Zieh dich an, indem du die Werke der Dunkelheit ablegst und die Waffenrüstung des Lichts anlegst. Um sich richtig anzuziehen, muss man zweierlei tun, einiges ausziehen und andere Sachen anziehen. Christen verstehen als Staatsbürger die Zeit – nämlich dass wir uns im letzten menschlichen Zeitalter befinden, dass es die Zeit zum Aufwachen ist und man sich passend anziehen muss: Zieh die Waffenrüstung des Lichts an! Es ist ein sehr geistliches Ende für ein sonst so praktisches Kapitel, aber es passt. Du wirst ein richtig guter Staatsbürger sein, wenn du die Zeit verstehst, in der wir leben, dass nämlich die irdischen Regierungen ein Ende haben werden und dass diese Welt vergeht. Das verschafft dir eine gesunde Haltung gegenüber einer Regierung, die heute existiert und morgen schon der Vergangenheit angehören könnte, egal ob eine Regierungswahl ansteht oder nicht. Immer erschallt dieser Weckruf. Diese wenigen Verse des Römerbriefes berührten Augustin so stark, den jungen Philosophen auf Abwegen, dass er zum Heiligen Augustin und zum Bischof der Kirche in Nordafrika wurde. Es verschafft dir eine Perspektive der Ewigkeit auf die zeitlichen Dinge. Jede Regierung ist vergänglich und wird von einer anderen so oder so abgelöst. Aber die Regierung Gottes ändert sich nicht; es ist das Königreich Gottes, das Königreich des Lichts, das Königreich des Tages. Das betont Paulus immer wieder auch in anderen Briefen, besonders bei den Thessalonichern: Wir sind nicht so wie die anderen, die in der Nacht schlafen. Wir sind Menschen des Tages, des Lichts; wir sind aufgewacht und ziehen uns passend für die Ewigkeit an. Das gibt uns die so notwendige Perspektive auf die himmlische Dimension und prägt unser Verhalten als Bürger in unserer heutigen Welt.

# 7. NOCH MEHR BEZIEHUNGEN
## Kapitel 14,1 – 16,27

A. STARKE UND SCHWACHE (14,1-15,7)
 1. STREITFRAGEN (14,1-12)
   a. Beispiele
    i. Nahrung (Vegetarismus)
    ii. Tage (Halten des Sabbats)
   b. Ermahnung
    i. Andere nicht verurteilen
    ii. Uns selbst beurteilen
 2. ENTWAFFNENDE VERHALTENSWEISEN (14,13-15,7)
   a. Abwägung
    i. Nicht Essen und Trinken für den Körper
    ii. Sondern Gerechtigkeit, Friede und Freude im Heiligen Geist
   b. Auferbauung
    i. Nicht niederreißen
    ii. Sondern auferbauen
   c. Taktgefühl
    i. Nicht sündigen im Unglauben
    ii. Sondern glauben in der Stille
   d. Nachahmung
    i. Nicht sich selbst gefallen
    ii. Sondern den anderen annehmen

B. JUDEN UND HEIDEN (15,8-33)
 1. CHRISTUS – Diener für Juden (8-13)
   a. Bestätigt die Verheißungen
   b. Bekehrt die Heiden
 2. PAULUS – Priester für die Heiden (14-33)
   a. Osten – bereits missioniert
    i. Wie? Wort, Tat und Zeichen
    ii. Wo? Von Jerusalem bis Illyrien
   b. Westen – noch zu missionieren
    i. Rom, dann Spanien
    ii. Jerusalem, dann Rom

C. NAH UND FERN (16,1-24)
   1. GRÜSSE AN (1-16)
      a. Frauen
      b. Verwandte
      c. Mitarbeiter
   2. WARNUNGEN VOR (17-20)
      a. Spaltung
      b. Verführung
      c. Ablenkung
   3. GRÜSSE VON (21-24)
      a. Mitarbeitern
      b. Verwandten
      c. Personen des öffentlichen Lebens
DOXOLOGIE (25-27) Gott ist: Fähig – offen – weise. Ihm sei alle Ehre!

## BITTE LIES RÖMER 14,1 – 16,27

Die letzten drei Kapitel des Römerbriefes (14 – 16) sagen uns noch mehr über Beziehungen. Beziehungen innerhalb einer Gemeinschaft stehen besonders unter Spannung, wenn Juden und heidnische Gläubige aufeinandertreffen. Die Spannungen entstehen aus den Skrupeln, also aus den Bedenken, die Menschen aufgrund ihres Gewissens, ihres kulturellen Hintergrundes oder ihrer Herkunft haben. Jeder von uns hat irgendwelche Eigenheiten. Es gibt also Unterschiede, die Paulus Streitfragen nennt. Er meint damit, dass man darüber debattieren kann – Angelegenheiten, über die die Schrift nicht direkt redet, wo man deshalb auch keine biblische Anleitung hat, aber wovon manche denken, es wäre richtig und andere wiederum denken, es wäre falsch.

Wir wollen das etwas veranschaulichen. In den 50er-Jahren wurde ich als Methodistenprediger ordiniert. Damals war bei den Methodisten in England Alkoholabstinenz vorgeschrieben. Als Methodistenpastor musste ich versprechen, niemals Alkohol anzurühren. Die Methodisten in England waren in dieser Zeit (es hat sich mittlerweile etwas entspannt) strenge Antialkoholiker. Die Methodistenkirche in Norwegen sah das ganz anders. Sie hatten die gleiche Einstellung gegenüber dem Rauchen, und jeder Raucher wurde sogleich als sehr schwerer Sünder eingestuft. Der Präsident der Methodistischen Kirche in England steckte sich, gleich nachdem er mit dem Predigen fertig war, immer eine Pfeife an, denn er war ein passionierter Pfeifenraucher. Einmal befand er sich auf einem offiziellen Besuch bei den Methodisten in Norwegen und schockierte sie alle, als er sich wieder eine Pfeife anzündete. Als der Präsident der Methodistischen Kirche in Norwegen auf einem offiziellen Besuch in England war, passierte das Gegenteil. Wohlgelaunt nahm er einen kleinen bescheidenen Drink. Hier haben wir eine typische Streitfrage.

Und es gibt noch viele andere. Dürfen Frauen Makeup tragen? Im Allgemeinen scheinen amerikanische Frauen da keinen Zwängen zu unterliegen, aber ich war schon in anderen Teilen der Welt, wo Makeup als extrem sündig betrachtet wird. Ich habe zwei Ringe. Beide aus Gold, denn Gold ist ein Metall, das nicht anläuft oder rostet. Auf beiden steht mein Name in Hebräisch. Einer wurde mir am achten Tag des Laubhüttenfests überreicht, auch das Fest der Thorafreude genannt, der für die Juden der Hochzeitstag ist, an dem sie für ein weiteres Jahr die Vermählung mit der Thora feiern. Ich sah dabei zu, wie ein Jude ihn in einer kleinen Werkstatt in Jerusalem für mich anfertigte. Unser 25. Hochzeitstag fiel auf dieses Datum, den achten Tag des Laubhüttenfestes, und wir feierten ihn zusammen mit 1.200 Christen mitten in der Wüste von Juda mitten in der Nacht mit einem großen Freudenfeuer. Wir aßen gebratene Wachteln, es war ein wunderschöner Gedenktag. Meine Frau schenkte mir diesen Ring, auf dem mein Name in Hebräisch eingraviert war, als wir auf den Mauern Jerusalems standen. Sie sagte mir: „Ich will, dass du ein Wächter auf den Mauern bist." Ich liebe es, diesen Ring zu tragen, der weit mehr als ein Trauring ist. Der andere Ring gehörte vor vielen, vielen Jahren einem Juden. Auch er trägt meinen Namen auf Hebräisch, aber von links nach rechts geschrieben. Von links nach rechts, warum das? Ganz einfach, es ist ein Siegelring, den man in ein Wachssiegel drückt. Man baute in London einen großen Häuserblock und fand ihn, als man beim Graben des Fundaments auf einen alten jüdischen Friedhof stieß. Zwischen den Gebeinen fand man diesen

Ring, der einem Juden namens David gehört hatte, und man schenkte ihn mir. Ich war dafür sehr dankbar. Ich sagte: „Ich werde ihn bis zu meinem Tod tragen und darüber hinaus." Mit diesen beiden Ringen will ich begraben werden. Aber in Rumänien, wohin ich einmal reiste, war das Tragen von goldenen Ringen in den Augen der Christen dort eine der größten Sünden. Ich konnte sie nicht mehr abziehen, und deshalb musste ich ihnen, bevor ich zu predigen anfing erklären, warum ich sie trage. Es ist wegen der Liebe in meinem Herzen, die ich zu Israel habe.

Christen haben also gewisse Skrupel, die von ihrem Gewissen und von ihrer Kultur abhängig sind. Als ich zum ersten Mal zu einer großen christlichen Konferenz nach Indien kam, nach Hyderabad, betraten wir ein großes Konferenzgebäude, wo es keine Sitzplätze gab, nur den nackten Fußboden. Als wir hineinkamen, zogen sich alle Leute die Sandalen aus, meistens Flip-Flops aus Plastik, und warfen sie einfach auf einen Stapel neben der Tür und gingen dann hinein, entweder barfuß oder in Socken. Das ist ihre Kultur. Nun denn, ich hatte ein paar schöne, neue Sandalen an und dachte mir nur: Wenn die wieder herauskommen, schnappen sie sich einfach die nächstbesten Sandalen vom Haufen und gehen damit fort. Ängstlich versteckte ich meine Sandalen hinter einer Ecke, aber ich zog sie aus, ging hinein und betete zusammen mit ihnen an. Das waren deren Skrupel. In vielen Ländern zieht man seine Schuhe aus, wenn man ein Haus betritt. In England machen wir das normalerweise nicht. Wir können diese Traditionen weiterentwickeln, sodass sie auch in der Kirche Einzug halten. In einigen Ländern wo ich war, wäre man entsetzt darüber, dass Männer und Frauen nebeneinandersitzen. In jedem Gottesdienst sitzen die Frauen auf der einen und die Männer auf der anderen Seite. In den kommunistischen Ländern, die ich besuchte, war das ausnahmslos der Fall.

Sie wären entsetzt darüber, dass wir die Geschlechter vermischen, während wir Gott anbeten.

Solche Art von Streitfragen behandelt Paulus, wenn man eben von der einen oder der anderen Sache sehr stark überzeugt ist. Wenn solche Überzeugungen in einer Gemeinschaft aufeinandertreffen, hat man ein Problem. Das trifft insbesondere auf eine Gemeinschaft von jüdischen und heidnischen Gläubigen zu. Im gesamten Römerbrief geht es ja genau um diese Spannung, wo der heidnische Teil der römischen Gemeinde, Schwierigkeiten hat, den jüdischen Teil in der Zeit des Nero wieder willkommen zu heißen, nachdem Claudius sie aus der Stadt fortgeschickt hatte. Genau damit beschäftigt sich Paulus hier und behandelt die ausgesprochen praktische Seite des ganzen Themas. Es geht vor allem um zwei Streitfragen: Ernährung und Feiertage. Natürlich hat die jüdische Kultur hier viel stärkere Überzeugungen als die heidnische Kultur.

In der jüdischen Kultur ist koscheres Essen ganz besonders wichtig. Es gab ein zusätzliches Problem, dass nämlich das in Rom erhältliche Fleisch oftmals vor dem Verkauf den Götzen geopfert wurde. Es stellte sich nun die Frage: War das Fleisch den Götzen geopfert oder nicht. Christen konnten das nicht essen. Es gab also Meinungsverschiedenheiten über die Ernährung, in diesem Falle über Vegetarismus. Auch heute noch gibt es christliche Vegetarier, die scheinbar nicht von Genesis Kapitel 9 überzeugt sind, wo Gott uns die Erlaubnis gegeben hat, Fleisch zu essen, was er nicht widerrufen hat. Trotzdem gibt es Christen, die aufrichtig glauben, dass Christen keine Tiere essen dürfen, die zum Verzehr getötet wurden. Vegetarisches Essen ist also solch eine Streitfrage.

Die andere Streitfrage waren besondere Tage. Für den Juden ist der Sabbat (der Samstag) solch ein besonderer Tag. Manche Christen sind der Meinung, dass sich das geändert habe und der christliche Sabbat nun der Sonntag sei, der

Tag der Auferstehung. Sie verschieben ihre Einstellung zum Sabbat auf den Sonntag. Ich wuchs in einer gottesfürchtigen Familie auf. Der Sonntag war für uns der Sabbat, und deswegen durfte ich am Sonntag kein Fahrrad und auch keine Fotokamera benutzen. Das wäre Sünde gewesen. Das wurde schließlich für mich zu einer regelrechten Krise, als ich zum Arbeiten auf einen Bauernhof umzog und die nächste Kirche fünf Meilen entfernt war. Wenn ich den Gottesdienst am Sonntag pünktlich erreichen wollte, musste ich das Fahrrad benutzen. Als ich das erste Mal am Sonntag aufs Fahrrad stieg, zwang mich mein familiärer Hintergrund, mich dieser Frage zu stellen. Habe ich die Freiheit, am Sonntag Fahrrad zu fahren? Nachdem ich die Bibel zu Rate gezogen hatte, kam ich zu dem Schluss, dass ich selbstverständlich die Freiheit habe. Diesen Skrupel musste ich überwinden.

Um diese Dinge geht es also hier. Die Skrupel der Juden betrafen in erster Linie die Ernährung und in zweiter Linie besondere Tage, vor allem den Sabbat, dieser Tag in der Woche, der dem Gott Israels geweiht ist. In den zweitausend Jahren, die die Juden von ihrem Land getrennt waren, retteten drei Dinge ihre Identität: Die Beschneidung, koscheres Essen und der Sabbat. Wo es sie auch immer hin verschlagen hatte, halfen ihnen diese drei grundlegenden Dinge zu überleben. Bis heute haben Jesus-gläubige Juden kulturelle Skrupel. Wenn sie bestimmte Dinge tun sollen, fühlen sie sich unwohl. Was machen wir also mit einer Gemeinschaft, wo es starke und schwache Christen gibt? Als erstes stoßen wir hier auf zwei Überraschungen. Die erste Überraschung ist, dass die starken Christen diejenigen sind, die sich frei fühlen, etwas zu tun, und dass die schwachen Christen diejenigen sind, die Skrupel haben, etwas zu tun. Ein starker Christ ist durch Reife gekennzeichnet. Das Gewissen ist sozusagen ein moralischer Kompass. Wir alle sind mit diesem moralischen Kompass namens Gewissen geboren worden, aber er wurde durch unsere Erziehung geprägt. Er zeigt nicht mehr eindeutig nach Norden. Aber denke daran, kein Kompass zeigt eindeutig nach Norden, denn der magnetische Nordpol wandert. Auch bei einem Flugzeugkompass muss man sich damit abfinden, dass er nicht genau auf den Nordpol zeigt. Wir nehmen einfach an, dass jeder Kompass nach Norden zeigt, das stimmt aber nicht, denn der magnetische Nordpol wandert im Kreis. Und wie der Kompass nicht ganz zuverlässig den richtigen Norden anzeigt, ist unser Gewissen auch nicht ganz zuverlässig in punkto Moral. Es ist nur annäherungsweise zuverlässig, je nachdem wie wir erzogen wurden. Man hat dir in deiner Erziehung auch manches falsch beigebracht, so dass dein Kompass es dir nicht ganz richtig anzeigt. Wenn ein Christ reif wird, bedeutet das auch, dass er seinen Kompass auf den echten Norden adjustiert, auf den Willen Gottes, und auf das, was Gott richtig und falsch heißt. Manchmal muss man ganz schön viel adjustieren, bei mir war es zum Beispiel das Fahrradfahren am Sonntag. Ein reifer Christ ist viel freier als ein Christ, der durch seine Erziehung oder seinen kulturellen Hintergrund viele Skrupel hat.

Habe ich es dir jetzt genug erklärt, verstehst du nun, um was es Paulus hier geht? Christen können sehr starke Überzeugungen haben, weil ihr Kompass noch nicht vollständig auf den Willen Gottes adjustiert ist. Er ist immer noch teilweise von seiner bisherigen Lebensweise, Erziehung usw. geprägt. Wenn du in einer Kirche aufwächst, wo man den Christen sagt, sie sollen nicht ins Kino gehen, dann wird das deinen Kompass beeinflussen. Wenn du nun heranreifst, fühlst du dich frei, ins Kino zu gehen, wirst als reifer Christ aber weiterhin entscheiden, welche Filme du ansehen wirst. Verstehst du was ich meine? Du bist freier, aber du adjustierst deinen Kompass.

Bezüglich dieser zwei Dinge spricht Paulus, dass der starke Christ freier ist, Dinge zu tun als der schwache Christ, der seine Skrupel aus seinem bisherigen Leben mitbringt. Als nächstes überrascht uns nicht, wer der starke und wer der schwache Christ ist, sondern wer die Adjustierung vornehmen muss. Man meint vielleicht, Paulus würde jetzt sagen, dass der schwache Christ mit seinen Skrupeln seinen Lebensstil an den des starken Christen anpassen muss, der reifer und freier ist, diese Dinge zu tun, aber nein, er sagt genau das Gegenteil. Seine ganze Lehre richtet sich an den starken Christen, sein Verhalten an den schwachen Christen anzupassen. Lass einmal diesen Schock auf dich wirken. Es soll dich auch schockieren, denn wenn du nicht vorsichtig bist, dann kannst du bei deinem schwachen Bruder großen Schaden anrichten, indem du dich über seine Skrupel hinwegsetzt. Mit anderen Worten: Der starke Bruder, der frei ist, etwas zu tun, ist auch frei, etwas nicht zu tun zum Wohle seines schwachen Bruders. Das ist der Punkt, den ich vermitteln will. Für einige Christen mag es ein Schock sein, dass Paulus von den starken Christen erwartet, sich den schwachen anzupassen, damit Harmonie in der Gemeinschaft herrscht.

Die zwei Dinge, um die es geht, habe ich schon erwähnt: Vegetarismus und das Halten des Sabbats. Bis zum heutigen Tag ist die Beachtung des Sonntags ein Thema unter einigen Christen. Vor einigen Jahren führten einige Christen eine große Kampagne durch: „Haltet den Sonntag heilig!" Viele ihrer Argumente hatten ihren Ursprung eigentlich im Sabbatgebot. Christen sind aber frei vom Sabbatgebot. Das vierte Gebot findet im Neuen Bund keine Anwendung, wird aber oft herangezogen, um den Sonntag heilig zu halten. Damals habe ich schelmischerweise in einem christlichen Magazin einen Artikel mit dem Titel „Haltet den Montag heilig!" veröffentlicht und auf die Aussagen der Schrift hingewiesen. Wir sind nicht mehr an das Sabbatgebot des Moses gebunden, genauso wenig wir an das Gebot des

Zehnten in Moses Gesetz gebunden sind. Dennoch versuchen viele Gemeinden es auf die Christen anzuwenden und zwingen sie, den Zehnten in die Gemeinde zu geben, was natürlich den Gemeinden ein sicheres Einkommen beschert – aber es ist nicht biblisch.

Ich habe einmal ein lustiges Buch mit dem Titel „Ein Jahr biblisch leben" gelesen. Der Autor war ein jüdischer Reporter in New York. Obwohl er mit einer Jüdin verheiratet und beschnitten war, praktizierte er das Judentum nicht. Er entschloss sich als journalistisches Experiment zwölf Monate lang gemäß der ganzen Bibel zu leben und darüber zu berichten. Man muss sich immer wieder kringeln vor Lachen, wenn man es liest. Er war ganz bei der Sache. Er musste die meisten Kleider wegwerfen, weil sie aus gemischtem Gewebe bestanden. Er musterte die meisten Anzüge aus und trug fortan zur Verwunderung seiner ganzen Familie ein Leinennachthemd, immerhin bestand es aus nur einem Material. Wohlgemerkt, er lebte in New York. Das lustigste war (die Damen mögen mir verzeihen), dass das mosaische Gesetz vorschreibt, dass man eine Frau in ihrer Monatsregel nicht berühren darf. Eines Abends kam er nach Hause und wusste, dass seine Frau die Monatsregel hat. Er wollte im bequemen Sessel neben dem Kamin Platz nehmen, da sagte sie: „Heute morgen habe ich in diesem Sessel gesessen." Er sprang auf und setzte sich auf einen anderen Stuhl. Da sagte sie: „Auf diesem Stuhl habe ich auch gesessen." Sie hatte tatsächlich auf jedem Stuhl im Haus gesessen und so konnte sich der arme Mann an diesem Abend nirgendwo hinsetzen. Und so geht das Buch munter weiter, aber er hat wirklich versucht, alles was Mose und auch was Jesus gesagt hat, zu befolgen. Er hatte sich darauf eingelassen, alles, was in der Bibel steht, zwölf Monate lang einzuhalten. Es gestaltete sich für ihn zu einem ärgerlichen Verwirrspiel. Am Ende von zwölf Monaten zog er folgendes Resümee: Erstens, es ist so gut wie unmöglich. Und zweitens: Es ist um einiges schwieriger, nach den Geboten des Neuen Testaments als nach den Geboten des Alten Testaments zu leben. Das ist auch ein bemerkenswertes Resümee.

Es geht aber um Skrupel. Selbst ein Jude, der in den Neuen Bund kommt, ist jetzt frei vom Gesetz des Moses. Die wohl schwierigste Frage für israelische Gläubige, und wegen der die Gemeinden von israelischen Gläubigen beinahe im Krieg liegen, ist, wie weit der mosaische Bund eingehalten werden muss. Sie wissen zwar, dass sie von ihm befreit sind, haben aber jetzt im Neuen Bund dennoch eine Menge Skrupel, die aus dem alten Bund herrühren. Nebenbei bemerkt, das Alte Testament ist nicht gleichzusetzen mit dem Alten Bund. Der Alte Bund ist der mosaische Bund. Der Bund mit Noah, der abrahamitische Bund und die davidischen Bündnisse münden alle geradewegs in den Neuen Bund. Letztere sind nicht der Alte Bund. Der Neue Bund hat lediglich Mose und sein Gesetz ersetzt.

Ich kann die Spannungen, die in diesen Tagen unter israelischen Gläubigen auftreten, gut verstehen. Sie sind sich nicht richtig sicher. Sie treffen sich eher am Samstag als am Sonntag, wenn es möglich ist. Das ist Teil ihres Glaubens. Es gibt aber auch Christen, die glauben, dass Christen das Sabbatgebot beachten sollten. Man nennt sie 7-Tages-Adventisten. Sie beginnen ihre Gottesdienste am Freitagabend um 18:00 Uhr. Ich fürchte, dass es heutzutage viele Christen, besonders unter den Zionisten gibt, die glauben, dass alle Christen jüdisch werden sollten. Deshalb halten sie den Sabbat in ihren heidnisch-christlichen Häusern.

All dies sind Skrupel, über die man streiten kann, und Paulus verwendet sie als Beispiele für seine Ermahnung an die starken Gläubigen. Die Ermahnung lautet: „Richte nicht die anderen." Das betrifft nur Dinge, über die man streiten kann. Bezichtige sie nicht der Sünde; richte sie nicht, sondern erkenne, dass du die Verantwortung für dich selbst trägst und nicht für sie. Sie tun es für den Herrn, und obwohl ihr Gewissen noch nicht gereift und damit freier ist, tun sie es trotzdem für den Herrn. Es ist ihre Überzeugung, und der starke, der frei ist, das nicht zu tun, soll sie nicht richten oder verdammen und nicht auf sie herabblicken. Gott ist ihr Richter, und wir sollen nur für uns selbst vor Gott Rechenschaft ablegen in diesen Streitfragen. Das ist ein sehr guter Ratschlag.

Immer wieder verwendet Paulus den Ausdruck „für den Herrn", besonders wenn er die Sabbatfrage behandelt, oder auch wenn man den Sonntag zum Sabbat macht. Möchtest du wissen, was die Erfüllung des Sabbats im Neuen Bund ist? Es ist das Ruhen von deinen eigenen Werken an jedem Tag der Woche. Paulus sagt, dass es in einer Gemeinschaft Leute gibt, die einen Tag besonders für den Herrn halten, während andere glauben, dass jeder Tag für den Herrn ist. Aber das gibt Spannungen. Richtet nicht einander. Sondern sei dir in deiner eigenen Überzeugung sicher und sei dir klar darüber, dass du vor dem Herrn Rechenschaft ablegen musst. Er hat das letzte Wort bei solchen Disputen. Wenn wir am Tag des Gerichts vor dem Herrn Rechenschaft ablegen müssen, dann nur für uns selbst und für niemand anderen. Das sollten wir immer im Hinterkopf haben.

Nun kommt Paulus zu einem Abschnitt, den ich „entwaffnende Verhaltensweisen" nennen möchte. Denn es kommt im Grunde auf deine innere Haltung an. Man kann so schnell in Streitereien, ja sogar Spaltungen geraten. Ich kenne Gemeinden, die sich wegen Tanzen, Makeup und Kino gespalten haben. Es ist tragisch, wenn Gläubige sich wegen solcher Skrupel spalten, wenn einige wegen ihres Gewissens sich an ihre eigenen Überzeugungen halten und andere so frei sind, sich darüber kein schlechtes Gewissen zu machen. Sollte es nicht viel eher eine Frage der guten

Umgangsformen sein? Es gibt so etwas wie göttliche Verhaltensweisen in einer Gemeinschaft, wo es solche Spannungen gibt. Paulus führt insbesondere vier Dinge an, in denen sich jemand als starker Gläubiger gegenüber einem schwachen Gläubigen mit mehr Skrupeln beweisen kann. Erstens: *Abwägung*. Bekomme die richtige Perspektive; setze die Dinge ins rechte Verhältnis. Deswegen sagt er: „Denn das Königreich besteht nicht in Essen und Trinken." Was Leute zu sich nehmen, hat mit dem Königreich nichts zu tun. Deswegen sind Streitfragen wegen Alkoholabstinenz oder maßvollem Alkoholgenuss gewissermaßen irrelevant für das Königreich.

Was aber im Königreich eine Rolle spielt ist Gerechtigkeit, Frieden und Freude. Das ist das Wichtige im Königreich. Bitte achte genau auf die Reihenfolge. Zuerst kommt Gerechtigkeit, diese bringt Frieden hervor und dann hast du auch Freude. Die wirklich wichtigen Prinzipien des Königreichs haben nichts damit zu tun, was du isst oder trinkst. Sie haben etwas mit deiner Gerechtigkeit, deinem Frieden und der daraus resultierenden Freude im Heiligen Geist zu tun. Darüber sollte man nachdenken. Das ist entscheidend, auf die richtige Perspektive kommt es an. Verliere nicht die richtige Perspektive. Mach unwichtige Dinge nicht größer als sie sind. Das meint Paulus mit Abwägung. Übrigens wird das Wort „Königreich" nur an dieser Stelle im ganzen Brief verwendet. Wer also glaubt, dass Paulus im Römerbrief sein vollständiges Evangelium predigt, sollte das noch einmal überdenken. Er predigte nämlich das Königreich, aber nur hier und nur im Zusammenhang mit Skrupeln wird es erwähnt.

Das nächste ist *Auferbauung*. Das Wort Bauwerk bedeutet Gebäude. Auferbauung baut Menschen auf und reißt sie nicht ab. Unsere Aufgabe besteht nicht im Abriss, sondern im Aufbau. Paulus schreibt viel im 1. Korintherbrief Kapitel

14 darüber. Er lehrt, dass du nicht in die Gemeinde gehst, um dir selbst zu gefallen, sondern um die anderen aufzuerbauen. Was du in der Gemeinde tust, sollte die anderen aufbauen und sie nicht herunterziehen. Ich fürchte, dass ich ein wenig gegen Lobpreisleiter allergisch bin, die zur Gemeinde sagen: „Jeder kann es so halten, wie er will. Wenn du sitzen willst, dann bleib sitzen, wenn du stehen willst, steh auf. Wenn du dich hinknien willst, dann knie dich hin." Auf diese Weise mischt man eine Versammlung auf.

Als unsere Kinder noch klein waren, hatten sie ein Ritual, an dem sie treu festhielten. Zu einer unheiligen Zeit früh am Morgen standen sie am Fußende meines Bettes in einer Reihe und sangen: „Happy Birthday to You." Nach dem Singen überreichten sie mir einen Beutel mit ihren Lieblingssüßigkeiten. Man könnte nun sagen: „Hättest du als ihr Vater es denn lieber, wenn sie getrennt voneinander kämen und dir sagten: „Ich hab dich lieb"? Nein, gerade weil sie in einer Reihe vor mir standen und zusammen sangen, haben sie bewiesen, dass sie eine Familie sind. Etwas zusammen tun und zwar dasselbe, ein gemeinsames Ritual zu haben, dem Vater gemeinsam etwas vorzusingen – das bereitete dem Vater mehr Freude, als wenn jeder sein eigenes Ding macht. Wenn du in die Gemeinde gehst, dann nicht um dir selbst zu gefallen, sondern um andere aufzuerbauen. Und deshalb machst du auch nichts, was die Leute durcheinanderbringt. Nicht jeder von euch spricht in Zungen. Das nützt auch nicht jedem dort. Deshalb soll deine Abwägung sein: „Was sollte ich tun, um dem, der neben mir ist, zu helfen." Auferbauung ist eine christliche Pflicht – Menschen aufbauen. Wenn du gegenüber den Skrupeln deines schwächeren Bruders rücksichtslos bist, zerstörst du ihn. Du baust ihn nicht auf, sondern ziehst ihn nach unten.

Das nächste ist *Taktgefühl*. Wenn du frei bist, irgendetwas zu tun, dann wird dein schwächerer Bruder dich möglicherweise imitieren und das zu seinem eigenen Schaden, weil er voller Zweifel ist, während er das tut, was du tust. Er macht es, weil du es tust und ist dabei voller Zweifel. Was nicht aus Glauben ist, ist Sünde. Er tut es, um sich dir anzupassen und nicht aus Glauben. Das ist falsch, deshalb darfst du das nicht tun. Du wirst *taktvoll*. Du behältst deine Überzeugungen für dich und passt dich ganz einfach seinen Verhaltensweisen an. Er mag vielleicht der schwächere und du der stärkere Bruder sein, aber der stärkere steht in der Pflicht, sich dem schwächeren anzupassen. Taktgefühl gehört auch zu den entwaffnenden Verhaltensweisen der Starken.

Schließlich haben wir die *Nachahmung*: Seid Nachahmer Christi. Paulus zitiert einen Text aus dem Alten Testament, einen messianischen Text über Christus, der bereit ist Beleidigung zu tragen. Wenn du dich an den schwächeren Bruder anpasst, wirst du dich fühlen, als ob du dich in gewisser Hinsicht selbst beleidigst. Du sitzt zwar oben auf deiner freien Überzeugung, ahmst aber Christus nach, der ganz unten unsere Beleidigungen getragen hat, ohne zu klagen. So wie Christus sollen wir nicht uns selbst gefallen.

Ich fürchte, dass wir im Westen - und es färbt auch auf andere Länder ab – in eine Kultur hineingeraten, wo wir ermutigt werden, uns selbst zu gefallen, uns selbst zu befreien und uns auf das zu konzentrieren, was das „Ich" für wichtig hält. Die meisten unserer Lieder sind persönliche Anbetungslieder. Es sind sozusagen „ICH-Lieder", die meine Beziehung zum Herrn in den Mittelpunkt stellen. Aber du weißt, was der Herr gesagt hat, wenn du persönliches Gebet möchtest: Geh in dein Kämmerlein, mach die Türe hinter dir zu und sage: „Vater unser…" Im Grunde genommen gibt es kein persönliches Gebet. Du bist Teil eines Leibes auf der ganzen Welt, der betet, und was du betest, beten auch viele andere. Selbst im Privaten sagst du ja: „Vater unser…" Das gemeinsame Gebet ist Standard für einen Christen, aber es gibt so viele neue Lieder mit „Ich" und „Mir" und „Mein", wie ich mich im Herrn fühle und was er über mich fühlt. Das macht mir Sorgen. Das sind Auswüchse des Individualismus der 80er Jahre, die noch überall vorhanden sind. Wir sind Gemeinschaftswesen. Unsere Lieder sollten viel mehr „Wir" und „Unser" aufweisen.

Das mag vielleicht ein Spleen von mir sein, aber wir sollten wirklich darauf achten, was wir singen. Ich kann nicht von den Gefühlen eines anderen singen, wenn ich sie nicht habe. Viele Kirchenlieder von Charles Wesley, der über 6.000 komponierte, sind Lieder aus der Bibel und sind Gemeinschaftslieder. Er schrieb lediglich ein oder zwei persönliche Lieder, und leider sind das die einzigen, die heute noch gesungen werden. „Lang lag mein Geist im Kerker, gebunden in Sünd' und Nacht; Dein Aug' mich traf mit einem Mal. So wacht ich auf, die Kette riss, mein Herz ward frei." Das war seine eigene Erfahrung, aber seine meisten Lieder sind „Wir-Lieder" gemeinschaftliche Lieder, in welchen wir zusammengeschlossen werden und dieselben Gedanken teilen.

Wir sollen also Nachahmer Christi werden, und daraus zieht er folgenden Schluss: Der Starke soll den Schwachen tragen. Der Starke, der frei ist, Dinge zu tun, soll die Last derer tragen, die sich nicht frei fühlen, dieselben Dinge zu tun. Besonderes in Rom war dieses Verhalten angebracht, damit die heidnischen Gläubigen die jüdischen Gläubigen akzeptieren, aber es gilt für jede Gemeinschaft.

In Kapitel 15,8-33 kommen wir zu einem Abschnitt, der voll von Anbetung ist. Das Wort „Anbetung" taucht in der einen oder anderen Form elf Mal in diesem Abschnitt auf. Paulus ist um die Harmonie in der gemeinsamen Anbetung besorgt, damit Juden und Heiden Gott verherrlichen. Vers 6: preist ihn. Vers 7: verherrlicht ihn. Vers 9: Preist ihm, singt ihm. Vers 10: jubelt in ihm – insgesamt 11 Mal. Er hat uns hier eine Vision von einer Gemeinde vorgestellt, in der eine solche Harmonie unter den Menschen herrscht, dass ihre Anbetung ein gemeinsamer harmonischer Gesang, eine musikalische Harmonie, ein Wohlklang vor Gott ist. Das ist die Vollendung unserer Hingabe, allerdings zeigt er einen einzigartigen Weg dahin auf. Er stellt heraus, was die Heiden den Juden schuldig sind, und dass wir uns immer daran erinnern sollten.

Vor vielen Jahren schlugen einige unserer Leute ein großes Zelt in einem Londoner Park in Finchley auf, weil uns niemand ein Gebäude vermietete für das, was wir vorhatten. Wir kündigten eine Abendveranstaltung für die Juden in Finchley in diesem Zelt an. Finchley ist ein fast rein jüdischer Ortsteil von London. Die meisten Juden, die bis dahin im armen Londoner Osten gelebt hatten, waren in die bessere Gegend von Finchley im Nordwesten Londons umgezogen. Es war der Wahlbezirk von Margaret Thatcher. Jedem der Gäste boten wir ein koscheres Abendessen an. Schließlich waren 1.200 gekommen und wir begannen die Versammlung. Ich sprach und auch ein jüdischer Rabbi. Ich sprach über das Thema: Die Zeit ist gekommen, dass die Heiden den Juden die Schulden zurückzahlen.

Der jüdische Sprecher war Rabbi Hardman. Am Ende des Abends sagte er zur ganzen Versammlung: „Ich war der erste jüdische Rabbi und Feldkaplan des Heeres, der das Konzentrationslager Dachau betrat", eines der ersten Lager, die nach dem zweiten Weltkrieg befreit wurden. Er hielt eine große Fotografie hoch, die ihn als uniformierten jüdischen Feldgeistlichen zeigte, er stand und schaute in ein Massengrab von Juden, wo dürre Skelette übereinandergestapelt waren. Dann sagte er: „Heute Abend habe ich seit dieser Zeit das erste Mal wieder Hoffnung." Es war sehr bewegend. Seine Hoffnung basierte auf der Tatsache, dass Christen so etwas für die Juden in Finchley organisiert hatten. Was in Finchley passierte, machte die Runde in der gesamten jüdischen Welt. Sogar Margaret Thatcher übersandte uns ein Grußwort, denn es war ja ihr Wahlbezirk. Bis auf den heutigen Tag treffe ich Juden, die von dieser Versammlung gehört haben, wo ich einfach nur sagte: „Die Zeit ist gekommen, dass die Heiden den Juden die Schulden zurückzahlen." Dieses einzige Treffen hatte gewaltige Auswirkungen. Tonaufzeichnungen gelangten in fast jede Synagoge. Es war, wie wenn man einen Stecker in die Steckdose steckt und dann erst merkt, dass die Leitung unter Strom steht. Da wurde eine Schockwelle erzeugt. Es wurde unter den Christen ziemlich bekannt. Dies geschah in der frühen 50er Jahren, und noch heute wird davon gesprochen. Nur drei von uns mussten sich zusammentun, eine Veranstaltung für Juden inmitten eines jüdischen Viertels in London organisieren und ihnen ein koscheres Abendessen zubereiten. Wir hätten ja auch sagen können: „Christen sind frei zu essen, was sie wollen." Sogar Petrus wurde gesagt: „Schlachte und iss", womit ihm auch gesagt wurde, dass jedes Nahrungsmittel für Christen rein ist. Wir hätten das vor ihnen betonen können, taten wir aber nicht. Sondern wir kredenzten ihnen ein koscheres Mahl. Es war ein Beispiel dafür, wie sich der Starke an den Schwachen anpasst, und es hatte weltweite Auswirkungen.

Paulus zeigt nun zwei Dinge auf, die die Heiden den Juden schulden. Erstens zeigt er, dass Christus ein Diener für die Juden in Israel war. Bei den beiden Gelegenheiten, wo er sich außerhalb Israels befand, heilte er den besessenen Gerasener und das Kind einer Syrophönizierin. Er sagte zu dieser Frau: „Es ist nicht recht, das Essen, das für die Kinder bestimmt ist, den Hunden zu geben." Damit stellte er ihren Glauben auf die Probe. Sie gab ihm eine brillierende Antwort: „Aber sogar die kleinen Hündchen dürfen von den Krümeln essen, die vom Tisch fallen." Er erkannte ihren Glauben und heilte ihr Kind – eine großartige Begebenheit. Als er seine Jünger aussandte, sollten sie nur zu den verlorenen Schafen des Hauses Israels gehen. Es hat den Anschein, dass Jesus nur für die Juden gekommen ist. Sein Dienst war bis auf wenige Ausnahmen auf die Juden beschränkt, aber am Ende seines Lebens trug er seinen zwölf jüdischen Jüngern auf: „Geht hin und macht Jünger aus allen ethnischen Gruppen (Griechisch, ethnos = Nation). Er sandte sie in die heidnische Welt. Es brauchte einige Zeit, bis Petrus das gelernt hatte, aber er lernte es. Dann wurde auch Paulus, der Vorzeigejude, als Apostel zu den Heiden gesandt.

Mit anderen Worten, Jesus hatte von Anfang an die Heiden auf dem Herzen. Er kam als Jude zu den Juden, aber seine Vision war es, die Verheißungen der Patriarchen zu erfüllen. Gott hatte Abraham verheißen, dass er der Vater vieler Nationen und von Königen der Nationen sein sollte. Jesus kam, um diese Verheißung zu erfüllen, aber er führte es aus, indem er sich zu Lebzeiten auf die Juden konzentrierte. Als er aber von den Toten auferstanden war, sagte er: Geht jetzt hin und teilt es mit der ganzen Welt, bis an die äußersten Enden der Erde; versucht nicht, es ohne die Kraft des Heiligen Geistes zu tun, sondern wartet darauf und dann macht euch auf den Weg bis an die äußersten Enden der Erde und teilt es mit. Was die Heiden den Juden zu verdanken haben ist Jesus. Und so bezeichnet sich Paulus selbst als Diener Jesu Christi für die Nationen.

Jesus kam also nicht nur, um die Verheißungen der Juden zu bestätigen, seine vollständige Vision war es, die Heiden zu bekehren. Paulus übernimmt seine Missionsstrategie für die Heiden, dabei ist er Jude! Die Heiden, die er zum Herrn geführt hat, schulden ihm, dem Juden etwas, weil er ihnen das freimachende Evangelium gebracht hat. Er schreibt, was er für sie getan hat und was er immer noch tut. Er hat seine Mission im östlichen Mittelmeerraum erfüllt und war unterwegs, dies auch im westlichen Mittelmeerraum zu tun. Sein Bestreben war, dort zu predigen, wo Christus noch unbekannt ist. Im östlichen Teil des römischen Reichs war Christus nun bekannt, weil Paulus ihn verkündet hatte. Dabei sagte er nicht: „Weil ich es getan habe", sondern er war demütig genug zu sagen: „Der Herr hat es durch mich vollbracht." Es war das Werk des Herrn durch Paulus.

Nun sagt er, wie er das angestellt hat. Hier müssen wir gut aufpassen. Die drei Dimensionen seiner Mission, wo auch immer er hinkam, waren: Wort, Tat und Zeichen. Sie alle kannst du unauffällig erwähnt in Kapitel 15 vorfinden. So schaut wahre neutestamentliche Evangelisation aus: Das Wort predigen, tatkräftig anpacken – Gutes tun und darüber hinaus Zeichen und Wunder tun. Solange du nicht alle drei Dinge tust, ist das noch kein neutestamentliches Evangelisieren. Das hat große Auswirkungen. Eine wirkliche Auswirkung auf die muslimische Welt wird man erst durch Zeichen und Wunder, besonders durch Heilungen im Namen Jesus haben.

Eine Gemeinde, die ich einmal besuchte, hat mich sehr erstaunt. Es sah so aus, als ob sie fast nur aus Muslimen besteht, aus Arabern oder Pakistani. Ich sagte zum englischen Pastor: „Wie bist du nur zu all den Leuten gekommen?" Nun, eigentlich fragte ich zuerst: „Sind das ehemalige Muslime?" Er antwortete: „Ja, fast alle." Ich fragte: „Wie hast du sie in die Gemeinde gebracht?" Er antwortete: „Wir haben da eine einfache Methode. In jeder Straße wohnen Leute von uns und sagen uns, wenn ein Muslim krank wird und den Arzt holt. Sobald wir hören, dass ein Muslim krank wird, gehen wir hin und klopfen an der Tür. Wir haben keine Bibeln und keine Traktate dabei. Wir sagen nur: „Wir haben gehört, dass hier jemand krank ist. Wenn du willst, kommen wir hinein und beten für ihn." Sie heißen uns eigentlich immer willkommen. Bevor sie eintreten, sagen sie: „Wir werden im Namen Isa (das ist der arabische Name für Jesus) beten, denn er hat die Gabe der Heilung." Sie sagen: „OK, komm rein und bete für den Kranken." Wir gehen hinein, beten für den Kranken, sie werden geheilt und dann fragen sie: „Wer war denn das, der zu uns nach Hause kam und unseren Verwandten geheilt hat? Und dann kommen sie in unsere Gemeinde."

Die Gemeinde trifft sich in einem ehemaligen Nachtclub und sie haben ihn noch nicht richtig umgebaut. Man kann sich vorstellen, wie es darin ausschaut – schwarze Wände, rote Laternen und sonstiges Zeug. Natürlich haben sie die Bilder abgehängt. Ich dachte mir nur: „Ein englischer Pastor in einem ehemaligen Nachtclub" und offensichtlich hatte er es geschafft, dass in die Gemeinde ca. 120 Ex-Muslims kamen. Alles, was er getan hatte, war: „Dürfen wir für die Kranken beten?" Er sagte, dass es bis jetzt noch niemand abgelehnt hat. Erst wenn sie das Wunder, das Zeichen sehen, kommen sie in die Gemeinde und hören das Wort.

Ich bin davon überzeugt, dass eine Evangelisation, die nur aus dem Wort besteht, keinen Moslem und auch wahrscheinlich keinen anderen Menschen bekehren kann. Es muss durch die Tat unterstützt werden, deinen Lebensstil und durch das Zeichen, dass du ein Diener des übernatürlichen Gottes bist. Ich bitte dich, dies als wahre neutestamentliche Evangelisation zu erkennen: Wort, Tat und Zeichen. Paulus sagt: „Ich predige das Wort." „Sie sahen meine Taten." Selbst wie er als Zeltmacher unter ihnen arbeitete, sahen sie seine Taten, und die Zeichen folgten. Das ist es, was Jesus uns aufgetragen hat: Geht und verkündet das Wort, und die Zeichen folgten. Zeige das Königreich, bevor du versuchst, es zu verkünden. Das sagte Jesus zu den Zwölfen, als er sie jeweils zu zweit aussandte: Geht in eine Stadt, zeigt das Königreich und dann sagt ihnen, dass das Königreich in ihre Stadt gekommen ist. Es ist nicht zu weit gegriffen, wenn ich sage, dass es Zeichen und Wunder sind, die etwas in der muslimischen Welt bewegen werden.

So machte es Paulus und er sagte uns auch, wo er es tat: Von Jerusalem bis Illyrien, das ist der Balkan am Ostufer der Ägäis. Er sagte, dass er das ganze Gebiet bereist hat. Was wollte er in dieser Gegend? Ganz klar: Er wollte in jeder wichtigen Stadt eines Gebietes oder eines Landes eine Gemeinde bauen, dann weiterreisen und die Evangelisation der Umgegend dieser Gemeinde überlassen. Das war seine Strategie – brillant! Jetzt war er auf dem Weg nach Spanien, um dasselbe im westlichen Mittelmeerraum zu tun wie schon im östlichen – eine Gemeinde in jeder wichtigen Stadt, den Rest würde dann diese Gemeinde erledigen. Versuche nicht, alles selbst zu machen! Gründe eine Gemeinde in einer wichtigen Stadt und lass sie weitermachen. Hinterlasse sie gut ausgerüstet, aber verlasse eine Gemeinde, die wachsen und sich selbst vermehren kann.

Auf diese Art und Weise gründete Paulus Gemeinden in Städten wie Ephesus, Thessaloniki, Athen und Korinth, dann zog er weiter und betrachtete sein Werk für beendet. Erstaunlich! Aber bevor er in den Westen Roms, nach Spanien ging, musste er noch etwas einschieben. Er schreibt, dass er zuerst noch nach Jerusalem gehen muss, um dort Geld, das die Heiden für die leidenden und hilfsbedürftigen jüdischen Gläubigen gesammelt haben, abliefern muss. Das wirft ganz nebenbei ein interessantes Licht auf die heidnisch-jüdischen Beziehungen.

Dann endet er, indem er um ihre Unterstützung bittet. Er erwartet in Jerusalem einen Kampf und bittet seine Leser in Rom, im Gebet für ihn einzutreten, dass er vor den ungläubigen Juden errettet würde. Er konnte nicht wissen, was alles auf ihn zukommen würde. Aber als er nach Jerusalem kam, provozierte dies einen jüdischen Aufstand, aus dem er nur durch römische Soldaten gerettet werden konnte. Er bat die heidnischen Gläubigen in Rom außerdem, dass sie dafür beten sollen, dass die jüdischen Gläubigen in Jerusalem in aufnehmen mögen, denn das war nicht unbedingt zu erwarten. Sie hatten einst, als Paulus frisch bekehrt war, ihn abgewiesen und waren misstrauisch. Noch größere Probleme hatten sie mit ihm, als er Heiden zum Glauben führte, ohne von ihnen zu verlangen sich beschneiden zu lassen und das Gesetz zu halten. Paulus war vielen Verdächtigungen von gläubigen und ungläubigen Juden in Rom ausgesetzt. Deshalb bat er die heidnischen Gläubigen in Rom, mit im Gebet dafür einzustehen, dass er keine Probleme mit den ungläubigen Juden haben und vor ihnen errettet werden möge (was dann auch eintraf) und er von den gläubigen Juden aufgenommen werden möge (was ebenso eintraf). Ihre Gebete wurden erhört.

Natürlich freute er sich auch zu kommen, die Gläubigen in Rom zu sehen, er wollte „kommen, sich freuen und erfrischt werden". Es fiel ihm nicht im Traum ein, dass er als Gefangener, an einen Soldaten gekettet und unter Hausarrest kommen würde. Aber trotzdem brachte Gott ihn nach Rom und gewährte ihm sein Verlangen, diesen Ort zu besuchen. Wir wissen nicht, was nach seinem ersten Prozess in Rom geschah. Die Überlieferung sagt, dass er freigelassen wurde und es schaffte, weiter im Westen zu missionieren, was durchaus möglich ist. Die Apostelgeschichte endet mit seinem ersten Prozess. Es ist interessant, dass die Apostelgeschichte sich in paralleler Weise zum Lukasevangelium wiederholt, beim selben Autor ist das ja auch naheliegend. Lukasevangelium und Apostelgeschichte sind quasi Band 1 und Band 2 eines Werkes. Beide beginnen mit Maria. Beide beginnen mit den Jüngern und der darauffolgenden Opposition. Sie gehen nochmals das ganze Leben von Jesus bis zum Prozess (des Paulus) durch, dann stoppen sie. In der Apostelgeschichte wird vom Tod des Paulus nichts berichtet. Bis zu dieser

Stelle ist das Thema der Apostelgeschichte im Evangelium enthalten – alles, was Jesus zu tun und zu lehren begann; jetzt setzt er es in einem anderen Leib fort, der Gemeinde.

Ich empfehle dir, die beiden Bücher zusammenzulegen und ihre bemerkenswerte Parallelstruktur zu entdecken. Jesus ging durch drei Prozesse; Paulus ging durch drei Prozesse. In jedem Prozess mussten die Richter feststellen, dass Paulus unschuldig ist, genauso wie Pilatus es bei Jesus feststellen musste. Es hört kurz vor dem Tod des Paulus auf, obschon er starb. Möglicherweise wurde er nach dem ersten Prozess freigelassen. Die Apostelgeschichte wurde für den Richter des Paulus geschrieben. Sowohl das Lukasevangelium als auch die Apostelgeschichte wurden für einen Mann geschrieben. Wer dieser Mann war, wird uns in beiden Büchern gesagt: „Die vormalige Abhandlung, oh Theophilus, schrieb ich für dich", dabei nannte er ihn den „höchst ehrwürdigen", das ist der Titel für einen Richter.

Ich denke, dass Dr. Lukas sein Evangelium über Jesus in Cäsarea schrieb, als Paulus dort inhaftiert war. Dann folgte er ihm nach Rom, wo Paulus immer noch in Gefangenschaft war, und schrieb dort die Apostelgeschichte. Das ist auch der Grund dafür, warum der Bericht über den Schiffbruch in Malta einen so großen Raum einnimmt. Solche ausgeschmückten Details fügt man nur ein, wenn man einen Mann verteidigen will, dem der Prozess gemacht wird und dem die Todesstrafe droht. Lukas hat beide Bücher ganz sicher deshalb geschrieben, um Paulus in seinem Prozess zu verteidigen. Zuerst einmal musste er dem Richter erklären, wo diese neue Religion des Christus begann. Dann musste er in seinem 2. Band erklären, was Paulus damit zu tun hatte. Deshalb findet sich in der Apostelgeschichte mehr über Paulus als über alle anderen Apostel – es ist eine Verteidigungsschrift für Paulus.

Die letztendliche Verteidigung für Paulus ist, dem

Richter zu sagen: „Dieser Mann erlitt Schiffbruch. Er rettete die ganze Besatzung und sogar die Soldaten, die ihn bewachten." Das ist ein sehr guter Appell an einen Richter. Es ist geradeso, als ob Lukas die Apostelgeschichte mit den Worten schließt: „Euer Ehren, ich lege den Fall zu Ihrer Entscheidung vor." In beiden Büchern verteidigt er Paulus. Das muss Gott sehr gefallen haben, denn beide Bücher wurden Teil von Seinem Wort. Ohne das Lukasevangelium und die Apostelgeschichte würde uns wirklich etwas abgehen. Wir hätten nie das Gleichnis vom barmherzigen Samariter gehört oder das Gleichnis vom verlorenen Sohn. Lukas hat alles so ordentlich wie möglich zusammengestellt, wie es nur ein Arzt machen kann, der gewohnt ist in Diagnose und Behandlung ordentlich zu arbeiten. Dieser Arzt schrieb also für einen Mann, Theophilus, einer der Richter des Paulus in seinem ersten Prozess. Fast alles in diesen beiden Büchern kann als Verteidigungsbegründung erklärt werden. Ja, so ist Paulus eben: Nimm an meinen Kämpfen teil.

Versäume nicht Kapitel 16, zu dem wir jetzt kommen, zu lesen. Viele Christen überspringen es und sagen: „Das ist ja nur eine Liste von Namen und Grüßen – da ist keine Botschaft darin." Aber es steckt eine grundlegende Botschaft darin. Ich werde erklären, um was es eigentlich geht. Paulus redet jetzt über die Beziehung zwischen nah und fern, zwischen Christen in der einen Gemeinde und Christen in vielen Gemeinden. Diese Beziehung ist weiter gefasst. Einige der frühesten Handschriften des Römerbriefs beinhalten das Kapitel 16 nicht. Leider dachten auch einige frühe Christen, dass darin keine Botschaft liegt, und kürzten einfach den Brief und sagten: „Es heutzutage nicht mehr wichtig. Von diesen Leuten kennen wir niemanden persönlich, warum sollten wir es in das Wort Gottes aufnehmen?" Zum Glück besitzen wir die ganze Handschrift, so wie Paulus sie verfasst hat, und damit auch das Kapitel 16.

Es ist die längste Liste von Grüßen im Neuen Testament. Normalerweise grüßte Paulus am Ende eines jeden Briefes zwei oder drei Personen, aber hier haben wir viel mehr, ein ganzes Kapitel voll. Die meisten sind Juden. Wenn das christliche Glaubensbekenntnis den Satz „Ich glaube an die Gemeinschaft der Heiligen" einschließt, dann zeigt es diesen Glauben an – dass wir nicht nur innerhalb unserer lokalen Gemeinde mit all ihren Skrupeln und unterschiedlichen ethnischen Gruppen gute Beziehungen haben sollen, sondern auch mit allen Gemeinden an allen Orten. Paulus betete für Gemeinden, die er niemals besucht hatte. Er betete für Christen, die er nie getroffen hatte. Er besaß ein weites Netzwerk, und dieses letzte Kapitel berichtet uns davon. Ein Schlüssel für dieses weite Netzwerk waren die Grüße. Ich hoffe, dass auch du ein Netzwerk schaffst, das weiter als dein eigenes Werk geht. Hier haben wir ein Beispiel dafür.

Dieses letzte Kapitel besteht aus drei Abschnitten. Im ersten Abschnitt bittet Paulus darum, dass seine Grüße an die Menschen in Rom übermittelt werden sollen, die er kennt. Drei Dinge überraschen uns in dieser Liste. Das erste ist die große Anzahl von Frauen. Das ist eine gute Antwort auf jene Feministen, die Paulus nicht mögen, weil er angeblich ein Frauenhasser sei – das ist er absolut nicht! Paulus schätzte die Frauen wert, und er erwähnt zehn von ihnen in dieser Liste, was einen großen Prozentsatz darstellt. Er hatte in seinem Herzen einen ebenso großen Platz für das Werk der Frauen, die seine Mitarbeiterinnen waren. Den ersten Platz nimmt Phöbe ein, die diesen Brief von Korinth nach Rom transportierte. War sie nicht treu? Ohne sie hätten wir diesen Brief nie bekommen. Phöbe war eine Diakonisse. Ein Ältester ist ein Aufseher in der Gemeinde. Ein Diakon oder eine Diakonisse ist ein Diener in der Gemeinde, und sie war nicht nur eine wunderbare Dienerin, sondern auch eine wunderbare Postbotin.

Schauen wir uns die anderen Namen an. Da ist Priszilla, die Bedeutung des Namens ist „altmodisch", und wahrscheinlich wurde sie von ihren Eltern so benannt. Was für ein Name für ein Mädchen. Priszilla stammte aus der Oberschicht und arbeitete mit ihrem Mann in einem Team für den Herrn. Sie werden immer zusammen genannt. Dann gibt es noch Leute wie Maria, Junias, Tryphäna und Tryphosa. Solche Namen zeigen immer an, dass es sich um Zwillinge handelt. Wenn man damals Zwillinge hatte, gab man ihnen immer sehr ähnliche Namen, bei denen der erste oder der letzte Teil des Namens übereinstimmte. Tryphäna und Tryphosa waren also weibliche Zwillinge. Persis, die Mutter von Rufus; da besteht eine Verbindung zu dem Mann aus Cyrene, der das Kreuz Jesu trug, als dieser zusammenbrach. Dann gibt es Julia, die Schwester von Nereus – zusammen zehn Frauen. Übrigens ist Phöbe ein ursprünglich heidnischer Name, sie ist wahrscheinlich heidnischer Herkunft. Aber Phöbe ist nun eine Gläubige und eine große Hilfe für Paulus und die anderen. Sie ist eine Unterstützerin (Griechisch: prostatis; Helfer). Was für ein schöner Name.

Als nächstes überrascht, dass viele, die in dieser Liste aufgeführt sind, Verwandte von Paulus sind. Paulus musste also auch seine eigene Familie evangelisiert haben. Wusstest du, dass unter den zwölf Jüngern Jesu, mindestens fünf, möglicherweise sogar sieben Blutsverwandte Jesu waren? Auch Jesus begann mit seinen Verwandten. Das war auch der Grund für seine Anwesenheit auf der Hochzeit von Kana, wo er zusammen mit einigen seiner Jünger eingeladen war. Sie waren Verwandte. Andronikus und Junias waren Verwandte des Paulus. Herodion war ein Verwandter des Paulus, der offensichtlich nach dem Namen des König Herodes benannt war. Außer seinen Verwandten gab es seine Mitarbeiter – Leute, die dem Herrn zusammen mit Paulus in dessen Werk dienten. Die meisten von ihnen waren Juden, die zurück nach

Rom kamen, als man es ihnen unter Nero wieder gestattete.

Jetzt sagt er etwas Schockierendes: „Küsst sie." Hast du den Schock gespürt, als du die Worte „Grüßt sie mit dem heiligen Kuss" gelesen hast? Das galt den heidnischen Gläubigen, die zu glauben begannen, dass die Juden von Gott verworfen sind und sie nun das jüdische Volk ersetzen. Küss die Juden? Jawohl, küsse sie. Das ist doch wie ein Stromschlag, oder? Ich kann mir vorstellen, wie das einschlug, als dieser Brief in Rom gelesen wurde. Er wurde nicht in Kopien verteilt, sondern er wurde in ganz Rom laut vorgelesen, und wenn man bei dieser Stelle ankam – „Küss sie", kann ich mir gut vorstellen, wie sie sich gegenseitig anschauten. Es sollte ein heiliger Kuss sein. Den Unterschied zwischen einem Kuss und einem heiligen Kuss zu erklären, braucht zwei Minuten. Ich mache das anschaulicher, indem ich dir zeige was ein unheiliger Kuss ist. Judas Iskariot gab Jesus einen unheiligen Kuss. Während er ihm einen Kuss gab, überlieferte er seinen besten Freund in Wirklichkeit dem Tod. Das ist ein unheiliger Kuss, der in die Geschichte eingegangen ist. Jeder kennt diesen Kuss und Judas. Aber hier soll es ein heiliger Kuss sein.

Im nächsten Abschnitt Verse 17 – 20 warnt Paulus vor denen, die man nicht willkommen heißen soll. Es ist wichtig, dass eine Gemeinde viele willkommen und ein paar wenige nicht willkommen heißen soll. Es ist eine Kunst, zu erkennen, wen man nicht in eine Gemeinde lassen soll, wen man meiden sollte: Es sind die Menschen, die Spaltungen unter uns anrichten – heiße sie nicht willkommen, meide sie. Sie machen das durch Verführung, schöne Reden und Schmeichelei. Der dünne Judasbrief warnt uns vor Menschen, die sich in die Gemeinschaft einschleichen und sie verderben. Ich fürchte, dass jede Gemeinde davor auf der Hut sein muss. Wenn du eine erfolgreiche Gemeinschaft aufgebaut hast, dann kommen Leute und übernehmen diese

Gemeinschaft, wenn es ihnen gelingt, zu ihren eigenen Zwecken. Ich habe das schon oft mitangesehen. Manche neu gegründete Gemeinschaft legt einen guten Start hin, und dann kommen Leute dazu und spalten sie. Heiße nicht jeden willkommen. Sei weise, wen du aufnimmst.

Aber wie spürst du sie auf und gehst mit ihnen um? Die Antwort ist: Sei weise zum Guten und einfältig zum Bösen. Das hört sich fast an wie ein Echo auf: „Seid klug wie die Schlangen und ohne Falsch wie die Tauben", wie Jesus es ausdrückte.

Der nächste Abschnitt besteht aus Grüßen von dort, wo Paulus den Brief schreibt, an die Gemeinde in Rom. Die erste Gruppe von Grüßen war an die Personen, die er in Rom kannte, und die ihm wahrscheinlich erzählt hatten, dass sie nicht mehr willkommen waren. Ich vermute, dass Aquila und Priszilla ihn über die Spannungen in der Gemeinde in Rom in Kenntnis setzten. Nun grüßt er von dort, wo er ist, diejenigen, die dort sind. Wieder erwähnt er Mitarbeiter. Timotheus, der junge Mann, den er betreut und ausgebildet hat – sein Lehrling sozusagen. Timotheus war ein schüchterner und scheuer junger Mann. Paulus musste ihm erst beibringen, wie man mutig wird und wie man die Gabe, die er hatte, entfacht, doch Paulus hatte mit Timotheus großen Erfolg. Obwohl er gegen Beschneidung predigte, hatte Paulus diesen jungen Timotheus beschnitten, sodass es ihm möglich war, jüdische Häuser freimütig zu betreten und Juden zu evangelisieren. Paulus war sehr anpassungsfähig.

Er erwähnt auch Tertius. Tertius war der Mann, der diesen Brief niederschrieb. Ich kann mir die Kopfschmerzen vorstellen, die ihm Paulus bereitete, als er ihm non-stop im Zimmer hin- und hergehend den ganzen Brief diktierte. Den Brief in einem Mal durchzulesen ist schon eine Herausforderung, aber dieser Mann musste ihn niederschreiben. Fieberhaft kratzte er mit Feder und Tinte, während Paulus sagte: „Jetzt schreib dies und jetzt schreib das – ach ja, das muss ich auch noch erwähnen." Der arme Tertius hielt durch und gab uns den Römerbrief. Wir sollten Tertius dankbar dafür sein.

Wieder werden Verwandte von Paulus erwähnt. Überall hatte er Verwandtschaft! Drei führt er an: Lucius, du kannst alles über ihn in Apostelgeschichte Kapitel 13 finden; Jason, du findest alles über ihn in Apostelgeschichte Kapitel 17; Sosipater, du findest alles über ihn in Apostelgeschichte Kapitel 20. Das sind nicht nur Namen, das sind Menschen, die bei der Verbreitung des Evangeliums eine Rolle gespielt haben. Wenn du noch andere Schriften zu Rate ziehst, wirst du noch mehr über sie finden. Bei der Gelegenheit noch ein Name, Epänetus, in der ersten Liste der Grüße. Er war der erste, der sich in Asien bekehrt hat. Ist das nicht wunderbar? Der allererste. Dann gibt es noch jemanden mit Namen Ampliatus. Erst kürzlich hat ein Archäologe einen alten Friedhof außerhalb Roms ausgegraben und ist auf sein Grab gestoßen. Mehr weiß ich über ihn nicht, dennoch ist es interessant.

Wenn wir zu den Grüßen von anderen zurückkommen, so gab es auch Personen des öffentlichen Lebens darunter. Interessanterweise nahmen sie sogar Spitzenpositionen ein. Der oberste Schatzmeister von Korinth mit Namen Erastus, sozusagen der Leiter des Sozialamtes. Es ist großartig, wenn jemand, der öffentlich bekannt ist und eine verantwortungsvolle Position im öffentlichen Leben bekleidet, zu Christus kommt, aber von diesen gab es damals nur wenige. Nicht viele Edle, nicht viele Weise werden berufen. Gott mag die normalen Leute. Er scheint eine Vorliebe für einfache Leute wie uns zu haben. Gaius war offensichtlich ein wohlhabender und berühmter Bürger, dessen Haus groß genug war, dass eine ganze Gemeinde sich darin versammeln konnte, es muss sogar sehr groß gewesen sein. Wir würden sie „vornehme Leute" nennen. Der Bruder von Erastus, dem Direktor des Sozialamtes, war Quartus. Eine faszinierende Liste.

Als ich nach einer Pause von einigen Jahren nach der Veröffentlichung der ersten Ausgabe meines Kommentars, der auf Bibelstunden basierte, die ich wiederum Jahrzehnte zuvor abgehalten hatte, wieder anfing, den Römerbrief zu lehren, war alles wieder so frisch und es kamen mir ganz neue Gedanken. Da waren auch keine neuen Gedanken, die den alten vor zwanzig Jahren widersprachen, aber sie waren frisch. Ich finde, dass der Römerbrief ein Buch ist, das du dein ganzes Leben lang immer wieder lesen kannst und das immer wieder frisch und neu herüberkommt. Es ist fast so, als ob du es das erste Mal liest. Kennst du ein Buch, das ihm gleicht?

Wir schließen zusammen mit Paulus mit der Doxologie – das ist das Wort für den Lobpreis Gottes. Paulus gab schon einmal eine Doxologie in Kapitel 11. Wir erinnern uns, „Denn von ihm und durch ihn und auf ihn hin…", wie er dort dem Herrn die Ehre gibt. Und hier tut er es noch einmal. Eine Doxologie ist, wenn du Gott verherrlichst, nicht in erster Linie für das, was er tut, sondern für das, wer er ist. Paulus endet, indem er Gott für drei Dinge preist. Erstens, dass er fähig ist, uns zu gründen, zu festigen, zu stärken und uns standhaft zu machen. Er ist ein fähiger Gott, und dieses kleine Wort „fähig" wird immer wieder im Neuen Testament verwendet. Er ist fähig, das Werk zu vollenden, das er in uns begonnen hat. Er ist fähig, alles auszuführen, was er geplant und verheißen hat.

Zweitens ist er nicht nur fähig, sondern er hat es uns geoffenbart. Er hat uns Geheimnisse offenbart. Gott liebt es, Geheimnisse mit uns zu teilen, welche sich kein menschlicher Verstand hätte ausdenken können. Wir haben in diesem Brief Dinge gehört, die nicht einmal das klügste

Gehirn auf dieser Welt hätte entdecken können. Aber Gott teilt mit uns dieses Geheimnis – das Geheimnis, dass Israel am Ende als Ganzes zu Gott kommen wird. Das hätte niemand gedacht.

Drittens ist er der einzig weise Gott. Das bedeutet nicht, dass es noch viele andere Götter gibt, die weniger intelligent sind, sondern es bedeutet einfach, dass er der weiseste Gott von allem und allen ist, der einzig weise Gott. Was heißt das? Eine weise Person weiß, was das Richtige ist, und tut es. Das ist meine ganz einfache Definition. Er weiß, das Richtige zu tun, und die richtige Art und Weise, es zu tun. Das ist Weisheit. Er will seine Weisheit auch mit uns teilen. Ihm sei die Ehre für immer und ewig! Amen.

*Ein kurzes Resümee des Römerbriefs*

**Die Gerechtigkeit Gottes**
Kommentatoren haben den Brief auf alle möglichen Arten unterteilt. Ich würde drei Überschriften über diese 16 Kapitel setzen: Glaube – Hoffnung – Liebe. Das ist die Lieblingsaufzählung des Paulus: diese drei Tugenden. Tatsächlich beschäftigen sich Kapitel 1 bis 4 mit Glauben, der Rechtfertigung aus Glauben, Glauben an Gott zu haben so wie Abraham. Die Kapitel 5 bis 11 beschäftigen sich mit unserer Hoffnung. Kapitel 5 beginnt mit einer Aussage über Hoffnung und beschreibt, die Zukunft, die vor uns liegt: Die Zukunft für die Juden, die Zukunft für die Heiden, unsere zukünftige Hoffnung, wenn die ganze Schöpfung von ihrem Seufzen und ihren Mühsalen befreit werden wird. Ab Kapitel 12 gehen wir zur Liebe über. Ab da beschreibt Paulus bis zum Ende des Briefes, wie Christen einander lieben sollen und sich gegenseitig als Brüder in derselben Gemeinschaft betrachten sollen. Man könnte aber die Aufteilung auch in der Mitte vornehmen: Kapitel 1 bis 8 als Errettung, die Gott von innen her betreibt, und Kapitel 9 – 16 als Errettung, die im Außen stattfinden muss – zuerst in Beziehung zu den Juden und dann in Beziehung zu den Heiden.

Errettung ist eine Kombination von Gottes Wirken in uns und von mir selbst, die ich nach außen hin erwirke. Es ist eine Kombination von seinem und von meinem Wirken, ich kann es aber nicht äußerlich erwirken, wenn er es nicht vorher in mir wirkt. Die Schwierigkeit ist, dass viele Leute meinen, Errettung müsse erarbeitet werden, aber die Bibel lehrt an keiner Stelle, dass du für deine Errettung arbeiten musst. Die Bibel sagt nur, dass du deiner Errettung Ausdruck verleihen musst. Die Errettung bewirkt Gott in dir. Du kannst dich nicht selbst retten. Gott erwirkt sie in dir, und dann musst du sie zum Ausdruck bringen. Du musst ihr in deinen Beziehungen Ausdruck verleihen, in deinen Unterhaltungen und in deiner täglichen Arbeit, deinem Zuhause und deiner Familie. Aber du kannst sie nicht ausarbeiten, wenn Gott sie nicht vorher in dich „hineingearbeitet" hat. Jeder Versuch der Christenheit, es auszuarbeiten, bevor Gott nicht in dir gewirkt hat, ist zum Scheitern verurteilt und wird alles verzerren und verdrehen.

Kapitel 1 bis 8 betreffen also die Errettung, die der dreieinige Gott in dir wirkt. Gott der Vater hat es von Ewigkeit her geplant; Gott der Sohn erkämpfte es für mich vor 2.000 Jahren; Gott der Heilige Geist wirkt es in meinem Herzen heute.

Paulus muss, wenn er die Errettung, die in mir bewirkt wird, in den Kapiteln 1 bis 4 über Gott den Vater reden, in Kapitel 5 und 6 über Gott den Sohn und über Gott den Heiligen Geist in Kapitel 7 und 8. Die ganze Logik und das ganze Modell entfalten sich vor unseren Augen. Es mag zwar auf den ersten Blick, wenn man alles durchliest, so erscheinen, als ob in diesem Brief Paulus von einem Thema zum nächsten springt und so vieles behandelt, aber dennoch ist eine klare göttliche Logik in dem, was er sagt, vorhanden. Paulus beschreibt Schritt für Schritt, immer in der richtigen Reihenfolge (Glaube, Hoffnung, Liebe) die Errettung, die uns in Jesus Christus gegeben ist.

Sehen wir uns nun noch einige kleine Schlüsselstellen an. Die erste ist am Ende der Begrüßung in der Einleitung, Kapitel 1 Vers 16 und 17.

Ich schäme mich des Evangeliums nicht, ist es doch Gottes Kraft zu Errettung für jeden, der glaubt, zuerst für den Juden und dann für den Griechen, denn Gottes Gerechtigkeit wird darin offenbart aus Glauben zu Glauben. So wie geschrieben steht: „Der Gerechte wird aus Glauben leben."

Wie eine Symphonie meistens so beginnt wie sie mit einem gewaltigen Chorus endet, so haben wir hier diesen gewaltigen Chorus des christlichen Glaubens, der aus vier Akkorden besteht.

Zuerst das Evangelium Gottes – das Wort „Gott" kommt in diesem Brief sehr oft vor. Er ist Gott-zentriert. Der zweite Akkord im einleitenden Chorus ist die Kraft – dynamis – Gottes. Für Kraft musst du dich niemals schämen. Das Evangelium Gottes handelt von der Kraft Gottes. Kraft Gottes ist, die Gerechtigkeit Gottes zu erlangen, die sein Weg ist, um Menschen und um die ganze Welt zu Recht zu bringen. Das Evangelium Gottes, die Kraft Gottes und die Gerechtigkeit Gottes werden im Wort Gottes gefunden. Paulus erhält seinen Text am Ende von Vers 17 aus Habakuk Kapitel 2 Vers 4. Das ist das Evangelium, das Paulus predigt, und er sagt, wenn irgendwer, von irgendwo her, zu irgendeiner Zeit, an irgendeinem Ort ein anderes Evangelium predigt, dann sei er verflucht – denn er wird den Sinn der Menschen vergiften. Er wird ihre Seelen versklaven. Es gibt nur ein Evangelium, das die Kraft Gottes und die Gerechtigkeit Gottes in sich birgt. Deswegen musst du jeden Prediger auf den Prüfstand des Römerbriefs von Paulus stellen. Das ist das einzige Evangelium, das es gibt, und selbst wenn ein Engel vom Himmel käme und etwas anderes predigt, dann höre ihm nicht zu. Der Engel ist auf dem Holzweg, es gibt nur eine gute Nachricht.

Schauen wir nun auf die Errettung, die in uns gewirkt wird. Die Teile, die uns in den ersten acht Kapiteln vorgestellt werden sind: Die Gerechtigkeit Gottes, die Erlösung in Christus Jesus und die Auferstehung zu neuem Leben durch den Heiligen Geist. Die Gerechtigkeit Gottes kann zum einen bedeuten: Wenn Gott absolut gerecht ist, muss er Sünde richten, wenn sie ihm begegnet. Die ersten drei Kapitel handeln vom Gericht Gottes über Sünder. Das Evangelium ist: Schlechte Nachrichten vor den guten Nachrichten. Das Evangelium muss erst über das Gericht Gottes sprechen, bevor es über die Gnade sprechen kann. Das Evangelium muss erst über den Zorn Gottes sprechen, den Zorn Gottes gegen Sünde, bevor es über die Liebe Gottes für den Sünder sprechen kann.

Deshalb muss Paulus zuerst den Zustand der Menschen, die in Sünde leben, diagnostizieren, bevor er die Therapie anbieten kann. Er muss das Zorngericht Gottes über die Menschen zeigen, bevor er es wagen kann, ihnen Gottes Vergebung und Rechtfertigung zu zeigen.

In Kapitel 1 zeigt er, dass Gottes Zorn gerecht ist, indem er darauf hinweist, dass sogar die Menschen, die nie das Evangelium gehört haben, nie die Bibel gelesen haben, sehr genau wissen, dass es einen Gott gibt, weil die Schöpfung um sie herum und ihr Gewissen in ihrem Inneren ihnen das bezeugen, und dass sie keine Entschuldigung dafür haben, wenn sie ihn verleugnen.

Du erinnerst dich, dass Paulus über die Menschen in der ganzen Welt sagte: „Sie haben Gott aufgegeben, deshalb hat Gott sie aufgegeben." Das ist absolut fair und gerecht; Gott geht mit den Menschen nicht unfair um. Die Leute haben Gott durch ihre Götzen ersetzt und deshalb hat Gott sie in die Unmoral dahingegeben. Sie haben die Wahrheit unterdrückt und durch Lügen ersetzt, so dass Gott sie hat dahinfahren lassen in einen entwürdigten Sinn und in geschändete Leiber. Das ist die exakte und verheerende Diagnose der säkularen Gesellschaft.

In Kapitel 2 kommt er zum Gericht im Allgemeinen. Wir müssen fragen: Wen, was und wie wird er richten? Wen wird er richten? Jeden, ob sie nun ihre Sünden zugeben oder nicht. Er wird richten, was sie getan haben. Er wird auf der einen Seite die richten, die immer nur Gutes getan haben zu 100 %, indem er sie belohnt. Auf der anderen Seite wird er die richten, die immer nur Böses getan haben, indem er sie bestraft.

Wie wird er richten? Er wird jedermann gemäß dem Licht, das er empfangen hat, richten. Wenn sie nur ihr Gewissen haben, wird Gott zu ihnen sagen: „Bist du deinem Gewissen gefolgt?" Wenn sie die 10 Gebote haben, wird Gott sagen: „Hast du nach den 10 Geboten gelebt?" Wenn sie in der Sonntagsschule in der Ethik unseres Herrn Jesus unterrichtet wurden, dann werden sie dadurch gerichtet werden. Gott wird vollkommen fair sein. Er wird jedermann nur sagen: „Welches Licht hattest du, und hast du danach gelebt?"

In Kapitel 3 richtet sich Paulus an die Juden, die fälschlicherweise meinen, dass sie davonkommen könnten. Stolz und Privilegien haben sie blind gegenüber den Sünden, die sie selbst begehen, gemacht. Aber es spielt keine Rolle, ob du Jude oder Heide bist, ob du eine Bibel hast oder nicht – die ganze Welt braucht Vergebung. Die ganze Welt ist unter der Sünde und die ganze Welt ist vor Gott schuldig. Die ganze Welt verdient Gottes Zorn vollkommen zu Recht.

Das ist also die Krankheit, das ist die Diagnose, und jetzt kann man erst mit den guten Nachrichten beginnen. Viele Menschen können gar nicht erkennen, dass die Welt sündig und schuldig ist. Aber mit klarer und vernichtender Logik hat Paulus demonstriert, dass kein Mann und keine Frau auf dieser Welt vor Gott stehen und sagen kann: „Gott, ich habe immer gemäß dem Licht, das ich erhalten habe, gelebt; ich habe immer das getan, was ich als richtig erkannt habe; ich habe mein Leben nach dem Guten, so wie ich es erkannt habe, gestaltet."

Die gute Nachricht ist, dass Gott einen ganz anderen Weg gefunden hat, uns zurechtzubringen. Anstatt dass er uns sagt: „Du muss dich erst selbst zurechtbringen, dann darfst du zu mir kommen", sagt Gott: „Ich bringe dich zurecht, sodass du zu mir kommen kannst." Das ist der große Unterschied zwischen dem Christentum und jeder anderen Religion in dieser Welt, das Judentum eingeschlossen. Die anderen Religionen sagen dir, wie du dich selbst zurechtbringen und dann zu Gott kommen kannst. Das ist tragisch, denn genauso könnte man einem Menschen empfehlen, sich an seinem eigenen Schopfe aus dem Sumpf zu ziehen. Es klappt nicht! Aber Gott sagt: ich werde dich zurechtbringen. Ich werde dir meine Gerechtigkeit geben, anstatt dass ich dich mit deinen armseligen Versuchen allein lasse. Du schaffst es selbst nicht! Ich mache dich gut, anstatt dich deinem Selbst-gut-sein-wollen zu überlassen. So einfach ist das.

Martin Luther, der mit dem Römerbrief des Paulus rang, sah diesen Ausdruck „die Gerechtigkeit Gottes" und wusste zunächst nicht, was es bedeutet. Er dachte, dass es bedeutet, dass Gott mich bestrafen will, dass Gott mich für meine Sünden in die Hölle schicken wird. Das bedeutet es zwar auch, aber mehr konnte Luther nicht erkennen. Eines Tages kam Licht in seine Mönchszelle. Eines Tages sah er die Wahrheit hinter diesen Worten. Eines Tages erkannte er, dass die Gerechtigkeit Gottes seine Gerechtigkeit und nicht die meine ist, und dass es eine Gerechtigkeit ist, die er mir geben will. Seine Ketten fielen ab, sein Herz wurde frei, und die Reformation nahm ihren Anfang – nur weil ein Mann realisierte, dass der neue Weg, um mit Gott ins Reine zu kommen, der neue Weg, gut zu werden, nicht darin besteht, zu versuchen, gut zu sein, die Gebote zu halten, sondern durch ganz einfachen Glauben, die Gerechtigkeit Gottes als freies Geschenk zu erhalten. Das ist die gute Nachricht.

In Kapitel 3, 21 – 26 haben wir eine andere Passage, die du auswendig lernen solltest. Es ist das Herz des Briefes.

Jetzt aber ist ohne Gesetz Gottes Gerechtigkeit offenbart worden, bezeugt durch das Gesetz und die Propheten: Gottes Gerechtigkeit aber durch Glauben an Jesus Christus für alle, die glauben. Denn es ist kein Unterschied, denn alle haben gesündigt und erlangen nicht die Herrlichkeit Gottes und werden umsonst gerechtfertigt durch seine Gnade, durch die Erlösung, die in Christus Jesus ist. Ihn hat Gott hingestellt als einen Sühneort durch den Glauben an sein Blut zum Erweis seiner Gerechtigkeit wegen des Hingehenlassens der vorher geschehenen Sünden unter der Nachsicht Gottes; zum Erweis seiner Gerechtigkeit in der jetzigen Zeit, dass er gerecht sei und den rechtfertige, der des Glaubens an Jesus ist.

Hier sind drei wunderbare Bemerkungen: Seine Gerechtigkeit ist offenbart, seine Gnade ist gegeben, seine Vollkommenheit ist bewiesen. Der einzige Weg, wie Gott beweisen konnte, dass er zugleich gerecht und gnädig war, war durch das Kreuz. Der einzige Ort, wo Gott beides gleichzeitig vollständig verwirklichen konnte, war Golgatha, wo er den Unschuldigen für die Schuldigen bestrafte. Nur so konnte die Sünde bestraft und dem Sünder vergeben werden; es gab keinen anderen Weg.

Kapitel 4 beschreibt genauer, wie dieser Glaube aussehen muss, um solch ein Geschenk zu erhalten, und zeigt uns an Abrahams Leben, wie dieser Glaubensmann beschaffen war, der glaubte, dass Gott das Unmögliche tun kann, nämlich etwas aus dem Nichts heraus zu schaffen, und der glaubte, dass Gott von den Toten auferwecken kann. Ein Mann, der glaubte, wo er nichts sehen konnte, und der seine ganze Zukunft auf Gottes Befehl hin dem Unsichtbaren preisgab; ein Mann, der im Alter von 80 Jahren Gott bedingungslos in allem vertraute. Paulus sagt nun, wenn du diesen Glauben hast, den Abraham an Gott hatte, dass du dich in Christus auf Gott werfen kannst, dann wirst du das finden, was auch er fand, dass Gott dem Mann vergibt, der Glauben hat.

So viel zur Gerechtigkeit Gottes in Kapitel 1 bis 4. Du hast zwei Möglichkeiten: Entweder wird Gottes Gerechtigkeit dich als Gericht über die Sünder treffen, oder du wirst sie als Rechtfertigung empfangen, wieder zurechtgemacht, aufgeschrieben in Gottes gutes Buch durch den Glauben an Christus Jesus. Jede einzelne Person in dieser Schöpfung wird der Gerechtigkeit Gottes entweder in Form des Gerichts oder in Form eines Geschenks begegnen – Gläubige begegnen der Gerechtigkeit Gottes in Form von Vergebung; Ungläubige begegnen ihr in Form von Strafe. So oder so, Gott muss gerecht sein.

In Kapitel 5 und 6 kommen wir zur „Erlösung, die in Christus Jesus" ist. „Erlösung" ist ein Wort, das auf dem Marktplatz verwendet wird, und bedeutet Einlösung, Rückkaufrecht. Erlösen heißt, jemanden aus dem Besitzverhältnis eines anderen zu retten und wieder zu sich, dem eigentlichen Eigentümer, zu bringen. Um erlöst zu werden, muss man gekauft und dann freigesetzt werden, freigekauft werden. Wenn du Glauben an Christus für Vergebung gehabt hast, dann bist du in Wahrheit von zwei Dingen befreit worden: Von der Todesstrafe für die Sünde (Kapitel 5 behandelt dies) und von der Herrschaft der *Kraft* der Sünde. Es gibt eine herrliche Beschreibung von dem Erlebnis, das eine Person mit Glauben an Gott durch Christus hatte:

Da wir nun gerechtfertigt worden sind aus Glauben, so haben wir Frieden mit Gott durch unseren Herrn Jesus Christus, durch den wir im Glauben auch Zugang erhalten haben zu dieser Gnade, in der wir stehen, und rühmen uns aufgrund der Hoffnung der Herrlichkeit Gottes. Nicht allein aber das, sondern wir rühmen uns auch in den Bedrängnissen, da wir wissen, dass die Bedrängnis Ausharren bewirkt, das Ausharren aber Bewährung, die Bewährung aber Hoffnung; die Hoffnung aber lässt nicht zuschanden werden, denn die Liebe Gottes ist ausgegossen in unsere Herzen durch den Heiligen Geist, der uns gegeben worden ist.

Hier ist der Friede des Glaubens durch Christus, die Geduld der Hoffnung in Gott und die Ausgießung der

Liebe im Heiligen Geist. Der Rest von Kapitel 5 behandelt die Todesstrafe für die Sünde. Indem Paulus den Tod des Sohnes Gottes und sein neues Leben beschreibt, zieht er die Parallele zu den Söhnen der Menschen mit ihrem Tod, ihrer Auferstehung und ihrem neuen Leben.

An dieser Stelle erklärt Paulus, was eigentlich mit Adam geschah, der der Anfang der menschlichen Rasse ist, und wie es auf jeden Menschen eine Auswirkung hat – jeder Mensch stirbt, weil einer sündigte. Nur wenn du das akzeptieren kannst, kannst du auch die andere Seite der Wahrheit akzeptieren: Weil ein Mann starb, kann jeder Mensch leben. Wenn du nicht akzeptieren kannst, dass die ganze Menschheit sündig ist, weil ein einzelner gesündigt hat, und stirbt, weil ein einzelner gesündigt hat, wirst du niemals verstehen, wie du leben kannst, weil Jesus starb.

Genauso wie Adams einzige Tat des Ungehorsams die ganze Menschheit, die ja damals schon in Adam angelegt war, in den Tod führte, so wird die eine Tat des Gehorsams Christi die Menschen, die in Christus sind, ins ewige Leben führen. So hat Jesus die Strafe für die Sünde überwunden, indem er in die Menschheit eine neue Tat eingeführt hat, die auf jeden Menschen seine Auswirkung hat, der zu Christus gekommen ist, genauso wie Adam auf jeden eingewirkt hat, der in Adam war. So wie wir in Adam alle sterben – so werden wir in Christus alle lebendig gemacht – hier geht es also um den Tod. Als Christus starb, starb der Tod. Als Christus starb, verlor der Tod seinen Stachel und seinen Würgegriff. Weil ich in Christus bin, lebe ich und werde für immer leben.

Wenn ein Christ Kapitel 5 liest, dann hat er vor dem leiblichen Tod keine Angst mehr. Er weiß, dass es kein Sterben ist, sondern ein Übergang in die Herrlichkeit des Herrn, was weitaus besser ist. Der Tod kam wegen der Sündenschuld Adams zu mir; das Leben kam wegen der

Gabe der Gerechtigkeit Christi zu mir. Adams Ungehorsam bewirkt in mir den Tod; Christi Gehorsam bringt mir das Leben. Während der Tod ein Lohn ist, ist das Leben ein Geschenk. Ich habe für meinen Tod gewirkt, und tatsächlich bewirken meine Sünden immer meinen Tod, aber ich habe das Leben als Geschenk erhalten – das ist Römer Kapitel 5.

Als Christus starb, erhieltest du das Leben, aber Kapitel 6 geht noch weiter. Als Christus starb, starbst auch du. Ich glaube, dass ich, als Christus am Kreuz hing, ebenso starb. Deine Erfahrungen werden dich diese wunderbare Wahrheit lehren. Das Prinzip besteht darin, dass du mit Christus am Kreuz gestorben bist. Dieses Prinzip in die Praxis umzusetzen geht folgendermaßen: Halte dich selbst für tot und die Sünde wird keine Macht über dich haben. Sag dem Teufel, dass du am Kreuz gestorben bist, sag dem Teufel, dass er dich nicht mehr anrühren kann, dann wirst du feststellen, dass es tatsächlich wahr ist. Haltet euch daher selbst für tot. Gebt eure Glieder Gott für die Gerechtigkeit hin. Der Sklavendienst der Sünde ist zerbrochen. Die Ketten sind abgefallen, denn eine Sache ist wirklich unmöglich: Man kann keinen toten Mann in Versuchung führen.

Jesus Christus gewann für uns am Kreuz nicht nur unsere Vergebung und Freiheit von der Schuld und Sündenstrafe, sondern er gewann für uns auch die Freiheit von der Kraft der Sünde. Er zerschmetterte die Kraft Satans, denn in Christus bin ich gestorben und jeder Christ ist in ihm gestorben. Du wirst herausfinden, dass das wirklich wahr ist. Sünde wird nicht mehr länger über dich herrschen, wenn du erkennst, dass du zusammen mit Christus gestorben bist. Du bist mit Christus gestorben, du bist in der Taufe mit ihm zusammen begraben, du bist zusammen mit ihm in das neue Leben auferstanden. Hast du schon realisiert, dass du überall hindurchgegangen bist? Dass du dich schon auf der anderen Seite, dem Morgen des Auferstehungstages befindest?

Genauso wenig wie die Feinde Christi ihm nach seiner Auferstehung noch etwas anhaben konnten, genauso wenig kann der Teufel dir etwas anhaben, wenn du das realisierst: Du bist tot, und die Sünde hat keine Herrschaft mehr über dich. Das ist die Erlösung, die wir in Christus Jesus haben. In Kapitel 5 befreit er mich von der Strafe für die Sünde, nämlich für den Tod. In Kapitel 6 befreit er mich von der Herrschaft und von der Kraft der Sünde. Über diese Erlösung kann man Loblieder singen! Er starb, damit dir vergeben wird; er starb um dich gut zu machen, damit du am Ende in den Himmel kommst, gerettet durch sein kostbares Blut. Das Kreuz tat für uns das, was wir wirklich nötig hatten. Es befreite uns von der Strafe, es zerbrach die Macht.

Damit kommen wir zur Auferstehung und zum neuen Leben in Christus Jesus. Kapitel 7 und 8 gehören zusammen. In ihnen wird das alte Leben und das neue Leben im Geist gegenübergestellt, das Auferstehungsleben, das Leben, das vom in uns wohnenden Geist desjenigen herkommt, der Jesus von den Toten auferstehen ließ.

Das Kapitel 7 ist traurig und verstörend, denn es handelt von einem Mann, der einerseits eine verführte Seele und andererseits ein geteiltes Ich hat – und alles nur deswegen, weil er dem Gesetz erlaubte, ihm zu sagen, was er zu tun hat. Das Problem war, dass er, als das Gesetz ihm sagte, was er tun solle, dachte: „Wenn ich das tue, dann komme ich in den Himmel." Es hat ihn also getäuscht und er konnte es nicht befolgen. Sein Sinn wollte so gerne dem Herrn Gott dienen, aber seine Glieder konnten es nicht. Wenn uns gesagt wird, dass wir tot sind und die Sünde nicht länger über uns herrschen kann (Kapitel 6), dann reicht das leider nicht aus, denn wir wissen ganz genau, dass sie doch noch oft über uns herrscht. Wir brauchen noch eine weitere positive Kraft. Es reicht nicht aus, dass die Kraft der Sünde weggetan worden ist. Ich habe keine Kraft in mir selbst, frei zu werden. Die

Kraft des Heiligen Geistes ist von Nöten. Wenn jemandem die früheren Sünden vergeben sind, so benötigt er dennoch eine Kraft, die den Platz der Kraft der Sünde einnimmt, denn in meinem Fleisch wohnt nichts Gutes. Im Fleisch bin ich schwach. Mein Sinn will dem Herrn Gott dienen, aber meine Glieder wollen das nicht. Das Gute, das ich will, tue ich nicht; das Böse, das ich nicht will, das übe ich aus. Wer kennt diesen Schrei nicht? Christen können das genauso ausschreien wie Ungläubige.

Die Antwort kommt in Kapitel 8. Es gibt ein neues Auferstehungsleben, die Kraft im Geist. Die Erleichterung in Kapitel 8 ist, dass es jetzt weder Verdammnis für meine Sünde noch Zwang zur Sünde gibt – denn das Gesetz des Geistes des Lebens hat mich freigemacht vom Gesetz der Sünde und des Todes. Im ganzen Kapitel geht es um das neue Leben des Heiligen Geistes, ein pulsierendes Leben. Ich habe einen neuen Vater, wodurch ich rufen kann: „Abba". Ich habe eine neue Zukunft, wodurch ich in Mühsal seufzen kann, während ich auf den erlösenden Akt Gottes warte, der uns befreien wird.

Selbst jetzt, während ich der neuen Zukunft entgegenseufze, hilft mir der Heilige Geist in meiner Schwachheit auf und lehrt mich, wie ich beten soll. Leben im Geist – ich muss nicht länger im Fleisch sein, denn auf dem Wege des Fleisches ist Tod und Krieg. Der Geist bringt mir Leben und Frieden. Das Fleisch zieht mich herunter; der Geist richtet mich auf. Das Fleisch führt mich in den Tod, der Geist bringt Leben. Das Fleisch kettet mich fest, der Geist befreit mich. So oder so, auf mich alleine gestellt bin ich unzureichend. Ich selbst diene dem Gesetz von Sünde und Tod; im Geist diene ich dem Gesetz Gottes. Es hat keinen Sinn, die Kraft der Sünde in eines Menschen Leben zu zerbrechen, wenn du sie nicht durch die Kraft des Geistes ersetzt. Es ist so, wie wenn man jemanden von bösen Geistern reinigt und dann das Haus offenlässt, sodass andere böse Geister wieder dort hineinkommen.

Am Ende der Passage „Wir wissen, dass alle Dinge für diejenigen zum Guten zusammenwirken, die Gott lieben..." wird die Souveränität Gottes meine Sicherheit, denn er hat alles im Griff, sodass ich nichts fürchten muss. Weil er alle Menschen in seiner Hand hat, muss ich keinen Menschen fürchten. Wir schließen mit der großartigen Aussage, dass ich überzeugt bin, absolut sicher, dass weder Tod noch Leben, Engel, Mächte, Gewalten, Gegenwärtiges, Zukünftiges, Hohes, Tiefes noch irgendeine Kreatur fähig sind, uns von der Liebe Gottes, die in Jesus Christus ist, zu trennen.

Aber sind denn die Juden nicht getrennt? Haben sie es nicht verloren? Wir kommen geradewegs zum nächsten Abschnitt des Briefes. Die in uns erwirkte Errettung muss ihren Ausdruck nach außen finden. Zuerst in unserer Beziehung zu den Juden und dann in unserer Beziehung zu den Heiden. Paulus behandelt die Juden in Kapitel 9 bis 11. Wir können uns im Großen und Ganzen an diese Kapiteleinteilung halten. In Kapitel 9 behandelt er ihre Zurückweisung in der Vergangenheit, in Kapitel 10 ihre gegenwärtige Verantwortung und in Kapitel 11 ihre zukünftige Wiederherstellung. Das bringt die Geschichte der Juden auf dem Punkt. Paulus Sorge für sie passt mit Gottes Souveränität zusammen. Gott hat sie abgewiesen, dazu hatte er jede Freiheit. Er ist der Töpfer, wir sind der Ton. Gott konnte Abraham und Isaak nehmen; er konnte Moses nehmen und aus ihm ein Gefäß der Gnade machen; und er konnte Pharao nehmen und aus ihm ein Gefäß des Zorns machen.

Warum ging Gott so vor? Die Antwort finden wir am Ende von Kapitel 9. Weil er bestimmt hat, dass nicht alle in Israel gerettet werden und nicht alle außerhalb Israels verloren werden. Das lesen wir in den Zitaten von Hosea und Jesaja. Ihre gegenwärtige Verantwortung vor Gott besteht darin: Die Juden sind doppelt gescheitert. Einerseits sind sie dabei gescheitert, Gerechtigkeit zu erlangen, andererseits sind sie dabei gescheitert, Offenbarung zu empfangen. Sie scheiterten beim Erlangen der Gerechtigkeit, weil sie dachten, dass dies durch das Halten der Gebote zu erreichen sei und nicht durch den Glauben an den Herrn. Sie scheiterten beim Empfangen der Offenbarung, weil, obwohl sie durch sie hätte kommen sollen, sie zwar hörten, aber nicht bewahrten. Sie verstanden sie wohl, aber sie haben sie nicht befolgt. Das alles ergibt sich aus Kapitel 10. Das ist ihre gegenwärtige Verantwortung. Natürlich müssen sie hören. Wir müssen Missionare aussenden. Wie können sie hören ohne einen Prediger? Aber Kapitel 11 eröffnet eine herrliche Zukunft, wenn sie als Nation für den Herrn wiederhergestellt werden; sie sollen wieder zurückgebracht werden. In der Vergangenheit haben einige Juden geglaubt; gegenwärtig glauben viele Heiden; in der Zukunft wird „ganz Israel" gerettet werden. Das ist Gottes Plan.

Wir kommen von den Juden zu den Heiden und sehen, wie die Heiligung der Christen ihren Ausdruck findet. In Kapitel 12: Unser Verhalten in der Welt. Wir sollen keine Chamäleons sein, wir sollen Raupen sein. Ein Chamäleon passt seine Farben der Umwelt an, es ist seiner Umwelt angepasst. Die Raupe wird von innen her in einem Prozess der Verwandlung geformt, und die Schönheit der Schmetterlingsflügel wird im Inneren gebildet, nicht vom Äußeren. Passe dich nicht der Welt an, sondern werde verwandelt wie die Raupe, und lasse deine Schönheit dann nach außen. Lass deinen Sinn sich von innen heraus verwandeln. Dein Verhalten soll sich nicht der Welt anpassen. Unsere *Haltung* zu Gott ist, dass wir unsere Leiber als Gottesdienst hingeben, ein vernünftiges Opfer, und unseren Sinn für den Willen Gottes hingeben. Unsere *Haltung* zu uns selbst ist, dass wir nicht höher von uns denken, als es sich gebührt, und dass wir sinnerfüllte Werke zu unserem Glauben hinzufügen. Unsere *Haltung* gegenüber anderen ist, dass wir Gemeinschaft mit unseren Freunden haben und in Vergebung mit unseren Feinden leben – Das ist Kapitel 12. In dieser Welt sollen wir die richtige Haltung gegenüber Gott, uns selbst und anderen einnehmen.

Kapitel 13 behandelt das Verhalten gegenüber dem Staat. Wir sollen eine spezielle Haltung gegenüber denjenigen, die uns regieren, einnehmen – keine böse Tat, sondern Loyalität. Zu unseren Nachbarn: Keine Schulden haben, was böse ist, sondern Liebe schulden. Die Haltung zu unseren Leidenschaften, die gegen uns streiten: Keine böse Begierde, nur Licht, wandele im Licht, als Kind des Lichts.

Kapitel 14 und ein Teil von Kapitel 15 behandelt das brüderliche Zusammenleben in der Gemeinde – zwischen schwachem und starkem Bruder, dem schwachen Bruder, der Skrupel hat und dem starken Bruder, der durch sein freiheitliches Auftreten dem schwachen Bruder Stolpersteine in den Weg legen könnte, besonders was Ernährung und Feiertage betrifft. Christen stoßen sich gerne an Verhaltensweisen. Brüderlichkeit bedeutet hier, dass der starke Bruder auf den schwachen Bruder Rücksicht nimmt und sein Verhalten entsprechend anpasst.

In Kapitel 16 werden wir an die Gemeinschaft der Heiligen erinnert. Gemeinde besteht aus Menschen – einfachen Gläubigen, nicht nur aus solch großen und bekannten Personen wie Paulus.

www.ingramcontent.com/pod-product-compliance
Lightning Source LLC
Chambersburg PA
CBHW071603080526
44588CB00010B/1003